○ 学校现代化 2035 丛书　主编　杨小微 ○

A Study on the Teacher Professional
Development Cases of
Hangzhou Kaixuan Education Group

鞠玉翠 鲁聪 等 ———— 编著

从培训到研修

杭州凯旋教育集团教师专业发展之路

华东师范大学出版社
·上海·

图书在版编目(CIP)数据

从培训到研修:杭州凯旋教育集团教师专业发展之路/鞠玉翠等编著. —上海:华东师范大学出版社,2024
("学校现代化2035"丛书)
ISBN 978-7-5760-4656-4

Ⅰ.①从… Ⅱ.①鞠… Ⅲ.①中小学—教师培训—研究 Ⅳ.①G635.12

中国国家版本馆 CIP 数据核字(2024)第 040892 号

学校现代化 2035 丛书

从培训到研修:杭州凯旋教育集团教师专业发展之路

编　　著	鞠玉翠　鲁聪　等
责任编辑	王丹丹
特约审读	潘家琳
责任校对	陈梦雅　时东明
装帧设计	郝钰

出版发行	华东师范大学出版社
社　　址	上海市中山北路 3663 号　邮编 200062
网　　址	www.ecnupress.com.cn
电　　话	021-60821666　行政传真 021-62572105
客服电话	021-62865537　门市(邮购)电话 021-62869887
地　　址	上海市中山北路 3663 号华东师范大学校内先锋路口
网　　店	http://hdsdcbs.tmall.com

印 刷 者	常熟市文化印刷有限公司
开　　本	787 毫米×1092 毫米　1/16
印　　张	15.75
字　　数	271 千字
版　　次	2024 年 6 月第 1 版
印　　次	2024 年 6 月第 1 次
书　　号	ISBN 978-7-5760-4656-4
定　　价	68.00 元

出版人　王焰

(如发现本版图书有印订质量问题,请寄回本社客服中心调换或电话 021-62865537 联系)

总序：迈向中国式现代化的学校变革与发展

随着时间的推移，中国教育改革与发展在国家决策及宏观战略层面发生了一些变化，进入本丛书的书稿在选题范围上也与以往有些不同，本丛书目前在名称上未作变动，因为各个地区各级各类教育的基本单位仍然是以学校为主，但总序需要在内容上与时俱进地进行一些调整。

党的二十大报告首次把教育与科技、人才等方面工作融合起来，提出"教育、科技、人才是全面建设社会主义现代化国家的基础性、战略性支撑。必须坚持科技是第一生产力、人才是第一资源、创新是第一动力，深入实施科教兴国战略、人才强国战略、创新驱动发展战略，开辟发展新领域新赛道，不断塑造发展新动能新优势"。通过教育培育创新人才、经由创新人才推动科学技术创新发展，从而推动中国特色社会主义的现代化发展，三者关系的系统性和整体感得以充分揭示。报告中重点谈到了以中国式现代化全面推进中华民族伟大复兴，作为教育工作者，如何理解"中国式现代化"，是领悟并推动中国教育现代化的"中国式"的一个重要认识前提。相应地，不仅区域层面的布局将要作出新的调整和规划，学校层面的教育现代化推进也将具有更为丰富的新内涵。

清末民初新学制引入之前，我国的育人机构有诸多称谓，如"辟雍""泮宫""庠""序""校"，其性质与今天的学校迥异其趣，基本形态是年龄参差不齐的孩子跟着先生按各自的进度读书习字；在新学制即壬戌学制颁布实施以后，"学校"的含义就不再是中国古代"学校"那种"聚而各习之"的概念了，而是开始转型为现代意义上的学校，即按年龄分班、依循大体一致的进度、学习规定的内容、对学业成就进行统一的检测与评价。

我国中小学阶段学校变革与发展的价值追求，是从优质学校（更确切地说是从重点学校）开始的。新中国成立不久便开启了"重点学校"政策，其意图是通过政策的倾斜来集聚优质的教育资源。尽管"重点校"较少纳入学校现代化视角来研讨，但其在实践中往往被视为当下"名校""品牌学校""优质学校"的源头或前身。20世纪50年代初,经中央批准,教育部在全国确定了重点中学194所,占全部中学总数的4.4%。十年"文革"期间,我国重点学校政策中断,改革开放之后得以重启。1977年邓小平复出主持工作后,对恢复建设重点学校问题高度重视,几乎每次有关教育的谈话和批示中都要提及重点学校建设,并对为什么要办重点学校、如何办好重点学校作了多层次思考与阐述。这个时期从大学到中小学的重点学校,在人们心目中就是优质学校。尔后小学初中不再提重点,而高中依然在实际上延续着重点学校的身份,尽管在名称上改为实验性示范性高中,但其重点高中的"形象"乃至实质都不变。近些年来,在上海、江苏等地,提出一个新的概念——"新优质学校",无论高中还是初中和小学,都分批遴选进入。尽管引起社会和学界一些争议,但扩大优质教育资源的出发点仍是很好的,体现了"办家门口的好学校"的初衷。

然而,"优质"学校并不等于"现代化"学校,至少是不全等于现代化学校,优质学校固然存有相当丰富的现代化元素或基础,但也还有优化和完善的巨大空间,无论是办学理念、课程与教学,还是组织、制度和运作机制,都有待提升与现代教育价值目标及形态特征上的契合性与融洽度。

为探索学校现代化的性质与特征,我们曾立项专门研制学校现代化标准及评价指标体系,并开展了一定范围的学校实验来加以验证。从现代化的核心在于理性这一意义上来说,"公平"属于价值理性,"效能"则属于工具理性;又由于学校的变革与发展实质上是一种学校内部治理,因而"赋权"是一种刚性的治理方式,表现为一种"制度理性","生态"则是一种柔性的治理状态,亦可视为"文化理性"或"文化生态理性"。这四种价值取向构成了二重价值维度,加上从整体上加以判断和描述的"优质"这一标准,构成了学校现代化的"5E"标准,即公平(Equality)、效能(Efficiency)、赋权(Empowerment)、生态(Ecology)和"优质"(Excellent)。这5个价值维度关键词的英文字母首字母皆为"E",所以称之为"5E"标准。为验证上述标准的科学性和可测性,我们先后在浙江杭州、江苏太仓、嘉兴海盐、合肥经开和重庆荣昌等地及所辖学校开展了教育现代化样本区、样本校的合作试验研究。

进入本套丛书的第一批书目共有5本,一是来自江苏太仓合作学校的《文化融合与重构:探寻城乡集团化办学之路》,基于江苏太仓市实验小学与华东师大基础教育改革与发展研究所的长期合作实践,从文化的融合与重构的视角,围绕集团化办学的政策背景、太仓实小的学校文化以及城乡之间、学校之间的文化冲突、互动、理解与重构等方面，阐述了该校十多年来在城乡区域均衡发展理念下持续推进的集团化办学历程。其余四本为与华东师大项目组长期合作的杭州江干区凯旋教育集团，基于长达八年的合作共建历程，从校本课程开发、初中质量改进、教师专业发展和集团办学之路等四大主题分头撰写并正在陆续出版的著作：《从共享到共创：区域教育高质量发展的课程建设之路》，围绕凯旋教育集团两轮合作在课程改革上从"共享"到"共创"的递进来展开，并重点对凯旋集团主导的"国际理解教育""儿童哲学""STEM+"等校本课程开发与实施的成效与经验展开了描述、提炼和反思。《从"育分"到"育人"：U-S合作中初中高质量育人之路》，以目前公办初中所遭遇的诸如发展不均衡、民办初中挤压、优秀生源流失、教师队伍老化等种种问题为背景，以杭州集团化办学实践以及其他区校同类探索为基本案例，以核心素养、深度学习、"差异—对话—点化"教学、跨学科教学、学法指导等基本概念和主题为线索，呈现初中高质量育人的改进路径的实践成果。《从培训到研修：杭州凯旋教育集团教师专业发展之路》一书，顺应我国中小学教师专业发展所经历的从"培训"到"研训"到自主"研修"的演化脉络，对集团办学进程中尝试进行的以教师工作坊为主导的研修方式探索及其过程中不断生成的实践智慧和文化创新等相关经验进行了颇有深度的总结、提炼和反思。《从分治到共治：区域基础教育治理现代化之路》一书，聚焦党的十八大以来教育治理体系和治理能力的现代化这一主题和一直难以破解的难题，从集团化办学的视角阐述了区域共治、集团共建、学校共生、机制共寻、领导力共进等多层面多维度的探索、成果和经验。

第二批书目将会涉及中国式教育现代化推进中更为丰富的主题，已经出版的《目标与战略：迈向2030年的中国教育》系2017年立项、2022年结题的国家社会科学基金教育学重点招标课题"我国教育2030年发展目标及推进战略研究"的终结性成果，凝练了华东师范大学学术团队及课题合作单位在协同攻关过程中展现的集体智慧。该书共分"愿景与战略""区域教育发展""各级各类教育发展"和"政策与技术保障"共四编十章。这是对中国教育现代化前期发展目标与战略的概括与总结，也是推进中国式教育现代化的基础与新起点。

相信这是一个美好的开端，后续会有更多更好的新著持续跟进。中国教育，尤其是各级各类学校迈向教育现代化2035的步伐持续向前，其成果、经验和体悟也将源源不断，那么本套丛书也将未有穷期。诚挚地期待读者、作者以及同时也是学校变革者的朋友们加入我们、携手共进;同时也衷心感谢作者的辛劳、读者的厚爱以及华东师范大学出版社编辑尤其是教育心理分社彭呈军社长的大力支持!

2023年1月识于上海苏州河畔康泰寓所

目 录

引言 / 001
    一、教师专业发展的历史背景 / 001
    二、教师专业发展的校本研修转向 / 003
    三、"从培训到研修"的探索之路 / 007

集团编　跨校教研

第一章　融合共生：STEM 项目中的跨校研修 / 003
    第一节　建立跨校研修联盟群 / 003
    第二节　构建跨校研修体系 / 017
    第三节　践行跨校 STEM 课程研修策略 / 026
第二章　儿童哲学咖啡屋：儿童哲学项目中的跨校研修 / 042
    第一节　"儿童哲学咖啡屋"研修模式的探索 / 042
    第二节　"儿童哲学咖啡屋"研修模式的实施与发展 / 050
    第三节　"儿童哲学咖啡屋"研修模式的反思与展望 / 063
第三章　多元视角：国际理解项目中的跨校研修 / 068
    第一节　学校国际理解项目跨校研修的前期经验积淀 / 068
    第二节　学校开展国际理解教育跨校研修的具体实践 / 069

学校编　校内教师发展活动与机制

第四章　一个标准，二元并举，三层架构，四方协作：景芳中学教师专业发展探索 / 091

第一节 一个标准,制定方案 / 091

第二节 二元并举,减负提质 / 100

第三节 三层架构,循序渐进 / 108

第四节 四方协作,共同发展 / 114

第五节 阶段成效与展望 / 121

第五章 互助·融合·创生:茅校教师工作坊 / 126

第一节 工作坊研修模式初探 / 126

第二节 工作坊研修的融合性发展 / 140

第三节 工作坊研修的成效与未来 / 148

第六章 亲和·智慧·静雅:做有思想的关爱者——景华小学的教师发展活动与机制 / 158

第一节 关爱理念下的教师专业发展 / 158

第二节 "关爱"教师研修模式的建构 / 161

第三节 "关爱"研修模式的实施与发展 / 163

第四节 "关爱"研修模式的效果与反思 / 174

第七章 基于"互联网+"的春芽绿校本研修模式 / 180

第一节 学校既有师训基础和问题 / 180

第二节 基于"互联网+"的春芽绿校本研修模式构建 / 183

第三节 "互联网+"的春芽绿校本研修实践操作 / 190

第四节 "春芽·绿"教师研修的成效 / 199

第八章 "步云师院":南肖埠小学的校本研修 / 203

第一节 "步云师院"校本研修平台构建 / 203

第二节 "步云师院"的实践探索 / 212

第三节 "步云师院"的实践成效与反思 / 227

结语 走向专业自主的校本研修 / 231

引 言

本书是一本介绍教师专业发展实践经验的书籍,主要基于杭州市江干区凯旋教育集团的教师专业发展的探索之路。在正文之前,有必要简要回顾相关历史脉络,以明了本书的意义与价值。

"影响学生学习结果的因素有很多,……但教师始终是连接社会期望和学生所学内容的核心。"[1]因此,近几十年来,许多国家都致力于为所有孩子培养高质量教师。伴随着教师专业化运动,指向教师专业水平不断提升的"教师专业发展"成为世界多国研究与实践的热点。在我国,"教师专业发展"首次作为教育政策名词出现,是在2002年的《教育部关于"十五"期间教师教育改革与发展的意见》中。这份文件明确了教师专业发展的范围——职前培养、入职培养和在职培训的一体化。[2] 稍早的相关研究指出,教师专业发展"不存在通向成功的单一途径、一种保障机制、一套稳定的标准,它必须不断地改进自己以适应变化的要求"。[3]

一、教师专业发展的历史背景

相较于我国的教师培养与培训工作,"教师专业发展"确实是后来形成的概念。早在新中国成立初期,国家就已经采用短期训练班、速成班、轮训班、夜校等方式来培训教师,但这还难以达到所谓专业化的要求,而是为了迅速满足大量师资需求的一种比较简化的师范教育。直到1952年9月,教育部《关于中小学教师进修问题的通报》的发布,国家尝试总结教师在职学习经验,试图借助进修的方式提高教师的政治、文化及业务水平,才初步出现了中小学教师职后进修和培训的

---

[1] Centre for Educational Research and Innovation. Staying Ahead: In-service Training and Teacher Professional Development [M]. Paris: OECD Publishing, 1998:17.
[2] 教育部.关于"十五"期间教师教育改革与发展的意见[EB/OL]. http://www.moe.gn/srcsite/A10/s7058/200203/t20020301_162696.html?isappinstalled=0. 2002-03-01.
[3] 教育部师范教育司.教师专业化的理论与实践[M].北京:人民教育出版社,2001:25.

萌芽。① 我国教师队伍建设工作主要发生在"拨乱反正"之后,前期主要以恢复教师力量、保障教师权益为主,后期才逐渐走向职后教师专业发展的探索之路。

20世纪90年代之前的教师培训与进修尚未上升至教师职后发展的局面,主要目的在于弥补师范教育、教师选拔、教师聘任等方面的严重缺失。"教材教法+学历补偿"是当时教师培训的基本模式。进入90年代,我国深受国际教师教育改革的震动,开始通过颁布法律、法规的方式为教师队伍建设提供支持和保证,建构教师继续教育体系,为教师专业发展扫清障碍。1990年的全国中小学教师继续教育工作座谈会分析了师训工作在教师继续教育、教师思想品德教育、教师实践能力发展等方面的不足,决定将中小学教师培训工作的重点转移到教师继续教育上来,全面推动教师继续教育。② 《中华人民共和国教师法》(1993年)和《中华人民共和国教育法》(1995年)的颁布,不仅明确了教师资格(1995年12月12日《教师资格条例》制定并实施)、职务、聘任制度,也确定了教师培养与培训的法律地位,"参加进修或者其他方式的培训""不断提高思想政治觉悟和教育教学业务水平"等成为教师的合法权利和义务。1998年的《面向21世纪教育振兴行动计划》中,教育部实施了"跨世纪园丁工程",以提高教师整体素质,尤其是师德建设,并重点建设中小学骨干教师队伍。③ 各省市紧随其后相继推进面向中小学校长、专任教师和骨干教师的培训,在全国范围内开展中小学教师继续教育实验区试点。1999年9月,教育部颁布了《中小学教师继续教育规定》,对中小学教师继续教育作出基本规定。

为适应素质教育改革、新课程改革的需要,我国的教师专业发展正式进入建构期,逐渐形成政府与教师教育机构主导的教师专业发展体系。2002年,《教育部关于"十五"期间教师教育改革与发展的意见》明确阐释了"教师教育"概念——"教师教育是在终身教育思想指导下,按照教师专业发展的不同阶段,对教师的职前培养、入职培养和在职培训的统称",并正式将"教师专业发展"确立为教师队伍建设的主要工作方向。④ 党的十七大以后,教育部就开始研究"中小学教师国家级

---

① 教育部.关于中小学教师进修问题的通报(1952-09-30)[M]//何东昌.中华人民共和国重要教育文献(1949—1975).海口:海南出版社,1998:168—169.
② 朱旗.努力开创师训工作的新局面——全国中小学教师继续教育工作座谈会综述[J].师范教育,1991(1):6—8.
③ 教育部.面向21世纪教育振兴行动计划[EB/OL].http://jyt.hunan.gov.cn/jyt/sjyt/xxgk/zcfg/flfg/201702/t20170214_3989965.html.1998-12-24.
④ 教育部.关于"十五"期间教师教育改革与发展的意见[EB/OL].http://www.moe.gov.cn/srcsite/A10/s7058/200203/t20020301_162696.html?isappinstalled=0.2002-03-01.

培训"的总体规划(尤其针对中西部地区发展现状),并于2008年和2009年展开局部试点。2010年,教育部和财政部发布《关于实施"中小学教师国家级培训计划"的通知》,"国培计划"在全国范围内全面实施。这标志着以业余、自学和短训为主的教师培训模式的瓦解,我国教师专业发展正式进入了专业化、集中化、系统化的体系期。此后,在"国培计划"的引领下,国家不断加强中小学教师培训,逐渐形成"国培计划"统筹下的多层培训机构、多种培训方式相协调的教师专业发展体系。

随着教育现代化进程的不断推进,整齐化、统一化、集中化的教师培训体系已经不能适应对专业化、科学化、创新化、特色化教师队伍的需求。2018年1月,中共中央、国务院印发《关于全面深化新时代教师队伍建设改革的意见》,表示要基于国情和各类教师的不同特点和发展实践,借鉴国际经验,创新教师专业发展体制机制,并鼓励教师和校长们大胆探索教师专业发展新形式、新风格、新方法,提出培养"教育家型教师"的设想。[①] 随后,教育部等五部门联合发布《教师教育振兴行动计划(2018—2022年)》,提出教师专业发展要着眼长远价值,遵循教师的成长规律,培养"师德高尚、业务精湛、结构合理、充满活力"的教师队伍,进一步推动我国教师专业发展的纵深化、专业化、创新化。[②] 2019年,中共中央、国务院印发《中国教育现代化2035》,提出教育现代化的八大理念——"更加注重以德为先,更加注重全面发展,更加注重面向人人,更加注重终身学习,更加注重因材施教,更加注重知行合一,更加注重融合发展,更加注重共建共享"[③],为教师专业发展的现代化指明道路。目前,不少地区或学校已开始借鉴其他国家或地区的先进经验,反思当前教师专业发展模式的不足,探求与创造适合本地(本校)教师、反映当地特色的教师专业发展的创新模式。

二、教师专业发展的校本研修转向

面对学习型社会的要求,教师作为学习的组织者和指导者,首先必须是一个好的"先行的、主动的学习者",需要激发教师作为主体的内在动力。教师和学校

---

① 中共中央国务院. 关于全面深化新时代教师队伍建设改革的意见[EB/OL]. https://www.gov.cn/xinwen/2018-01/31/content_5262659.htm. 2018 - 01 - 20.
② 教育部等五部门. 教师教育振兴行动计划(2018—2022年)[EB/OL]. http://www.moe.gov.cn/srcsite/A10/s7034/201803/t20180323_331063.html. 2018 - 2 - 11.
③ 中共中央国务院. 中国教育现代化2035[EB/OL]. http://www.gov.cn/zhengce/2019-02/23/content_5367987.htm. 2019 - 02 - 23.

内部力量的调动则需要回归教师的工作日常,回归教育现场。因为"教育现场是在一个缄默的再情境化基础上运行的,它可以很容易地提供作为个体和个人特征的知识"。① 教育现场是一个比培训课堂更强大的教师学习场所。教师专业发展走向教育现场不是偶然的、盲目的和无根据的,而是社会历史的选择,它拥有坚实的理论基础和丰厚的实践依据。作为教师专业发展的微观调控手段,教育现场机制可以凭借教师发展与工作日常的结合,充分调动教师和学校的内在生长力。

20世纪80年代以后,随着"教师专业发展""以校为本"等教育理念在教育改革实践中的应用,教师专业发展中出现了一种"校本培训"的新方式。英、美、日等国家相继开启了"学校本位"的教师在职培训,确立学校在教师专业发展中的重要角色。校本培训大致包含两层含义:一层是"以培训地点为依据,指完全在中小学内进行的教师在职培训活动";另一层是"以培训内容为依据,即促进教师专业发展、改善学校和教学实践为中心的培训"。② 我国虽建立了国、省、市、县、校一体化的教师培训体系,但相当一部分学校的校本培训仍停留在概念或文本上,仅出现在学校文件中或复制了上级培训的形式。校本研修是近年来教师教育领域在校本培训基础上提出的新概念,也是教师专业发展回归现场的重要方式。

从"校本培训"到"校本研修"不仅是称谓的转变,更是基本内涵、组织形式、价值取向的转变。"校本研修"中教师自主研究和修习的具体对象和内容是什么呢?总的来说,校本研修是指教师在教育教学实践中将遇到的一些具有个性化和真实性问题作为研究对象的一种教学研究活动。教师研究的对象就是他们在教育教学活动中遇到的真实问题,这些问题可以是关于学科知识教学方面的,也可以是关于班级管理方面的。在这一过程中,教师能不断改进教育教学工作,掌握研究方法,提高研究能力,从而获得发展的不竭动力,也能获得指导学生开展研究性学习的经验和能力。校本研修作为教师专业发展的教育现场机制的实践路径,本着"从学校中来,到学校中去"的目标,重新界定了教师的主体地位、诠释了学校在教师专业发展中的角色,将教师的工作日常与专业发展、知与行、教学与科研、个人与团体归于统一。在校本研修中,学校为教师专业发展提供了完整的教育现场(包括发现问题、提出问题、解决问题、反思实践的全过程),使教师能够在熟悉的工作场中自觉、主动、有目标、有想法地进行专业发展,成为教学、科研和学习的真

---

① [丹麦]贝尔·布瑞克.教育现场的专业学习[M].郭华,等译.北京:人民教育出版社,2010:119.
② 教育部师范教育司.教师专业化的理论与实践[M].北京:人民教育出版社,2001:156.

正主人。

(一) 基于课例研究的校本研修

课例研究发源于日本,最初被中小学教师作为促进有效教学的手段,也被称为"授业研究",20世纪90年代才被传播到其他国家和地区。[①] 随着各国教育形势和需求的转变,课例研究逐渐演化为一种"融合教学实践、知识、心智模式、人际关系、支持合作性研究的结构与工具等要素的复杂的教师学习体系"[②]。我国研究者对课例研究理论的探究是在基础教育新课程改革以后,顾泠沅等人(2003)率先将课例研究作为教师教育的载体,以解决教师难以将培训所学应用于课堂教学的问题。[③] 随后,胡庆芳、安桂清等人也展开有关课例的各项研究。[④][⑤] 尽管我国的教研制度有较长的历史,但在实践中往往偏重"教",以公开听课和评课为主,"教""研""学"处于各自分离的状态,研究对许多中小学教师来说是可望不可即的,学习对教师来说似乎也是可有可无的。课例研究的出现无疑为教师专业发展的校本研修模式提供了有效载体。如今,课例研究作为一种栖身教育现场的教师专业发展方式,是一种将教学、研究、学习融合为一体的校本研修方法。教育现场的教师专业发展,首先要立足于校本化的课例研究。事实上,课例研究只是一类研究性教学方式的统称。因为课例研究本身具有丰富的灵活性和开放性,它往往依托学校的文化特征、群体氛围、学习习惯等深层结构展开,其主题选择、过程推进、实践反思都具有显著的现场意义,即课例研究具有无限可能,它的实践重点是随着教学现场中产生的问题和困难而不断调整的。

(二) 基于"研究型教学"的校本研修

所谓"研究型教学",即一种将教学与研究紧密结合的教师专业发展方式。在研究型教学中,教师既是教育者,也是研究者。如此一来,教育教学便成为一项创造性劳动,教师工作就是教学与研究的过程,教师通过教学获得实践经验,并以研究者的角色将实践经验升华为理论知识,并完成理论知识的再实践和共享,从而

[①] 张侨平,陈敏. 课例研究的缘起和流变:回顾与前瞻[J]. 全球教育展望,2020,49(8):75—91.
[②] 安桂清. 课例研究:信念、行动与保障[J]. 全球教育展望,2007(3):42—46+85.
[③] 顾泠沅,王洁. 教师在教育行动中成长——以课例为载体的教师教育模式研究[J]. 全球教育展望,2003,32(1):44—49.
[④] 胡庆芳. 以课例研究的方式提升教研品质优化课堂教学[J]. 上海教育科研,2008(06):48—50.
[⑤] 安桂清. 课例研究的意蕴和价值[J]. 全球教育展望,2008(07):15—19.

促进自身和教师共同体的成长。"研究型教学"是当前教师专业发展的重要目标指向。然而,对大部分中小学教师来说,教育研究是十分困难的。因为他们习惯于纯粹的教学,很难用研究的眼光去看待自己的教学过程。甚至,有不少教师认为研究是高校教师或专家的责任,不少教师"闻课题色变"。其实不然,相较于教育理论工作者,一线教师做教育研究有其得天独厚的条件,那就是他们更熟悉实践,熟悉实践中的各种问题。实际上,课题只是教师进行教育研究的载体,它首先源于教师在教育现场中遇到的真实问题,在教学(备课、上课、批改作业)、课程开发、班级管理、学生发展指导等方面遇到的疑难和困惑都可以被当作研究问题,予以研究和解决。研究型教学不能仅仅局限于规范的立项课题,它不是为了研究而研究,而是为了解决教学现场中遇到的各项问题而开展研究,其基本目的在于解决实际教学问题。换句话说,研究型教学并不是训练教师做课题、写论文的能力,而是训练教师以研究的眼光反思教学、解决教育教学问题的思维和能力。只要有思考和探究,有主题和内容,就可以成为一个教育研究行为,就能够实现促进教师的学习与专业发展,实现基于学校的和基于教师自己的校本研修。

(三) 基于工作坊研究的校本研修

"工作坊"是近年来十分流行的团体组织方式,被广泛应用于心理学、教育学、艺术学等诸多领域。然而,工作坊作为一种实践组织形式,出现于何时以及为何出现,尚未形成定论。工作坊成为一种模式是在20世纪60年代后,著名景观设计师劳伦斯·哈普林(Lawence Halprin)受心理学家卡尔·古斯塔夫·荣格(Carl Gustav Jung)的影响,将工作坊作为设计师民主、和谐地听取他人意见的方式。① 后来,工作坊模式被不同领域沿用,逐渐延伸为一种依托团队互动、分享、协作的人力资源提升方式。事实上,"工作坊"是英文词汇"workshop"的译义。《牛津英语词典》中的"workshop"包括两层含义:一是由构词产生的本义,指"用工具或机器制造或修理物品的房间或建筑物工作车间";二是延伸意义,指"一群人基于特定的主题来分享各自的知识和经验的讨论或实践",即研讨会。"workshop"含义的分层也充分解释了工作坊溯源出现分歧的原因——对"workshop"含义的不同侧重。毫无疑问,教师工作坊侧重于"workshop"的第二层含义,即教师群体

---

① Laurie D. Olin. An American original: on the landscape architecture career of Lawrence Halprin [J]. Studies in the History of Gardens & Designed Landscapes, 2012(3):139-163.

针对特定教学主题所开展的经验交流、共享、合作实践。从根本上讲,"教师工作坊就是一个共同体"①。教师工作坊作为工作场学习的重要实践组织,特别强调教育现场本身,强调工作坊成员间的面对面交流与讨论。日本学者佐藤学认为,"学校本身就是学习者的共同体",且这种协同性不只属于儿童,形成专业集团内互动成长的教师关系也是"创造学习共同体的学校不可或缺的课题"。② 教师工作坊作为建构教师学习共同体的实践方式,不仅改变了教师的专业发展状态,也改变了教师间的交往模式。在以往的工作日常中,教师之间的交流、互动一般较多关涉衣食住行等生活琐事或有关某位学生、领导的牢骚和抱怨,较少涉及教学、学习或科研等方面。教师之间的经验与资源的共享、教育实践的协作都比较匮乏。教师工作坊无疑为教师们提供了一个互通有无、民主平等、团结合作、共同进步的校本研修平台。

三、"从培训到研修"的探索之路

本书是杭州市"集团化办学"的重要产物,呈现了集团化办学背景下的教师专业发展的创新经验。我国基础教育阶段的"集团化办学"最早出现于20世纪90年代的民办教育领域。它是一种"以契约为纽带构建的大规模多层次组织形态,是通过优势互补或以强带弱,推进教育资源优质均衡发展的办学模式"③。2002年,杭州市西湖区求是小学在政府支持下率先联合部分新学校创立了我国首个公办基础教育集团,开启了我国公办基础教育集团化之路。集团化办学作为一种办学模式的改革创新,一改学校单一封闭的组织形式和发展方式,形成了"名校+新校""名校+弱校""名校+农校"等多种集团模式,不仅有效弥补"择校"难题,还对优化教育资源配置、实现资源共享具有深刻意义。据统计,集团化办学实施以后,杭州市城区名校数量从2003年的10.8%上升到2006年的33.2%;享受优质资源的学生数量从2001年的6.0%增长为2006年的30.6%;截至2011年底,杭州市已经成立210个教育集团,主城区的覆盖率已经达到70.33%。④ 如今,集团化办学已经成为国内诸多地区扩大优质教育资源覆盖率的重要举措,它扩大了社会弱

---

① 张思,刘清堂,熊久明.认知学徒制视域下教师工作坊研修模式研究[J].中国电化教育,2015(2):84—89.
② [日]佐藤学.课程与教师[M].钟启泉,译.上海:华东师范大学出版社,2003:80.
③ 钟秉林.关于基础教育集团化办学的若干思考[J].中国教育学刊,2017(12):3.
④ 费蔚.从管理到治理:区域推进义务教育优质均衡发展的体制机制创新[J].教育发展研究,2014,(15):13—20.

势群体享受优质教育的公平机会,实现了校际联动,并逐渐形成别具一格的区域模式和学校品牌。

杭州市凯旋教育集团成立于2013年,是由杭州市江干区教育局与华东师范大学基础教育改革与发展研究所联手打造的新型教育联盟,也是集团化办学的重要成果。目前,凯旋教育集团内共包括景芳中学、景华中学两所中学和茅以升实验学校、春芽实验学校、景华小学、南肖埠小学四所小学。集团成立以来,学校之间相互扶持、共谋发展,形成了学生联招、教师联聘、活动联合、特色联建、成果联享等"多联"局面。教师专业发展作为教育活动与教育变革的重要支撑,是集团发展规划的有机组成部分。多年来,集团致力于探索教师专业发展的创新模式,将教育教学现场与教师专业发展相结合,将教师的工作日常与专业发展相统一,努力发掘教师的主体性。经历数年实践探索,集团和各校都积累了丰富的教师专业发展经验,逐步实现"从培训到研修"的发展模式转变;形成了校本研修主导的教师专业发展的教育现场机制。本书将从集团和学校两个层面来介绍凯旋教育集团教师专业发展的实践经验,供相关研究者和实践者参考。

"集团编"主要介绍集团中的跨校教研项目经验,共包含三章内容,分别涉及STEM、儿童哲学和国际理解这三项跨校教研项目。

第一章主要介绍了STEM项目中的跨校教研经验。STEM项目是建立在茅以升实验学校的科技化校本特色课程基础上的集团特色项目,也是国际STEM课程模式的一种本土化尝试。STEM项目通过遴选种子学校和种子教师,建立跨校研修联盟,形成STEM教师共同体,从而促进种子教师间的协同共进,促进区域联盟内教师群体的专业发展。STEM项目形成了"一个中心,两条路径,三类指标,四级勋章"的跨校教研体系,即依托上海史坦默国际科学教育研究中心,凭借亲历项目和体验观摩路径,依据"建立学习环境""建立科学性的理解""让学生参与科学工程实践"指标,确立"黄-入门级""蓝-实践级""绿-创新级""黑-分享级"勋章。

第二章主要介绍了儿童哲学项目中的跨校教研经验。儿童哲学项目是在春芽实验学校和景华小学的儿童哲学特色课程基础上形成的集团特色项目。为了深化集团教师对儿童哲学课程理念的认识,集团成立了由高校专家教师和学校儿童哲学课程组老师组成的研修共同体——"儿童哲学咖啡屋"。儿童哲学项目根据教师的发展现状和现实需要,依托"咖啡屋"共同体,形成具有专家指导团队引领下的,读书沙龙、讲座论坛、课例活动等形式并行的,合作式、探究式、分层式等策略并施的"儿童哲学咖啡屋"教研体系,并在此基础上开发了"学科+""绘本+"

"故事+"的融合性儿童哲学课程。

第三章主要介绍了国际理解项目中的跨校教研经验。国际理解项目是以南肖埠小学的国际象棋特色文化为根基建立起的集团特色项目。国际理解项目以国际象棋文化为起点,探索基于核心素养的"3I"国际理解课程。集团通过在江干区内创办国际理解基地校,开设"种子教师"的国际理解研修课程,将国际理解教育理念辐射集团或区域,逐渐形成一套具有地域特色的国际理解教育体系。集团不仅运用主旨报告、联盟论坛等形式推动国际理解教育理论研修,还通过空中课堂、圆桌会议等将国际理解教育落实到课堂教学中,并汇编了一套《我与世界》国际理解教育读本。

"学校编"主要介绍各学校的教师发展活动与机制,共包含五章内容,分别为景芳中学、茅以升实验学校、景华小学、春芽实验学校和南肖埠小学的教师专业发展经验。

第四章主要介绍景芳中学的教师发展活动与机制。景芳中学研制了教师的"1·2·3·4自主成长方案",即"一个标准,二元并举,三层架构,四方协作"的教师研修方案。景芳中学以《中学教师专业发展标准(试行)》为参照,制定了具有针对性的教师专业发展套餐,运用理论与实践、必修与选修、自学与群学、长时与短时、学科培训与德育培训、自评与他评等二元化策略,架构起教龄分层、班型分层和业务分层的立体化教师结构,并协同学校、集团、区市、联盟力量,为教师提供多方位、多角度、多形式、多层次的研修模式。

第五章主要介绍了茅以升实验学校的教师发展活动与机制。茅以升实验学校依托自身的"五彩课程"特色建构了"一个保障中心、两大内容指向、五大循环流程"教师研修体系。学校将教师工作坊作为保障中心,协调教师的专业成长和精神成长,遵循"问题征集——案例呈现——互动研讨——观点汇报——专家引领"的循环过程。在教师工作坊研修模式的指导下,学校将"班主任圆桌会"和"博师课堂"作为常规研修活动,并努力践行校际融合、理念融合、家校融合、学科融合的融合性发展道路。另外,学校还实行坊主负责制、自主研修制、同伴互助制、专家辐射制等研修制度,努力建设工作坊共同体,不断促进研修评价的多元化、全面化和系统化。

第六章主要介绍了景华小学的教师发展活动与机制。景华小学基于"恬静善思,关爱景行"学校理念和文化特色,建构了关爱教师研修模式。关爱教师研修模式包含一项研修平台、两个展示平台和四个共同体,旨在从"亲和""智慧"和"静雅"三个维度来推动教师自主向关爱型教师发展。学校致力于做精"启慧专家讲堂"一个研修平台，做实"绿叶杯"和"新绿杯"两个展示平台，实施"校内＋校外"的双导师制、"个人＋集体"的学习制度、"自评＋他评"的评价制度三项研修制度，建构"青年教师联盟""骨干教师俱乐部""学科工作坊""课题科研项目组"四个研修共同体。在关爱文化指导下，学校努力实施关爱课堂，讲关爱故事，促进教师研修的素养融合、载体融合和目标融合。

第七章主要介绍了春芽实验学校的教师发展活动与机制。春芽实验学校顺应信息时代的技术力量，建构和实施了"互联网＋"校本研修体系。"互联网＋"研修体系遵循合作性、互动性、丰富性、实用性、层次性原则，借助多种 UMU、直播、弹幕、FTP 空间和微信等网络软件或平台，多方位地推进研修活动。在研修体系实施上，学校设计了"研修主题—研修方案—研修活动—研修成果"的流程，并通过开展全员校本研修、加强教研组建设、开展分层研修任务、建构"信息技术＋学科"模式，以及借力区域联研等策略将校本研修落地。

第八章主要介绍了南肖埠小学的教师发展活动与机制。南肖埠小学秉持着"走好每一步"的教育理念，构建了面向全体教师的"步云师院"研修体系。学校通过建设"多维度"的校本研修平台、开发"混合式"的校本研修内容和践行"交融式"的校本研修机制，推动学校每位教师的专业发展。"步云师院"遵循科研学习、课程设计和教学实践的一体化，实行模块制、分社制、私人订制等方式，设置理念更新、课程原创、课堂会诊、思维碰撞、行动研究等研修模块，采用学分银行、成长档案、成果激励等评价方式，以"学—教—研—修"四维融合为工作理念，助推每位教师的幸福成长，培养身边的"草根教育家"。

本书各章执笔人和主要参加者如下：引言和结语，鞠玉翠、王鑫；第一章，施海燕、鲁聪、翁乐、章森梅、周玲、戴珈颖；第二章，陈霞、曹京蓉、许蕾；第三章，林霞、毛建和；第四章，景芳中学冯辉、姜建平、姚洁如、李艳、胡蘅蘅、郑煜；第五章，茅以升实验学校鲁聪、王文娟、徐雯颖、薛焱、李雪源、张莹莹、方晨；第六章，景华小学周淑婷、应淑群、何霞、陈超超；第七章，春芽实验学校胡旭东、曹京蓉、倪婷；第八章，袁恩东、徐佳颖。项目主要参加者：吴双双、方晓、毛建和。

鞠玉翠　王　鑫

集团编　跨校教研

第一章　融合共生：STEM 项目中的跨校研修

近年来，随着 STEM 教育发展的深入，越来越多的学者和教师认识到，对于推动传统教育向 21 世纪教育转变的 STEM 教育而言，教师的专业成长与发展更应成为 STEM 教育首要解决的问题。[①] 杭州凯旋教育集团在江干区教育局、华东师范大学基础教育改革与发展研究所（以下简称为"华师大基教所"）专家团队的引领下，立足集团各校自身基础，在共享课程的基础上，提出"STEM＋"共创课程的建设思想。借力上海史坦默国际科学研究中心，建立跨校研修联盟群、构建STEM 教师培训体系，以 STEM 种子校为引领，开展参与式培训的课例实践研修，形成种子引领、协同共进的方式，促进区域联盟内教师群体的专业发展。本章主要将从三个方面来介绍 STEM 项目中的跨校研修。

第一节　建立跨校研修联盟群

努力让每个孩子都能享有公平而有质量的教育，是当前我国基础教育改革与发展的重要任务。近年来，杭州市江干区教育局以模式创新、课程改革、队伍建设为重要抓手，着眼内涵发展，深化教育"新共同体"建设，STEM 教育联盟便是其中之一。联盟校发挥种子校的龙头引领和示范辐射作用，积极加强跨校研修联盟群的建设，延伸、放大研修空间，促进教师专业发展。

一、组建跨校研修联盟共同体

在杭州市江干区区委、区政府提出深化教育改革，打造区域教育品牌的战略要求下，区教育局和凯旋街道引进优质资源，与华师大基教所达成合作模式，成立

[①] 叶兆宁. STEM 教育成功的关键——教师专业发展[J]. 中国科技教育，2018(8)：10—12.

凯旋教育集团,打破学校间的壁垒,借力发展、区域联动、强强联合。首轮合作,探索"区域联盟共同体"办学模式,"八联"共推,实现学校高层次"特色品质发展"。

2017年7月凯旋教育集团迎来与华师大基教所的二轮合作,国际化和课程建设是学校未来发展持续推进的两大动力,而国际视野下的课程建设就显得尤为重要,它是学校发展的必然选择,是时代发展的必然选择。凯旋教育集团,已身处学校改革"深水区",自我迭代是不可缺少的环节,也是学校重要的发展理念。从共享课程走向共创课程,学校之间实现"线上线下"(Online to Offline,O2O)同步教学新模式。

同时,为更好地发挥优质教育资源的辐射引领作用,带动区域学校的共同发展,在江干区教育局的组织下,区内一批有着共同发展愿景的学校主动加入到STEM联盟共同体中。齐格蒙特·鲍曼在《共同体》一书中说:"'共同体'这个词传递的感觉总是很美妙的。共同体是一个温暖而舒适的场所,一个温馨的'家',在这个家中,我们彼此信任、互相依赖。"[1]在STEM跨校研修联盟这一共同体建设中,大家具有共同的价值认同,站在新的节点上,协同出发。

二、遴选STEM种子学校

STEM教育强调数学、技术、工程和科学等学科的整合,核心理念是跨学科和聚焦真实生活问题的探究学习,从而培养学生解决问题的能力、创造能力、跨学科运用知识的能力及团队合作、自主探究等综合能力。那么,在联盟共同体中哪所学校在区域课程改革深化推进的过程中,已有相对深厚的历史和现实基础,能与STEM理念所强调的"动脑与动手结合、科学与人文兼顾、创新与探究统一"相得益彰,起到种子引领的作用呢?杭州市茅以升实验学校凭借着其长期形成的科技特色、出色的校本特色课程实践和积极的研修行动走到台前。

(一)历史积淀

茅以升实验学校(以下简称为"茅校")以校名为线索,根植于原有的文化背景,厘清文化由来及其特点,长期致力于科技特色的打造。自2000年起,茅校便开始了以"桥梁"为核心的校本特色课程的探索、开发与建设。桥梁校本课程以科

---

[1] [英]齐格蒙特·鲍曼. 共同体[M]. 欧阳景根,译. 南京:江苏人民出版社,2003:1.

技教育为连接点,在基础性课程与拓展性课程之间架起融通之桥,在知识学习与动手实践之间架起融合之桥。

"桥梁与工程体验课程"是以国家课程为基础和参照点,以学校自编的教材为基本内容的实践类活动课程。该课程以"桥梁"为载体,通过桥梁欣赏、资料收集、实地测量考察等活动,使学生了解桥梁的基本知识;在动手实践操作的过程中,掌握捆、扎、拼、搭、焊等各种劳动技能,并能借助不同的材料自主或与他人合作进行桥梁的创作;在综合实践活动中,激发学生的创作兴趣,培养学生对事物的科学探究能力、审美能力、团队协作及动手创造能力,感受桥梁背后蕴含的文化精神。

课程目标指向培养三大素养,即学习素养、科学素养和生活素养。依据课程目标,课程内容按学习领域构建,提出了三大学习领域:基础认知、动手实践和创新拓展。围绕三大学习领域设计了"桥之韵""桥之彩"和"桥之美"三大板块的学习内容。三大板块相互独立,又相互交融。在"桥之韵"板块,以"学习桥知识,挖掘桥文化,认识桥结构,创建心中桥"为主要内容,按照学生的认知水平与技能水平,在设计教学内容的时候按照知识体系的螺旋式上升为结构板块,构建各个年级的教材体系,共12册120学时。在"桥之彩"板块,实践活动内容结合每个年级的课程安排,以项目带动学习,激发学生的学习兴趣,探索桥梁背后的故事,同时促进学生对知识及动手技能的内化,在实践中运用,并解决问题。"桥之美"作为课程延伸板块,安排在五六年级开展,以小组合作探究的方式开展研究性学习,引导学生跨过有形之桥,感受无形之桥的魅力。

表1-1 "畅游桥梁世界 感受桥梁文华"综合实践活动内容安排

序列	名称	对象/人数	时间	指导老师(部门)	活动形式与要求	呈现形式
1. 生命之舟	桥的文化浸润	四年级全体学生/	综合实践活动周	语言组	A. 资料收集、整理,用PPT形式班内交流 1. 桥的发展 2. 讲故事 2. 桥的故事 C. 诗词接龙抢答等 3. 桥的诗词、楹联 4. 桥的成语、谚语、歇后语 D. 创作:我与桥的故事,题材、体裁不限	1. 桥的诗词、楹联等书法作品展 2. 综合展开会上各班派3个代表进行"桥知识"的抢答赛 3. 每个学生参加、优秀作品在校园网进行展示并结集成册

续 表

序列	名称	对象/人数	时间	指导老师（部门）	活动形式与要求	呈现形式
2. 身体之健	实地参观考察	四年级全体学生/	综合实践活动周	大队部、体育组（结合秋游、周五活动或假日小队）	1. 全体实地参观钱江大桥 2. 利用国庆假期参观杭州的桥梁，并拍摄桥梁的照片	每个学生参加、优秀作品在校园网及橱窗进行展示
3. 艺术之魅	画桥、唱桥	四年级全体学生/	综合实践活动周	综合组	美术组："桥"摄影展与书法展的海报设计。海报要求有统一的大小规范，海报的内容必须围绕主题进行设计，以年级为单位评出一二三等奖 音乐组：学唱有关桥的歌曲 信息组："桥"电子小报	1. 优秀作品作为书法展、摄影展的宣传海报进行展示 2. 综合展示会上歌曲表演 3. 优秀作品与书法作品一起展出
4. 科技之光	创意无限：DIY 桥	四年级全体学生/	综合实践活动周	科学组	DIY 桥 以年级为单位评出一二三等奖	优秀 DIY 桥作品展示
				数学组	1. 全体实地参观钱江大桥 2. 桥的测量研究	桥的测量结果报告
				英语组	观看桥的英语纪录片，用英语写一句话观看感受	优秀的一句话收集，用 PPT 在总结时展示
5. 品德之养	讲茅老故事，品茅老之德	四年级全体学生/	综合实践活动周	德育处、生命与品德老师	收集茅以升相关的资料、故事，开展茅以升生平的学习，班内开展"茅以升我想对你说"一句话活动，在"茅以升纪念馆"展示	各班 20% 左右的学生作品在"茅以升纪念馆"展示

以上为期一周的"畅游桥梁世界 感受桥梁文华"综合实践活动安排在四年级上学期进行，主要与"桥梁与工程体验课程"的"结构建桥"主题中的欣赏课"风雨钱塘江大桥"和实践创作课"创意桥梁大比拼"的内容相结合，与各学科进行主题整合，带领学生开展研究与实践，形式丰富多彩。活动形式有实地参观、原味创作、诗词朗诵、歌曲演唱、书法展示、手抄报宣传海报、摄影比赛、知识竞赛、DIY 桥

梁模型展等,中间穿插各种展示、报告和评比,最后通过"快乐星期五"的时间来进行"综合实践活动汇报"成果展示。活动中,学生不但进一步走近桥,领略丰富的桥文华,感受桥的生命与魅力,使课堂中所学的知识与技能在活动中得以运用,更在活动中培养了实践、合作、探究、信息整理等能力。

表1-2 "畅游桥梁世界 感受桥梁文华"综合实践活动周课时教学内容安排

科目	第1课时	第2课时	第3课时	第4课时	第5课时	第6课时	第7课时
语言	桥的发展	桥的故事	诗词楹联	成语谚语	"我与桥的故事"创作、讲评		
数学	实地参观	桥的测量					
英语	桥的英语纪录片		交流感受				
科学	DIY 桥						
音乐	学唱桥的歌						
美术	海报制作						
体育	实地参观钱塘江大桥						
信息	电子小报						
生命与品德	走近茅老						

根据综合实践活动内容,学校还设计了相应的各学科一周的具体教学内容,在时间安排上打破原有的40分钟一节课的固定模式,调整为根据研究内容来设置学习时间,保证学生能充分展开学习的过程,在经历中学有所获。如美术的"海报制作"、科学的"DIY 桥"、英语的"纪录片"观看等,都以两课时联排的形式呈现;"实地参观钱塘江大桥"以体育与数学三课时联排的形式,安排周一上午半天时间,让学生到钱塘江大桥进行现场的参观学习与数据的收集,为一周活动的有效开展做好充足的热身与准备。

"桥梁与工程体验课程"在2014年被评为浙江省义务教育精品课程。2015年,作为凯旋教育集团共享课程、茅校"五彩课程"体系中的重点课程,该课程通过了华师大基教所专家团队的中期评估。从华东师范大学的调研报告中我们看到,在该课程的引领下,学生的学习兴趣浓厚,学习的积极性更高了,学生的科学素养得到提升,人也变得更加自信、勇敢。学生对上课内容总体满意度也比较高,但上课方式相对于上课内容来说满意度略有下降,学生期待一种更加开放、更加自主的学习方式;满意度最低的是上课的时间,学生都希望有更多参与学习探究的时间。

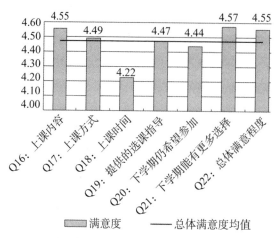

图1-1 参与学生对共享课程的满意度情况

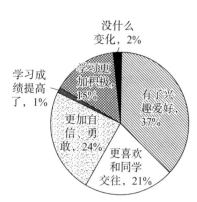

图1-2 参与家长认为孩子在共享课程学习后的变化情况

茅校科技特色鲜明,这些既有尝试已经萌生了 STEM 强调的跨学科、重视实际问题解决、共同探究等特征,课程体系的建设,学习方式的转变,特别是教师的探索创新意识、课程建设能力,都为进一步进行 STEM 课程的开发和项目的实践打下了坚实的基础。而 STEM 教育的引入,让茅校得以从一个更加新颖的视角去审视桥梁校本课程和其他工作,为教师研修升级提供了新的契机。

(二) 研修基础

在"桥梁与工程体验课程"的建设与实践过程中,教师也逐步感受到桥梁课程主要还是局限在书本教材和传统的课堂教学中,学习与实际生活和社会实践的联系还不够紧密。若要进一步提升学生的科学素养与实践创新能力,在下一步的课程开发中,需花更多的精力,去突破书本、学科和传统课堂的限制,进一步丰富课程的内容,改变学习的方式,增加学习时空的自由度,让学生在实际动手操作中提升自身的实践创新能力,增加学习兴趣,锻炼思考和分析问题的能力,进一步提升学生的综合素质。

相应地,老师们的素养也要通过研修加以提升。一批老师对 STEM 项目的引入和相关研修活动葆有很高的热情。2017 年初,学校顺势组织了相关书籍文献的阅读,推出了"STEM + 与未来对话"为主题的教师工作坊论坛活动。老师们结合书本阅读谈认识,结合教学事例谈做法,在校内形成 STEM 学习的风潮。

1. 阅读交流提升认识

为满足课程改革的发展需求,促进学校课程的进一步发展,完善教师的知识结构,提升专业理论水平,学校结合教师的假期研修,为全校每位老师购买了《基于项目的 STEM 学习》一书,鼓励教师利用假期进行阅读。在主题工作坊活动开展前期,推出"茅校好声音——走进 STEM"专栏,在栏目中以"语音悦读"的形式向全校老师介绍"STEM",每位老师还结合自己任教学科,撰写读后感,为主题论坛活动预热。

案例 1

茅校好声音——走进 STEM(片段)
掀起你的盖头来——走进 STEM

什么是 STEM 呢? STEM 起源于美国的教育理念,被称为美国的"素质教育",它是四个单词的首字母的组合,即科学(Science),技术(Technology),工程(Engineering),数学(Mathematics)。STEM 教育是科学、技术、工程、数学相结合的教育形式,它并不局限于单一的教条化的学科教育,它将逐渐发展成为包容性更强的跨学科的综合教育形式。如何更好地认识 STEM 呢? 首先,从字面上看,它是分科的,代表着科学、技术、工程和数学四门独立的学科;其次,它又是整合的,是四门独立学科的综合体;再次,它又是延伸和扩展的,由四门基础学科

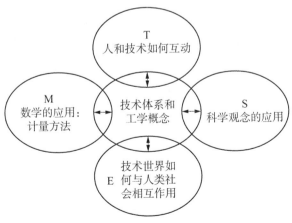

图 1-3 STEM 教育理念

出发，又可以引出其他学科领域的内容。在STEM体系中，四门学科不是单一的个体，它就像是一个家庭，家庭成员之间是一种相互支撑、相互帮助、共同发展的关系。（周玲）

在自主学习的基础上，老师们结合自身教学纷纷撰写读后感，语文组的施老师在文中写道："对STEM的学习与实践，也让我深深体会到，基于项目的STEM学习，以活动的形式开展，打破了以往教师以'教'为主的教学形式，逐渐转变到以'学'为主，以'导'为辅的道路上来，真正实现以学定教，适时引导的生本课堂。教学理念及行为的转变在对活动的指导中自然形成。在活动的开展中，驱动性的问题非常关键，一定要具有开放性，要与学生的实际生活密切相关。在我们语文课堂教学中的体现就是要提好'主线'性问题，引导学生围绕主线充分发挥。内容也要具有整合性，将书本的知识变成活动的知识。"

班主任周老师在文中说："刚接触到基于项目的STEM学习时，我脑中马上闪现出一句词，'众里寻他千百度，蓦然回首，那人却在灯火阑珊处'。可能形容得不恰当，可是蓦然回首，基于项目的STEM学习确确实实就在我们身边，就在我们的德育活动中。基于项目的STEM学习脱离了以教师为中心的课堂教学，取而代之的是跨学科、以学生为中心、以现实世界和实践相融合的学习活动。不难发现基于项目的STEM学习更注重的是跨学科的整合，通过体验探究来学习，从而完成作品。"

从上面的案例中，我们可以看到老师们不但阅读书籍，而且还进行关键信息的提取与梳理，在整理后进行发布。即使是第一次听说STEM这个词，也能对它有一个初步的认识。老师们还有意识地把STEM的理念与自己的教学实践结合起来进行思考，深深地体会到只有让学生把书本的知识灵活运用于解决实际问题，才能说明学生已真正掌握知识的内涵。由此，也可以感受到老师们对STEM教育理念的深刻认同。

2. 案例分享促进实践

随着理论知识学习的深入，STEM教育理念，特别是其中所体现的问题导向、整合思维等项目化学习方式，已经悄悄进入了课堂，不仅影响着数学、科学等学科的教师，也影响到语文等学科老师们的教育教学理念和行为。2017年3月底，学校开展了"STEM＋与未来对话"的主题教师工作坊活动，邀请学科骨干老师来谈一谈自己对STEM教育理念的领悟和基于"STEM＋学习"的粗浅实践，为全体老师创设互研的平台。

在论坛会上,语文组栾老师以"项目化学习的单元整组教学"为例,围绕"传统文化"这个关键概念,介绍了教师们立足学科基础,引导学生从人物、神话、建筑、艺术等各个方面走近博大精深的中国传统文化,并组建研究小组、结合生活开展研究实践、进行成果展示发布的过程。

案例2

语文中的项目式学习:四年级上册第五单元"生活中的传统文化"

根据教材特点,我们进行"单元整组教学"。结合"单元导语"的提示,初读课文,让学生从《孔子拜师》认识古代大思想家孔子和老子;从《盘古开天地》了解我国古代劳动人民对创造天地的一些神奇想象;从《赵州桥》中领略这一历经千年而风采依旧的建筑杰作;从《一幅名扬中外的画》中欣赏传世名画《清明上河图》的神来之笔。学生又从语文园地"我的发现""日积月累"等多个侧面感受中华传统文化的博大精深,了解古代神话故事、古代建筑民间工艺和绘画音乐戏曲等都属于中华传统文化的范畴。在有效整合中,专题由平面变成立体,由单薄变得丰满,这一组教材中的每项内容呈现给学生的是一个知识、情感、方法浑然一体的学习情境。

学生对生活中的传统文化产生了浓厚的兴趣之后,我们引导学生对生活中的传统文化分门别类组成各研究小组,选出课题组长,根据"课题研究表",制定本组的研究计划。学习成果的展示尽可能采用丰富的形式,明确分工或分阶段汇报,让尽量多的同学有展示的机会,享受研究的乐趣。

在"中华传统文化项目学习发布会"上,民族风情小组以"年"为切入口,配合课件结合手抄报介绍了各民族过春节的不同习俗,向大家介绍"年"的来历,展示了过年时自家亲人团聚欢庆的全家福,并带来了精心搜集的中国结、年画、春联等物件,现场教同学制作中国结。建筑特色小组通过对福建土楼的调查了解,懂得了不少建筑学上的知识。在这个展示的舞台上,每位学生既是知识的传播者,又是知识的获取者,既体会着与别人分享研究成果的成就感,又享受着欣赏别人研究成果的乐趣。

针对上述案例,语文组老师们觉得这一次的语文项目化学习,主要是围绕"内容领域的概念"展开,并没有提炼出与语言学习有关的概念,这样对于语文学科本身来说有一定的风险,是后续项目化学习中需要深入思考和研究的,因为语言的形式和内容是不可分割的。

数学组钱老师的分享以六年级体积单元例3"测量不规则物体的体积"为例，设计数学学习的现实问题，尝试让学生用STEM的学习方式来进行研究。

案例3

数学中的探究：六年级体积单元例3

一、提出问题，确定研究主题

提出问题：研究不规则物体的体积。

分析问题：1. 研究不规则物体的分类，物体的沉与浮——科学；
  浮于水的物体的体积如何测量？

2. 探究较大的或者较小的不规则物体的体积；
  测量工具的选择、测量方法的确定。

3. 物体排开的水量与体积的关系。

二、设计研究方案，小组合作测量、收集和分析数据

1. 研究主题：沉、浮物体的体积。哪些物体是沉的、哪些物体是浮的？选择沉浮的物体各2件，研究他们的体积。如：苹果、梨等水果（浮），石头、橡皮泥等（沉）。

提出实验猜想：浮于水的物体与沉于水的物体进行捆绑测量。

实验步骤：①测量石头等沉于水的物体的体积；②进行捆绑，测量浮于水的物体的体积。通过研究，确定基本方法。思考：改变溶液的密度可行吗？为什么？

总结注意事项：①保证完全沉没于水中；②捆绑的工具的体积不能忽略。

2. 研究主题：较大的或者较小的不规则物体的体积。如大石头、一粒米等。

提出实验猜想：同一物体的密度一定时，重量与体积成正比。查找资料验证猜想。

实验步骤：取单位量的石头或米进行体积测量，称出重量，进行体积计算。米的体积用密铺的方法进行测量可行吗？为什么？

三、完成实践报告，提出解决方法

四、制作PPT，全班交流

基于项目的STEM学习是通过问题引发学生对概念的思考和探索。案例中老师把抽象的、深奥的问题转化为结合现实生活情境的、符合学生年龄特点的驱

动性问题,激发学生的学习兴趣,使其主动投入到项目探索中。在这个过程中,学生数学核心能力——运算求解、空间想象、推理论证、提出与解决问题的能力提升明显,促进了学生综合素质的发展。

科学组章老师提出了 STEM 在小学科学中有机整合的三种方式"内容整合""辅助式整合""情景整合",分别以案例的形式让大家感受到 STEM 学科整合的特征。

案例 4

科学中的情景整合:小学阶段总复习

六年级的学生在学期最后需要对 3—6 年级的所有内容进行复习,若是简单地将各个模块进行梳理,对学生来说显得枯燥乏味,挑战难度低。因此在教学实施中,我们设计提出一个项目难题:学生通过完成"为杭州冬天的农作物建立温室大棚"的工程,来完成 3—6 年级各个知识点的巩固和突破。

在这个项目中涉及的领域包括植物、气候、材料、结构力学、热学、地理等方面。要设计并建造一个大棚,学生需要学习植物生长的影响因素,不同植物的栽培温度;需要了解杭州的气候条件、气温水平;测试不同材料的大棚的覆盖膜及不同形状的大棚的保温效果;测试不同材料、不同结构的拱架抗风抗弯曲能力及经济成本;需要模拟不同季节光照时间和光照角度对大棚温度的影响等。通过这样的情境整合,将所学的内容进行快速回忆并应用到实际的问题解决中。

这种形式的情景整合与单纯的情境教学是不同的,这类学习会将工程作为一个领域介绍给学生,鼓励学生为完善方案进行迭代设计,逐步习得工程设计流程。

世界著名教学专家舒尔曼教授指出:"教师专业学习的本质就是'从经验中学习'"。[①] 因为是基于经验,教师的认识往往会停留在浅层,而自己却意识不到。因此,不但需要大量汲取专家论著中的精神营养,更需要专家的耳提面命。

在教师工作坊的论坛中,学校邀请了华师大基教所鞠玉翠教授为大家答疑解惑,明确方向。鞠教授指出:进入 21 世纪,社会变化日新月异,不断涌现新问题,人们不断思考着该如何学习,探讨哪些技能是在这个时代必备的。其中 4C 能力的说法逐渐受到众多人的认可,即批判性思维与问题解决能力、沟通能力、团队协

[①] 李慧清.发挥专家引领作用 促进教师专业成长[J].青海教育,2015(9):1.

作能力、创新能力。这四点也是我们培养学生核心素养的基本要义。在 STEM 的学习实践中,要用具有挑战性的问题创造高阶思维的情境,激发学生学习的内动力。这同样适合教师研修论坛与工作坊,通过不断提出教育教学中遇到的问题,并相互研讨,教师们不断探究和解决问题,有意识地提升自身相关素养,并尽可能用于教育教学。我们欣喜地看到,一些教师已经开始了有益的尝试。正是教师们的积极实践与探索,为茅校成为 STEM 联盟种子校打下坚实的教师队伍基础。

(三) 硬件基础

弗吉尼亚理工大学的桑德(Sanders)赞成"STEM 教育应该是基于项目并整合技术的教育",所以说,STEM 教育的开展需要学校硬件设备的有力支持。茅校是江干区"智慧校园示范校",建有 Online to Offline(O2O)直播教室,教室端采用 HiTeach 智慧软件,以 IES Pro 作为云补救学习平台,将学校中的所有智慧教室与云平台连接起来,已建成一个完整的"教"与"学"信息汇流系统,实现课程在云、课件在云、使用在端、结果在云的运作机制。这也为 STEM 教育的开展提供了有力的硬件保障。

三、选拔 STEM 种子教师

STEM 教师是 STEM 教育活动的策划、设计、组织和实施者,STEM 任课教师的水平高低和投入度是 STEM 教育发展成败的关键,因此 STEM 种子教师的选拔尤为重要。基于此,联盟校明确了参与培训的种子教师选拔的基本条件。

表 1-3 参与培训教师选拔基本条件

培训对象:参与培训教师选拔基本条件
• 有一定的科学学科基础,喜欢动手或擅长工程制作;   • 具备管理支持学生创新活动的经验;   • 有两门或以上的跨学科教学经验;   • 熟悉信息技术工具与网络平台;   • 拥有开放的思维与探索创新的精神;   • 有兴趣和热忱是最重要的。

从表中的"基本条件"中我们可以发现,作为一名种子教师必须本身对 STEM 教育充满热情,同时能基于 STEM 教育课程的特点,注重积累多学科的教学经验。

所以,在种子教师的选拔中,各联盟校都以如下两方面为依据,组成各校的种子教师团队。

(一) 自主参与

自主参与是指老师自愿报名参加 STEM 教育培训,不是由学校指定。因为教师的成长内驱力相较于外力是更加本原的、持久的。管理学上有一句话:"主动作为与被动作为,效果相差 30 倍。"所以,只有教师有自主发展的主体意识,才能把研究的热情投入其中。

(二) 多科融合

跨学科是 STEM 教育的最主要特征,也是 STEM 教师与传统学科教师最主要的区别。STEM 教育活动往往是围绕真实的生活情境任务或解决问题而展开,不囿于单一学科。教师需要突破学科界限,和学生一起提出问题、探索解决方案,引导学生分析问题、解析任务。这样的教学并不是围绕着某一学科领域的知识体系开展的,而是围绕问题解决中如何应用相关学科知识而进行的。因此,各领域的学科知识体系以及领域间的关联,都是教师和学生需要了解和考虑的。这就需要教师有跨学科综合解决问题的能力及具备跨学科教学的能力。在现实的教学中,教师们自身学科素养都很过硬,但离开自己任教的学科,所通晓的知识缺少储备,无法胜任 STEM 跨学科的教学工作。因此,较有成效的做法是在学校内或区域内组建跨学科的工作团队和协作团队,其中不仅包含科学、技术和数学的教师,还包含一系列拥有不同专业类型和水平的教师。

表 1-4 各校跨学科教师团队名单
杭州市江干区 STEM 项目实验学校(小学)跨学科教师培训名单

茅以升实验学校	戴珈颖(科学)	翁 乐(科学)	徐志斐(信息)	张莹莹(数学)
春芽实验学校	陈前峰(科学)	曾温如(科学)	伍 欢(信息)	言 劼(数学)
景华小学	周淑婷(科学)	李雅静(科学)	卢丽仙(信息)	林天慧(数学)
南肖埠小学	周 婧(科学)	谢 晶(科学)	曹晓瑾(美术)	肖 敏(数学)
丁荷小学	吴雷勇(科学)	潘 璐(科学)	艾靖雯(信息)	王 伟(数学)
采荷二小	马庶原(科学)	李一凡(科学)	陈菁菁(信息)	李潘迪(数学)
濮家小学	蓝 虹(科学)	贺 蕾(体育)	黄晓芳(信息)	陆 柯(美术)

从表1-4各校的团队名单中我们可以看到,除了科学、信息、数学等学科教师外,还加入了美术、体育等学科的教师。团队成员间互助合作,在实施STEM课程的同时也在经历学习和能力的提升。

四、制定跨校研修制度

为使联盟校内的跨校研修活动真正落地,营造良好的研修氛围,促进教师间的交流,让老师们在互动研究中实现优势互补,提升教师的专业发展,在种子校的牵头下,我们从研修形式、研修内容、保障措施等方面入手,制定了跨校研修制度。

(一)研修形式

与日常的研修形式不同,STEM课程建设各校都在摸索中不断前行。因此,前期研修由种子校进行引领,再由各校轮流领衔,具体如下。

1. 前期种子校率先根据引进的STEM课程开展课程(项目)实践,组织课堂展示观摩研讨。

2. 各校根据自身引进的STEM课程先进行自主实践,再以轮流"坐庄"的形式,开展跨校教学研讨活动,每次1—2所联盟校进行展示交流,每学期至少举行1次。

3. 联盟校STEM种子教师交流论坛。

4. 联盟校STEM课程成果汇报会。

(二)研究内容

1. 引进的STEM课程(项目)的课堂教学研究,主要是听课、评课。

2. 根据各校特色自主开发的STEM课程(项目)的研究,主要是对课程内容、评价方式的设计、教学策略和学习策略的选择进行头脑风暴,并开展课堂教学实践的研究。

3. 教师的个人成长经历及STEM课程研究经验的分享。

4. 专家辅导报告。

(三)保障措施

1. 设立联盟校跨校研修的工作领导小组、专家组、顾问组、工作小组。

2. 每学期制定工作计划,并按照计划执行。

3. 建立每学期种子教师例会制度。

4. 逐步建立和完成跨校课例研修制度,明确课例研修流程。

在制度层面加强跨校研修协同运作、共同提升的作用,促使其深入、有效地开展。跨校研修中,不管是对STEM课程的借鉴模仿,还是自主创新的STEM课程,都体现出"实践—反思—再实践—再反思"的特色,在这一螺旋中不断提升种子教师的专业能力。

第二节 构建跨校研修体系

STEM教育强调的是跨学科机制下各领域间的有机结合,从而提升学生综合能力和跨学科思维能力,进而培养有利于社会发展的创新型人才。因此,STEM教育是一种综合性教育,具有跨学科、跨领域、集成性的特点。[1] 现在越来越多的学者提出STEM教育的本质是创新思维的培养,是创新人才的培养。而要将这点真正落地,关键在教师。因为只有培养出优秀的教师团队,才能实现人才培养的最终目标。

黄甫全教授认为:"教师培养的含义是通过提供完整的、连续的学习经验和活动促进教师专业的、学术的和人格的发展。"[2]因此,在STEM教师的培训中,联盟校借力上海史坦默国际科学教育研究中心,共同制定完整系统的教师培训计划,将STEM教育理念与实践紧密结合,打破以往培训内容理论化、方式课堂化的模式,以合作、体验、实践为导向,打造跨校研修教师培训新模式。

一、一个支持中心

STEM教育,对于联盟校的老师来说,是一个新词、热词。如何引导老师正确认识它,并能运用其理念来开展和指导项目的实施至关重要。在江干区教育局和华师大基教所的牵线下,我们与上海史坦默国际科学教育研究中心建立合作关系。研究中心安排国内外的STEM教育专家对STEM种子教师进行理论培训,还组织老师们参加上海STEM课程实践学校的教学研讨,在"请进来走出去"的过程中,培养具有跨学科整合教学能力的STEM种子教师。研究中心还指导各联盟

---

[1] 叶兆宁. STEM教育成功的关键——教师专业发展[J]. 中国科技教育,2018(8):10—12.
[2] 黄甫全. 新课程中的教师角色与教师培训[M]. 北京:人民教育出版社,2003.

校开展 STEM 项目（课程）的实施与建设，参与课程的设计与研讨，为学校的 STEM 教育发展提供最大支持。

二、两条研修途径

STEM 种子教师的研修主要采用参与式学习模式，通过亲历项目和体验观摩两条途径来实现，重在打破理论与实践的隔离，让老师们回归到项目活动中相互合作，体验丰富的实践探究过程，提升对 STEM 教育的认识，并通过课堂观摩，感悟 STEM 教学方式，在协作交流中实现教育教学能力的提升及自我的专业发展。

（一）亲历项目

教师的知识、技能和价值观是由他们过去和当下的学习经历塑造而成的，而后反映在他们的课堂教学中。要想确保能够真正地将教学方式改变为基于项目的 STEM 教与学，并对学生产生效果，首先必须改变教师们自身的学习方式。因此，在 STEM 教育的培训过程中，教师通过项目体验与浸入，以学生身份，去了解在经历这种类型的学习体验时所面临的障碍和机会。这也能帮助教师更有效地为学生提供支持，更好地设计基于项目的学习体验。

表 1-5 黄勋章培训内容安排

时间	行程	主题内容
黄勋章培训，D1，项目体验与浸入		
9:00—9:30	热身活动	工程挑战，手动脑动
9:30—10:30	网上探究与信息素养	通过参与"制作喂鸟器"第一课：鸟的身体结构与生存环境，学习： 什么是调查研究？ 认识网站与评价网站？ 话题、关键字和术语搜索？ 如何记录和整合信息？
10:40—12:00	拼图式合作学习中心	通过参与"制作喂鸟器"第二课：蜂鸟与机器鸟，学习： 通过参与科学中心、艺术中心、信息中心、工程中心、故事中心等不同的学习中心的活动，学习高效合作的课堂组织模式。

表1-5只是选取黄勋章培训四天培训内容中的半天,但我们也可以管中窥豹。四天的培训内容都是围绕项目"制作喂鸟器"为蓝本而展开的。老师们在项目实践中用头脑风暴、网上探究、拼图式合作学习、小组分享、海报制作、广告营销、制作实物……各种方式来进行互动研修,是产品导向、任务导向、跨学科合作的典型工作坊研修。

1. 合作中感受STEM教育的特点

STEM教育与一般教学的区别到底在哪里?老师在前期的自我学习中都已有一定的认识,但只停留在书本层面,并没有真正体验过。为了能让受训教师切身感受STEM教育的特点,在培训中,研究中心的老师把参加培训的人员以随机抽签的方式,把不同学科的老师们组成一个个学习团队,共同围绕"制作喂鸟器"这一项目来进行浸入体验。

案例5

浸入式项目体验:制作喂鸟器

面对学校分科和社会问题综合跨学科的现状,如何将STEM(即科学、技术、工程与数学)融入到我们的课堂中呢?项目组提出以"制作喂鸟器"作为课程载体,让每位教师能够更深刻地认识与体会STEM的跨学科和整合性。各组成员可以自选制作材料,在一个小时内完成喂鸟器的设计、制作、改进、再制作与实用性评价。组员们摩拳擦掌纷纷从材料区选择了合适的材料投入到喂鸟器的制作中。由于组内成员的学科背景不一样,每位成员都提出了一些自己的独特想法,如科学老师从重力和弹力出发,提出了整个喂鸟器的喂食原理;数学老师则从结构稳定性出发,提出喂鸟器既要能够喂食还要考虑能够承受多只鸟同时取食;信息老师建议将整个制作修改过程进行记录作为原始资料备查;美术老师建议美化喂鸟器使之与大自然完美融合等。各小组在讨论合作中一步步构建出喂鸟器的雏形,加入鸟食后又对细节进行再加工和改进。进入展示环节,五个小组的喂鸟器造型各异,喂食方法也各有妙招,但前提是每组必须介绍科学、技术、工程与数学是如何在喂鸟器中得以体现的。(章森梅)

从案例5的片段中我们可以发现老师们在完成任务的过程中,能深刻体会到不同学科教师在思考问题时往往会从自己学科知识背景的角度提出解决方案,大家不同的学科背景正好能为任务的有效解决提供支撑。正如参与培训的张老师在感言中所说:"STEM 教育,本质上讲它是一种平台,是学科与学科、学科与技术的深度融合,是学科与生活的高度结合,是学习个体与个体之间高度协作的过程,是学习中发现新知、学用互检、学用互补的过程。"

2. 实践中感悟 STEM 课堂组织形式

STEM 课堂在组织形式上经常会采用"拼图式合作学习"的方式。广义来讲,拼图式合作学习是把班级里的成员先分到各个合作组,然后每个合作组派出一名成员进入不同的专家组共同学习同一份材料或解决同一个问题。最后,专家组成员回归到原先的合作组分享学习经验。这样,专家组中被习得的知识快速地被传递到每个成员。因此,这个过程仿佛共同合作完成了一幅知识的拼图——每个成员负责拼图的一小部分。拼图式合作学习可用于分享同一问题的不同解决方案,或用于划分研究任务。

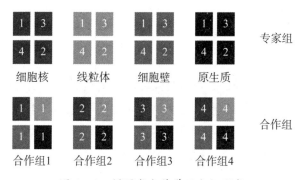

图 1-4 拼图式合作学习分组形式

下面以"制作喂鸟器"课程中研究"世界上最小的鸟——蜂鸟"为例,来看看老师们是怎样以研究任务划分来进行拼图式合作学习的。

案例 6

拼图式合作学习:制作喂鸟器

本次研究的主角是世界上最小的鸟——蜂鸟。首先建立四个学习中心分别对蜂鸟的基本特征、生命周期、生态环境、迁徙展开研究,一一对应到科学、信息、艺术、故事这四个研究小组,各合作组派人员加入到这四个研究小组中。不同的研究内容决定了相应的研究方法和表达形式:科学组以严谨的科学态度和务实的工作风格阐述了蜂鸟的基本特征,利用可乐瓶、废纸、吸管等废旧材料,结合虹吸原理,制作出的蜂鸟取蜜模型,惊艳了整个课堂,大家纷纷点赞;信息组则是通过趣味游戏把模拟课堂演绎得活灵活现,得到了王雪华老师的高度赞扬,称赞信息组老师不仅落实信息检索:引用信息需注明出处、需要查找至少3个以上的信息来源、需要判断信息的有效性的3个要点,还具有非常高的信息公民素养,潜移默化中实现了自己的教学目标;艺术组以宣传海报的形式详细介绍了蜂鸟的生态环境,让大家全方位地了解了蜂鸟天敌、栖息地等,给大家上了一堂生动的蜂鸟生态环境课;故事组以诙谐幽默、引爆课堂的小品把蜂鸟迁徙的问题娓娓道来,让人印象深刻。(张莹莹　戴珈颖)

案例6中可以看出老师们根据研究任务分成"蜂鸟的基本特征""生命周期""生态环境""迁徙"四个研究小组,班内原有的各合作组派老师参加到这四个研究小组中,便形成了专家组成员。大家围绕主题开展合作研究,展示研究成果。最后,各合作组成员(既专家组成员)再回到自己的合作组内,进行学习经验的分享。虽然合作组其他成员没有参与别组的研究,但在合作交流中完成了所有内容的学习。拼图式合作学习强调成员间的积极互动、融洽的合作氛围和对其他成员的尊重。拼图式合作学习,也让老师们深切地体会到,在STEM课堂中老师扮演的是学习促进者的角色,应鼓励学生尝试各种整合与信息表达的方式,鼓励学生互相帮助,确保组里每个孩子都对学习材料完全理解。

(二) 体验观摩

在STEM教育的培训过程中,为了让老师们接触到真实的STEM课堂,除了让老师们参与浸入式项目培训,在研究中心的联系下,老师们还前往上海参加闵行区实验小学的"STEM+"项目课堂观摩活动,切身体悟STEM课堂与日常课堂教与学的区别。

在闵行区实验小学,老师们聆听了二年级"制作虫虫盒子——发现问题"和三年级"超轻网球拍——神奇的网球线"两堂课。下面以"制作虫虫盒子——发现问题"为例,来回顾一下课堂的情景以及老师们观摩后的感悟。

案例7

课例观摩:制作虫虫盒子——发现问题

本次课堂主教是张老师,助教是施老师。张老师通过热身拼图游戏导入,引导孩子了解上海常见的昆虫,激发项目的探究兴趣。"身穿褐袍,会飞会跑,夜出偷粮,白天难找"猜一猜谜语,引出今天的研究对象——蟑螂。那么究竟要研究蟑螂的哪些特点呢?学生纷纷从自己的抽屉里拿出 iPad,进行投票选择自己比较有兴趣的五个问题。老师通过 iPad 推送阅读材料,有针对性地对蟑螂的生活习性、食性、生存环境、危害和利用等进行有效内容的梳理、归纳,为制作海报提供内容。六七分钟后,一张张蟑螂海报出炉,学生展示分享交流所学到的蟑螂知识,了解其危害,初步建立辩证关系。交流分享后,张老师列出判断题进行检验并引出如何才能进一步了解蟑螂。看书、养蟑螂、抓蟑螂、放大镜观察……脑洞大开,那么如何才能进一步了解蟑螂呢?——虫虫盒子。张老师引导学生对比分析不同的虫虫陷阱,分析不同的诱捕方法,为下一节课设计合适的诱捕蟑螂的虫虫盒子作铺垫。在头脑风暴中,学生发现某些虫虫盒子并不适合捕捉蟑螂,不仅了解了设计的虫虫盒子应符合蟑螂的各种特点,而且根据实际解决问题的能力得到提升。

课堂观摩让老师们深受冲击,原来课堂可以这样放手,学生可以自主地学习,与我们传统的课堂是如此不同。

(1) 教师角色多元,互助配合

在传统的课堂上,我们教师往往更多地扮演知识讲授者的形象,根据学生的问题,老师和学生一起阅读材料、解决问题。牵引着学生从一个内容到另一个内容,手把着手,生怕学生遗漏任何一个细节。在学习过程中,学生学习的主动性没能得到较好地激发。而"制作虫虫盒子——发现问题"这一课,使老师们深刻地体会到在 STEM 教学中教师的角色更多的是教学设计者、活动组织者、知识讲授者和学习引导者等。如课堂上张老师在引出研究对象蟑螂后,引导学生投票选择自己感兴趣的问题,老师再用 iPad 推送阅读材料,让学生根据问题进行小组协作学习。老师作为活动组织者和学习引导者的形象得到很好的体现。正如一位参与培训的老师所说:"在 STEM 教学中,教师要敢于退出,做一个隐忍的'旁观专家',适当融入,做一个恰当的'干预专家'。"也就是说老师在学生需要帮助的时候适时出现、提供支持、及时放手,让学生自主探索、完成任务。

在 STEM 教学过程中,教师不但扮演多元的角色,而且需要不同教师的相互配合。在"制作虫虫盒子——发现问题"这堂课中,老师们惊讶地发现课堂上有两位老师,一位为主、一位为辅,他们分工明确。主教张老师负责课堂问题情境的创设、学习内容的推进,助教施老师重在课堂生成性资源的捕捉与记录,为课堂学习内容的有效落实提供有力支撑。因为 STEM 课堂的灵活自主性,加之大班教学,主教老师往往不能很好地关注到每个小组、每个学生的学习成果与问题,助教的合作便能较好地解决这一问题。看到这新颖的课堂教学方式,有老师说:"主教+助教的教学方式,不但可以有效促进项目内容的落实,还可以很好地解决教师学科知识不足的问题。STEM 教育强调跨学科教学,我们可以根据项目的内容,合理组合教师资源,组成教学团队,根据项目内容进行两两搭配,也可以根据项目板块内容随机切换主教与助教,最大限度地为学生提供项目学习支持。"

(2) 学生动手动脑,真实探究

美国著名教育学家约翰杜威(John Dewey)说:"我们想做的,是把教室打造成通向未来世界的通道,真实世界和教室之间的界限应该尽可能的模糊,让学生能在现实世界和未来世界之间自由穿梭。"[1]STEM 教学就是老师们通过创设动手动脑的学习环境,把知识与真实的世界相联系,引导学生在动手动脑的过程中,解决问题,感悟和建构知识,从而让学习真实地发生。

在"制作虫虫盒子——发现问题"的课堂教学中,张老师让学生投票选择自己比较有兴趣的五个问题,然后在小组内利用 iPad 根据老师推送的阅读材料开展自主研究,提取有效信息进行归纳、整理,并动手制成海报,然后在班内进行分享。整个过程中,学生都是积极的参与者,在小组合作中共同将已知的信息和未知的信息重组,从而获得新的知识。这个基于问题解决的学习,使学生的高阶思维和元认知思维得到发展,对信息的操控引导学生更好地理解问题,从而能将所得的知识应用在不同的情境中。

怎样将所学的知识与真实的生活情境产生联系,进行运用? 张老师提出了"要进一步了解蟑螂,我们如何能够得到蟑螂呢?"这个问题,引发对"虫虫盒子"的思考。在头脑风暴中,学生自觉地对刚刚所了解的蟑螂的特点进行了运用、转化和迁移,在润物细无声中让学生体悟到所学知识与生活的联系。

在观摩听课后的交流中,有老师说:"在 STEM 的教学中,要充分利用现代化的教学手段,让学生充分经历学习的过程,将原本我们的传授知识转变成让学生自主探究事物之间联系的过程,从而解决生活的实际问题,使学习真实地发生。"也有老师说:"当需要实施 STEM 的一个具体项目时,对我来说面临的最大挑战就是自我角色的转变,我需要从教学的主导者转变成学习的设计者和支持者,需要

---

[1] 南希梦. STEM 教学如何将真实世界连入课堂? [EB/OL]. https://www.sohu.com/a/372702238_303712. 2020 - 02 - 13.

放弃一定的课堂控制权,需要相信学生能够自己做好,但是又要适时地出手。这挑战的不仅仅是课堂角色,对教师的知识技能储备也是莫大的挑战。"

三、三大类 STEM 教师专业发展评定总纲

依据中国教育科学研究院 STEM 教育研究中心制定的《STEM 教师能力等级标准(试行)》的指标体系,结合种子教师培训计划,我们制定"建立学习环境""建立科学性的理解""让学生参与到科学工程实践中"三大类的 15 个一级指标和 39 个二级指标(表 1-6),为教师发展提供了方向;同时对 STEM 教师需要掌握的专业知识和专业技能及实践操作等方面提出了具体而实用的指导意见,有效促进种子教师的专业化发展。

表 1-6 STEM+教师专业发展评定总纲

第一方面 建立学习环境	第二方面 建立科学性的理解	第三方面 让学生参与到科学工程实践中
提升教室文化 ● 师生互动 ● 教室规划和程序 ● 物理空间 ● 教师和教室的聚集 ● 对于失败的回应	实施探究式学习 ● 关注 ● 资源 ● 方法 ● 结果	培养科学性研究 ● 发现并完善研究问题 ● 恰当的研究设计
建立合作式学习 ● 学生与学生之间的互动 ● 学生的独立性 ● 合作与矛盾的解决	定位学生的误解 ● 找出学生之前的观点 ● 解决误解	培养用工程思维解决问题 ● 计划与设计 ● 建立及测试
整合科学技术 ● 技术融合 ● 用技术来增强学习	辅助提问及交流 ● 规定内的实施时间 ● 认知层面 ● 平衡的回应 ● 对学生反馈的跟踪	鼓励数据分析 ● 收集并且整理数据 ● 演示数据
联系教室外的学习 ● 与真实世界建立联系	善用评价体系 ● 评价 ● 不同的评价方式	实施项目化的学习 ● 真实问题 ● 自主学习 ● 有效沟通

续 表

第一方面 建立学习环境	第二方面 建立科学性的理解	第三方面 让学生参与到科学工程实践中
	培养科学文学素养 ● 科学阅读 ● 科学写作 ● 使用科学笔记 ● 发展语言和词汇	实施有理有据的推理过程 ● 建立学习支架和识别差异 ● 忠实的实施过程
		推行科学的论证 ● 教师指导下的聚类分析

四、四级勋章体系

结合种子教师培训计划,我们与上海史坦默国际科学教育研究中心共同研讨,建立了梯次递进的四级勋章体系,并制定《教师评级指南》,为教师专业发展提供了阶段性目标:黄勋章是入门级别、蓝勋章是实践级别、绿勋章是创新级别、黑勋章是分享级别。老师们必须通过分级培训,才能获得相应级别的勋章。根据老师的培训经历、成绩、观念转变、能力和素养的发展,课程实施经验和反思,级别逐步递进。

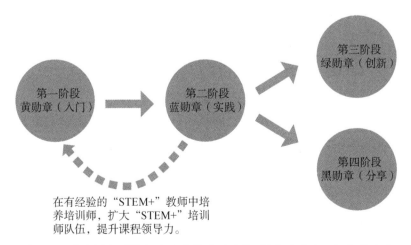

图1-5 "STEM+"教师专业发展培训结构:梯次递进的四级勋章体系

黄勋章教师是在学校选拔的基础上，由研究中心实施五天40课时的入门基础培训；蓝勋章教师是获得黄勋章的教师在经历一学期的开课实践后，由研究中心再实施五天40课时的实践反思培训；绿勋章教师是获得蓝勋章的教师至少再经过一学期以上的开课实践后，由研究中心再实施五天40课时的实践研究培训。因为已经有了两个及两个以上学期的亲身教学实践体验，绿勋章的培训更侧重学习研究，特别是"STEM+"项目研究方法的培训。黑勋章教师，是获得绿勋章的教师，至少再经过一学期以上的开课实践后，由研究中心和联盟校共同实施国际化的"STEM+"教师专业提升培训，经培训考核合格，由研究中心授予黑勋章。

第三节　践行跨校 STEM 课程研修策略

在日常的教学中，教师的自主研究也好，参加形式多样的培训研修也罢，其最终的落脚点都应该是解决教育教学中的实际问题，激发学生的学习积极性和主动性，提高学生的学习素养，培养学生的创新精神和实践能力。STEM 教育也是一样，多开展教学实践，且同时积极反思，是提高 STEM 教师的专业素养所必须经历的过程。

一、在课程模仿实践中研修

在 STEM 教育第一期黄勋章培训结束后，区联盟校内的许多学校与研究中心合作，根据学校的需求和参与培训老师的实际需要，引进了相应的 STEM 项目课程。如景华小学、南肖埠小学引进了"制作喂鸟器"课程，春芽实验学校引进了"制作防水再生纸"课程，茅以升实验学校引进了"桥梁工程"课程等。有了完整成熟的 STEM 课程，各校在种子教师的引领下开展课程的实践研究。

（一）课程模仿　自主实践

各校根据引进的课程内容和难易程度，确定参与课程学习的年级，组成由种子教师为主的课程实践团队，自主课程探索实践的序幕正式拉开。

案例 8

校本实践:南肖埠小学"制作喂鸟器"

南肖埠小学以社团的形式推进基于 STEM + 理论的课程,3 至 5 年级的孩子以自由选择的形式组成一个社团进行集中学习。最初,我们购买了一个关于喂鸟器的课程。潘建秋和黄亚男老师带领孩子们用两个月的时间,先了解鸟的品种、熟悉鸟的生活习性,再开始制作喂鸟器,通过让孩子们自己动手设计、操作,再进行反思、再加工等方式,让孩子利用跨学科知识提升解决实际生活问题的能力。

从南肖埠小学的实践中我们看到,参与课程学习的学生是以社团的方式组建的,学生来自 3 至 5 年级不同的班级,组成的是一个混龄的学习班。教学中,两位 STEM 教师利用"制作喂鸟器"课程的内容培养了学生在动手实践中利用跨学科的知识解决实际生活问题的能力。

潘老师和黄老师在"制作喂鸟器"课程实践的基础上,从生活中找问题,开始自己尝试设计适合小学生的 STEM 课程,尝试了"做一个水平仪"课程和基于丝绸之路主题的课程。

案例 9

校本实践:景华小学"制作喂鸟器"

"制作喂鸟器"课程开展初期,我们主要在"发现问题"上花了很多时间。学生初次面对这种全员参与的模式,还不大适应。通过几次课堂上的共同合作完成海报,共同介绍,在全班同学面前每个小组成员都要开口介绍成果。从开始时的羞涩到最后越来越大胆地阐述自己的想法。在课堂当中,学生的参与程度也越来越高,且善于表达问题和特色发现。这是 STEM 课程的模式给学生带来的最大改变。并不是学生不会说,只要创造好的平台给学生发挥,学生将出色地表达出自己的想法和观点。

从景华小学的课程实践中我们可以看到,学生在参与课程学习的过程中,由被动逐渐变为主动,由不敢表达逐渐变为大胆阐释自己的看法,课程让学生从"要我学"走向"我要学",使学习的过程得到充分真实的开展。

课程的首次实践也让种子教师感受到:"STEM课程对于执教老师的自身要求很高,需要收集各种素材,充实各类知识,有较高的科学素养。另外,在课程学习中如何给予学生客观的评价也是非常值得思考的问题。"

(二) 联校教研　共同提升

在各校利用引进课程自主探索的基础上,在种子校茅以升实验学校的统筹安排与组织下,各联盟校以自主申报的方式,开展联盟校之间的STEM课程研讨活动,各校轮流坐庄,如第一次由种子校茅以升实验学校引领开课,第二次由春芽实验学校承办。下面以种子校茅以升实验学校承办的"制作防水再生纸"课程研讨活动为例,来说说教师的联校教研活动。

案例10

联校教研:"江干凯旋STEM+教育区域联盟课例研讨会"活动方案

一、活动目的

在前期STEM+教师专业发展黄勋章培训与实地参观考察学习的基础上,为促使STEM+课程在学校的真正落地,提升种子教师STEM+案例开发与STEM+教学组织能力,开展本次课堂实践研究。

二、活动主题

STEM+课程"制作防水再生纸"的课例研讨

三、活动时间、地点

时间:2017年12月20日(周三下午)13:10—16:20

地点:茅以升实验学校三楼录播教室

四、活动共同体

凯旋教育集团STEM+项目相关老师、丁荷小学、采荷二小、濮家小学相关老师

五、特邀嘉宾

上海史坦默国际科学教育研究中心　王雪华博士

江干区教育局　　　　费蔚副局长

凯旋教育集团　　　　严国忠理事长

凯旋教育集团　　　　张晓娟副理事长

区教育发展研究院研究员　陈敏　王卫东　曾宣伟　赵效军

六、活动流程

时间	内　容	主持
13:10—15:00	"制作防水再生纸"课程教学展示 课堂展示1:"纸的认识"执教:翁乐(科学) 课堂展示2:"纸的再利用"执教:王文娟(美术)	戴珈颖
15:10—15:20	上课教师说课	
15:20—15:50	专家点评:王雪华博士	
15:50—16:10	领导讲话(费蔚副局长)	
16:10—16:20	活动总结	

为使老师们在教研活动中的获益最大化,承办学校不但邀请了上海史坦默国际科学教育研究中心王雪华博士,还邀请了与教学内容相关的区内学科教研员(科学、信息、美术、综合实践活动)共同参与研讨,帮助老师们从多个层面与角度去了解STEM课程的特点。

1. 增强了教师团队合作意识

从上面案例的活动内容中我们可以发现,围绕"制作防水再生纸"这个主题项目开设的教学内容是由两个不同学科的教师来执教的,所执教的内容是相互联系、相辅相成的。在课程正式实施前,课程团队的老师根据教学内容共同研讨、分工合作;实施时根据教学内容适时切换主教与助教的身份,最大限度地发挥每个老师的专业特长,互相补台,让学生在项目学习的过程中始终能得到最强有力的支持与引导,为项目的出色完成提供有力的保障。在课程研讨的过程中,联盟校的老师观看课例,并围绕课例展开讨论,既促进了教师对STEM课程的进一步认识,也使联盟团队合作教研氛围更加浓厚。

2. 促进了教师教学策略的转变

我们常说知易行难。确实如此,在STEM课程的教学过程中,一开始老师们往往容易受以往教学经验和习惯的左右,遵循自己最舒适的教学方式来开展教学设计。我们通过上面联校教研案例中提到的王老师执教的"纸的再利用"一课的两次试教课堂记录来进行对比。

案例 11

"纸的再利用"课堂实践

（一）传统课堂——第一次试教

今天,"纸的再利用"第一次试教。我像往常一样,打开课件,介绍了我们本节课要制作的内容。为了便于教学,我给每位同学发了同样大小的牛皮纸,然后带领同学们欣赏纸拎袋制作的视频,接下来一步一步教学生制作纸拎袋。我示范一步,学生跟着做一步,一节课下来,大部分学生完成了纸拎袋的制作,比较遗憾的是,每位同学的纸拎袋都是一样的,这些纸拎袋有点儿像流水线上的产品。

（二）合作探究式课堂——第二次试教

在第一次试教后,结合团队教师的建议,如何转变学生的学习方式,让学生在自主合作探究中学习,成为我们思考的重点。因此,老师努力走出自己的舒适区,寻求教学策略的转变。由此,便有了以下的尝试。

师：生活中这么多的纸我们还可以怎样进行再利用呢？请同学们想想看,这些纸我们可以用来干什么。比如说我们可以用打印纸制作信封,用废弃的包装纸做一个钱包。还能做什么呢？

生1：我们可以制作纸拎袋。

生2：我可以用防水再生纸折一个皮夹。

生3：我可以折一个环保纸盒,吃饭的时候可以装吃剩的垃圾。

……

师：我们可以用什么方法来制作这些小物品呢？

生：我们可以用折的方法。

生：我们还可以用剪和粘贴的方法。

师：是的,我们可以用折、剪、贴的方法制作各种各样的物品。

师：今天这节课,老师就以六个不同的内容为学习项目,组建我们的项目学习小组,你愿意学哪一项,等会儿就到哪组去。

老师暂定： 第一组钱包组 第二组纸拎袋组 第三组纸盒组
　　　　　　 第四组雨伞组 第五组信封组   第六组制作封面组

师：音乐响起,你就带上你的学习工具,到你喜欢的学习小组去。音乐若停了你还没选好小组,就请你就近选择学习小组坐下。

师：刚才我们都形成了自己的项目学习小组。接下来我们要以小组为单位设计我们的项目方案。（出示要求）

（1）推选一位组长，在项目学习单的封面填上组长的姓名。

（2）用马克笔填写好桌签。

（3）以项目组为单位填写项目学习单的一、二、三项。

（4）完成的小组组长举手示意。

师：有很多小组已经完成了项目学习方案的设计。有没有哪组愿意来汇报？

生：我们选择制作小花伞，选择防水再生纸。

师：为什么选择防水纸？

生：因为这样不会被淋湿。

师：老师期待你们的项目成果。

师：接下来进入动手做环节，请同学们看一下我们的制作要求。

（1）在 iPad 上观看制作视频。

（2）组员一起制作。

（3）完成项目学习单的四、五、六项。

（4）把作品布置成展板，结合学习单，进行产品推销。

在第一个案例中，我们发现老师还是按照传统的课堂教学策略，老师教一步，学生学一步，手把手教学，直到学会这一技巧为止。虽然这样的课堂上，学生学会了一定的技能技巧，但学生的主动性不高，作业呈现的形式也较为单一，学生思维没有得到锻炼与提升。

第一次试教结束后，STEM 团队的老师围坐在一起进行头脑风暴。围绕"STEM 教育的课堂该是一个怎样的课堂"这一中心问题，大家根据课的内容，纷纷发表自己的看法。有的老师提出为了激发学生学习的主动性，把学习的主动权交还给学生，可以让学生根据项目任务在小组合作探究中完成对纸的再利用。还有老师说既然把主动权给了学生，那么根据主题分组时，要给学生充分选择的自由。在学生自主选择的基础上形成学习小组，再利用 iPad 视频指导，以小组合作实践的方式来进行，这样教师就从课堂的最前线退居到学生的身后，既使学生自主学习的能力得到培养，也可以成功激活学生原有的知识基础，主动进行知识的重构，培养学生灵活运用所学知识解决实际问题的能力。

正是这样不断地课堂实践与同伴互助研讨，使 STEM 教师在实践中不知不觉地改变教学策略。正如一位 STEM 教师所说："STEM 教育课堂，改变了教师以往'一言堂'的课堂组织模式。学生在各自的学习中心团队中互相协作,在团队展示中互相交流,实现全面发展,而不仅仅是学习知识、技能。学生对知识理解之后迁移、应用,加深了知识的学习深度,培养了创新思维能力。"

3. 加深了教师对STEM课程的认识

在教研活动中,各位专家都以两堂课为例深入浅出地谈了自己对STEM课程的理解,进一步加深了老师们对STEM课程的认知。上海史坦默国际科学教育研究中心的王雪华博士肯定了两位教师对问题的准确定义,强调STEM学习就是解决问题的过程。两位老师在指导学生的过程中通过拼图式合作学习的方式,来指导学生提取信息、整理信息、合理利用信息取得了较好的学习效果。同时在分组方式上提供了合作式阅读的新思路,即根据学生的能力个性进行,从而达到自评和互评的自主性与趣味性,让其他老师深受启发。区研究院的美术教研员赵效军老师说:"STEM教育是一个非常好的教育理念。STEM教育理念支撑下的课堂,其学习过程具有灵活的、合作的、开放的特点,有利于培养学生的合作精神、创新意识、批判性思维和解决问题的能力。本节课启发了我对课堂'导学关系'的再思考。这节课的突出亮点在于其关注的是学生美术思维方式的建构,而不仅仅停留在知识点层面。同时也引发了我对美术课堂时间和空间的再思考,教学的边界也会更加开阔。"信息教研员王卫东老师说:"基于'纸'项目的STEM+课堂探索带来的是学习方式的变化,尤其是探究方式的变化。这是基于学生的学情去学习,基于信息技术去学习,教师们要勇敢跨出信息技术应用的这一步,使自己的课堂更加高效。各位专家的点评让老师们更深刻地认识到STEM教育重在打破学科的边界,实现跨学科的融合,利用现代化的教学手段,通过教学方式的变化来实现学生学习方式的变革,在真实的问题情境中培养学生自主学习的能力。

二、在课程构建创新中研修

在经过一段时间的引进课程实践后,联盟校内各校都结合自己学校的办学特色,积极开发具有学校特色的STEM课程。如春芽实验学校结合学校原有的"微农实验室"开展STEM微农实验室项目;景华小学将地震科普综合研究与STEM课程理念融合,让校本课程焕发出新的活力;南肖埠小学与国际理解课程结合开展基于丝绸之路主题的STEM课程研究;茅以升实验学校在原有桥梁与工程体验课程的基础上,基于STEM教育理念,开发了"钱塘江上的桥(杭州段)"项目课程。

为了更好地展示联盟校 STEM 课程开发和研究的成果,为教师发展搭建展示平台,在区教育局的支持下,STEM 种子校茅以升实验学校承办了"钱塘之春"学术月·核心素养与课程建设之走进 STEM 课程活动。

案例 12

"钱塘之春"学术月·核心素养与课程建设之走进 STEM 课程活动方案

一、活动主题

核心素养与课程建设。

二、活动时间地点

2018 年 4 月 4 日上午,杭州市茅以升实验学校二楼阶梯教室(江干区景芳二区 35 幢)。

三、参加人员

外地嘉宾、区内各学校教学领导及教师代表各 1 位。

四、具体安排

时间	内容	组织者
8:50	活动报到	
9:00—9:10	开幕式:背景介绍	鲁聪　杭州市茅以升实验学校校长
9:10—9:30	微报告	李庆力　杭州市濮家小学副校长
9:35—10:35	STEM+课堂展示:《钱塘江上的桥》	翁乐　杭州市茅以升实验学校
10:40—10:45	执教老师说课	
10:45—11:00	教师议课	STEM+课程团队
11:00—11:45	专家点评	余安敏　上海市特级教师、特级校长、华东师大特聘教授 徐冬青　复旦大学教授

活动在全网发布,接受全国各地 STEM 教育的爱好者和研究者报名,还邀请国内知名的 STEM 教育专家参加活动,并进行指导点评,使联盟校老师们在展示自我的同时,又在 STEM 教育的理念、实施、评价等多方面了解最新动态,学习最新方法。

（一）反复打磨，提升教师 STEM 课程的设计能力

STEM 课程研讨活动展示的是结合学校特色自主设计的项目课程，这就需要老师们根据前期培训和课程实践的经验来进行系统的思考与设计，是从理念到实践，又能从实践到理念的反复内化与外显的过程。

案例 13

STEM＋"钱塘江上的桥"设计思路

立足学校桥梁特色，聚焦钱塘文化，选取钱塘江上十座桥（杭州段）为探究核心，融合科学、技术、工程、数学学科并艺术、信息、人文等学科，设计打造了 STEM＋"钱塘江上的桥（杭州段）"项目。

项目围绕不同的研究主题，规划了科学、技术、艺术、阅读四个学习中心。学习中心是一种让学生独立进行自主学习的课堂组织形式，它是由教师建立的多个学习区域，每个区域里有预先准备的各种学习资源，供学生进行不同形式的探究活动。学生既可以独自学习，也可以与同学合作，将概念型知识转化为业务型知识。

项目中开放学生选择的权利，让他们能够基于自身的能力和兴趣爱好，自主选择进入学习中心，借助成果汇报展示学习成果，也通过倾听、评价等环节学习其他学习中心的知识。

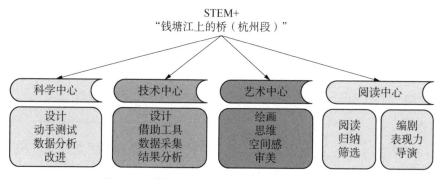

图 1-6 "钱塘江上的桥（杭州段）"学习中心

四个学习中心分别对应不同的学习能力：科学中心注重学生的创造，通过动手设计、试错等过程获得相应的知识经验；技术中心涉及对探究方案的设计、对新

器材的认识与结合运用,要求学生能对结果作出相应的解释;艺术中心需要学生具备美学基础、对信息的整合能力,以及较为细致的动手能力;阅读中心分为 2 个方向,一个方向是需要学生具备搜索能力、对信息的提取和归纳能力,另一个方向是学生需要对已有文本信息进行艺术化处理,赋予它表现力,通过表演等形式呈现成果。

从"钱塘江上的桥(杭州段)"项目的设计思路中,我们可以看出 STEM 课程团队的老师立足学校原有的特色和基础,先从项目的整体入手进行设计,再明确各个学习中心的研究主题、学习内容和活动方式及要达成的目标,环环相扣。根据学习内容,老师们还设计了项目学习的评价体系。

案例 14

STEM+"钱塘江上的桥"项目评价表

评价阶段	评 价 方 式
常规合作评价	以助教老师为主在课堂中对学生进行过程性评价,主要指向创造能力、合作能力与交流能力
小组汇报评价	学生自评+学生互评+主教老师评价(借助 IRS 即时反馈系统)
项目作品评价	学生提交设计图/查阅整理的所有资料,STEM 教师组(5 名)联合对最终作品进行评价

从评价表中可以发现,通过采集学生在不同学习阶段的学习状态及结果形成最终项目评价。评价元素包含了学生的课堂行为及表现力、师生间的自评与互评、项目作品等多维度。

课程的整体设计让人觉得简单明了,其实老师们经历了一次次从点到面,又从面到点的反复打磨的过程。最开始大家从一堂桥梁项目实践课的角度出发设计了 3 个课时,发现内容过于单薄,不能很好体现 STEM 课程的特点。于是,根据完成"建一座桥"的任务,学生需要哪些知识来支撑,从不同的层面去思考和收集资料,最终确定科学、技术、艺术、阅读四个研究主题共 12 个课时,再根据研究主题思考选择学生的学习方式、适合学生的研究内容、预设学生的研究任务、展示的方式等,并在实践的过程中,不断调整研究内容、学习方式和评价方式,及时完善课程。老师们在课程设计与开发的过程中走了一个来回，STEM课程的实践能力得到提升。

(二) 观课议课，提升教师STEM课程的实践能力

在展示研讨过程中安排议课环节，利用现场抽签的小程序，随机产生议课老师，突出教师参与活动的主体性，让老师们成为活动的一个重要组成部分。观课议课注重展示课前的沟通环节。在正式展示课前，STEM团队的老师已对展示课的情境创设、学生学习方法的选择、展示评价的方式等进行共同探讨；在观课时这些内容就成为老师们观察的重点。随着教学内容的推进，老师们会反复思考"这种学习方式的选择是否合理""展示的方式是否可以更加多元""还有什么要改进的问题"等，老师们的审视分析、实践反思的能力都能得到促进和提高。

在议课的过程中，春芽实验学校的陈前锋老师从学科的角度出发说："翁老师的STEM课信息量非常大，惊喜不断。我观察了阅读中心的学生学习，科学课原先重视探究和实验而忽视科学阅读，但是阅读能增长学生的间接经验，帮助学生构建核心概念，更好地促进后期的科学研究，更好地培养科学素养。"茅以升实验学校的秦怡老师则是从学生学习的角度出发："翁老师的STEM+课堂，给孩子提供了更多的选择权和主动权。学生在STEM+课堂中不仅能学习到知识，更多的是能在团队中进行师生之间的情感交流。STEM+课堂这种能够提高学生积极性和成就感的学习方式，希望能有更多的学生享受到。"从两位老师的议课中，我们不仅感受到STEM教师课程实践能力的提升，更是体现出STEM教育理念正在走向内化，指导着老师们开展有效的教学行为。

(三) 专家点评，激励教师STEM课程研究自信

对于STEM联盟校的老师来说，前期的课堂实践是由研究中心提供完整的课程蓝本，只要"照猫画虎"往前走就行。现在的研讨是大家模仿蓝本结合学校特色自主开发课程，人人都是如履薄冰，既忐忑不安又满怀期待。研讨活动中，华东师范大学基础教育改革与发展研究所鞠玉翠教授说："茅以升实验学校一直在桥梁工程课程特色中坚持不懈地推进，不断思考，立足于自己学校的文化传统，立足于既有优势，同时不断借鉴各种资源，有很强的学习精神，使原来偏重技术层面的课程更加整合，融入科学、艺术等，培养学生的综合能力，提高学生提出问题、验证假设、解决问题的能力。"复旦大学哲学学院教育哲学研究中心副主任徐冬青教授

说:"每个孩子有交往的本能、制作的本能、表现的本能、探究的本能,STEM学习方式同时能满足这四种本能,并在这四种基础上提升转换衍生出技能以至发展成智能。学生的创造力表现在背景意识,今天的课题在茅以升实验学校的桥文化的背景中提出;学生的创造力表现在边界意识,在项目学习中能让学生各有作用。如果能够将这样的STEM课带入到各个学科的课堂里,在有界和无界之间产生一种学生经验的关联,是非常有价值的。在翁老师的这节课中,看到学生们差异性的学习、互补性的学习、潜能的开发和优势潜能的转移,非常可贵。课程意向清晰,学生们分工合作、表达能力、表演能力、使用多种学习工具的能力都得到发展。"同时,徐教授还给予了三点建议:一是课程学习中给学生提供项目工作手册,有助于学生持续性学习经验的积累;二是在培养学生表演能力时,可以在项目过程中截取片段编写脚本;三是设置提问专家,在每一组汇报后提问学习过程中的困难点,以哲学方法引导学生思考。

专家们的每一句肯定与鼓励,让STEM团队的老师们既体验到成功的喜悦,又感受到肩头的责任和重担;专家们的建议也为老师们进一步改进课程的设计指明了方向,增强了老师们STEM课程开发的自信。

三、在课程反思分享中研修

著名的美国教育心理学家波斯纳提出了一个教师成长公式:教师成长=经验+反思。一个教师想要成长,就离不开教学反思。STEM教育也不例外,除开展STEM课程教学实践外,积极进行反思也是提高STEM教师专业素养必不可少的一环。

(一) 开展案例分享

案例是教学问题解决的源泉。案例学习可以促进每位教师研究自己,分享别人成长的经验,积累反思素材,在实践中自觉调整教与学的行为,提高课堂教学能力效能。[①] 一句话,教育教学案例是教师专业成长的阶梯。

STEM联盟校与研究中心合作,在研究中心的组织下,安排种子教师到上海与当地STEM课程实践学校的老师们一起开展"精选案例的分享与评析"活动。

---

① 王明平.案例研究 实践反思与教师实践性智慧发展[J].中小学教师培训,2003(10):3.

茅以升实验学校的翁乐老师在会上分享了题目为"STEM＋钱塘江上的桥"的实践案例，从项目背景、项目设计初衷、项目成果、项目反思四个方面进行讲述。尤其是项目反思板块中，从教师新角色适应中的学生发展的角度出发，谈道："在STEM＋的课堂中，好像我作为主教老师，显得可有可无，但实际上一个项目实施下来，我和我的助教老师们，都感到一点都不轻松。在汇报课中，如果说我的学生们依次扮演了汇报专家、倾听专家、评价专家的角色，那么作为STEM＋教师，我们也在努力成为两种专家——敢于退出的旁观专家和适时融入的干预专家。"

"作为老师，我们实在太想要去帮学生做决定了，这次的放手，让我们对学生的预设并不高，但孩子往往出乎我们的意料。比如技术中心，一开始请学生思考影响桥墩承重的因素，有位学生提出了车的重量，另一位学生提出了车的数量，当时我一下子没绕过弯来，我想这两个因素不都是压力大小吗？学生讲述了他的想法，才知道他考虑的是早晚高峰拥堵时的车流影响，说明他是结合了生活实际的。包括他们探究方案的设计，是他们第一次自主全程设计，当时我和助教章老师还在想，如果他们设计不出来怎么办？后来一看结果，虽然设计上不能说很完美，但是该有的想法都呈现了出来。"

"如果说有一种对学生的爱叫做'学会放手'，那么更深沉的爱应该是在他们需要的时候'适当融入'。在科学中心，学生第一轮承重实验后，会寻找更优解，就是制作承重能力更强的桥墩。很明显学生更有信心了，他们很骄傲地问我说如果找不到踩上去会塌的人怎么办？我给了一个建议，说你们通过计算建立一个标准，新的桥墩能够承重多少千克就算挑战成功了。在成功的基础上，不论在课内还是课外再去寻找极限。这样既保护了他们的自信心，也节约了课堂时间。"翁老师这几个"家"的概括，清晰地展示了STEM教育中教与学关系的转变，得到现场活动老师们的共鸣。

老师们说："案例分享活动，促使我们把项目梳理成案例，这是梳理与交流的过程，也是对全局与细节、亮点与不足再把握的过程，促进了总结与反思。在与其他具备STEM实践经验的老师们问答的互动过程中，更能获得思维的共性和启发，为项目的迭代提供灵感与经验。"

翁乐老师结合STEM课程实践撰写的相关案例，获得江干区教师信息化大赛"创新教育教学案例"一等奖；论文《以桥为轴，"跨界"融合催生校本课程新活力——STEM＋校本化项目"钱塘江上的桥（杭州段）"实践例谈》获得区教学专题论文评比一等奖、杭州市论文评比三等奖。

（二）开展反刍交流

我们都知道牛有一种特殊的生理现象，即把草吃进胃里，经过初步消化，吸收一部分营养后，又将难以消化的草料从胃里倒排进口里，再次咀嚼消化吸收，如此反复三四次，才能全部消化吸收，这就是牛的"反刍"现象。而我们这里说的"反刍"是指教师在参加研修活动时接收到新的理念、方法等，不急于传递给自己团队的同伴，而是先静下心来细细咀嚼，结合日常的教育教学工作进行反思，在吸收内化后再与团队内的教师进行交流反馈。这不是像牛一样无意识的重复动作，而是经过思考的更高境界的"反刍"。

在STEM教育理念学习的过程中，联盟学校常会安排教师跨地区到上海参加培训。如在研究中心的安排下，茅以升实验学校的薛焱老师和春芽实验学校的杨蔚老师一起参加了上海六一教育集团的STEM课程与儿童哲学课程整合实施的专题研讨活动。两位老师培训回来结合联盟校内的课程实际情况，在认真准备一周后，为团队的老师们开了一场主题为"启迪哲思 赋能探究"的分享会。她们采用在上海培训时学习到的交流新方式，把培训的精华内容与老师们分享，使老师们虽未亲临，但也能体会精髓，有所收获。

在这场反刍式培训会上，老师们随机组成合作学习小组，从热身活动"水瓶说"开场，体会到聆听的价值在于"一个人脑中有了自己的想法，会沉浸其中，要引导其倾听，并把自己的想法跟别人的建立链接"。接着以绘本故事《三个强盗》为刺激物，提取相关概念，并发表问题，小组投票选择问题，再进行建构、探究，最后进行发言与评价。薛老师与杨老师，还结合联盟校内开展过的STEM项目，如"我的运河我的桥""探寻钱塘江文化"等，这些STEM项目背后涉及一些儿童哲学的课题。"我的运河我的桥"项目中学生研究桥与环境及人们生产生活的关系，"探寻钱塘江文化"项目中学生研究钱塘江的水质、沿江空气质量等，都是在研究"人与自然""人与社会"的关系。正是这样有自主思考的反刍式培训，让老师体会到儿童哲学是关注儿童灵魂的教育，STEM是关注创新和培养孩子解决人类真实世界的问题和挑战的教育，让学生在项目学习经历基础上有机整合哲学学习经验，可以实现多种学习经验的关联。

这基于反思的反刍交流，让教师不断地认识到"自我"的需要，激发自主发展需求，促进教师自主学习、自主反思，从而提升专业自主发展的思维能力，让教师成为有思想的行动者。

四、反思与展望

STEM项目的跨校研修在区教育局的支持、华师大基教所和上海史坦默国际科学研究中心的引领和帮助下,三年来从无到有,从蹒跚起步到稳步前行。在一次次的浸润式培训和课例研修中,各联盟校的种子教师也逐步走向成熟,成为各校STEM项目的实践者与引领者。三年来的学习与实践,结合探索过程中的一些问题与困难,让联盟校对未来的发展有了更深的思考。

(一) 成立区域核心团队

在三年的跨校研修中,上海国际科学研究中心为联盟校提供了强有力的支持,但本区域内对STEM项目的引领较为缺乏。虽说现有环境下,时间空间都不会造成障碍,但总是会存在一定的不便,比如老师们到上海参加半天研修,加上来去车程,要花费的却是一天的时间;如用网络的方式参与活动,肯定没有现场的体验强烈。因此,成立区域内STEM项目的核心教师引领团队是很有必要的,而且联盟内种子教师也逐步成熟,具备一定的基础,区域核心团队的成员可以从种子教师中选择优秀的教师加入,还可以外聘区域外专家作为常驻导师。同时,也为参与STEM项目研究实践的老师提供更为广阔的发展空间。核心团队的成立,也将会为区域内项目学习提供更为便利与有力的支持。

(二) 丰富项目化学习类型

三年来,联盟校从课程模仿起步,逐步走上结合学校特色开发STEM项目课程之路,形成特色型项目学习,并取得了一定的成果,但这只是项目化学习在学校内落地生根的第一步。接下来,若要使项目化学习走向深水区,研究开发实践丰富多彩的项目化学习类型是必由之路。如结合基础型课程,开展学科项目化学习的实践探索;结合真实的生活情境设计多学科、跨学科的探究型项目学习等。

(三) 保障项目化学习时间

在特色型项目学习的探索过程中,学生的学习时间一直是困扰联盟校实践教师的问题,虽有学校的大力支持,可以与综合实践课、社团课程等相整合,但对于项目学习来说,时间还是捉襟见肘。在未来的项目化学习探索中,如将项目化学习与基础型课程、拓展型课程、探索型课程进行统整,这样就能切实为学生提供持续投入项目化学习体验的时空保障。比如在学科项目化学习中,用原有的单元课时时间,通过教材单元内外材料的创造性重组来进行项目化的学习,这样既有时间的保障,又有内容的保障,还能提升学生学习的主动性和思维能力,让教师更能安心开展项目学习实践。

我们期望,通过 STEM 项目的跨校研修,在不断完善与深化项目化学习的探索与实践过程中,让其成为撬动学校课程与教学变革的支点与特色,真正惠及每一个孩子的成长与发展。但实现这一切的基础在教师。因此,我们更期望,在融合共生的跨校研修中,老师们成为 STEM 教育理念下的教学模式和新型学习的践行者,为真实的课堂带来新思想、新动力。

第二章　儿童哲学咖啡屋：儿童哲学项目中的跨校研修

为进一步促进集团和各学校的发展,凯旋教育集团引进了一系列国内外先进的课程项目,如儿童哲学项目、STEM项目、国际理解项目等。新型课程模式的引进,给教师的教育教学工作带来了巨大挑战,也为教师的专业成长创造了机遇。儿童哲学项目作为凯旋教育集团重要的跨校研修项目,为各校教师的专业发展开辟了一片新园地。在人们的常规认知中,哲学是一门深奥、晦涩且远离日常生活的学科,更加无法想象将哲学应用到小学课堂的理念和行为。教师也是从开始的疑惑、怀疑,慢慢到理解、明白,然后能在指导下开展儿童哲学课。为了使儿童哲学在集团各校生根发芽,集团将课程项目与教师专业发展相结合,推出了儿童哲学跨校研修项目。如此一来,探索新课程模式的过程,也就成了引导教师学习、促进教师专业发展的过程。经过几年的探索,集团初步形成了专家引领下的、不同层次教师参与思考、讨论、合作、对话的"儿童哲学咖啡屋"研修体系。

第一节　"儿童哲学咖啡屋"研修模式的探索

"儿童哲学"是一个复杂的概念,有广义和狭义之分。广义的"儿童哲学"从属于哲学学科,包含研究儿童思维中的哲学性的"儿童的哲学"和研究与儿童相关的哲学概念的"童年哲学";狭义的"儿童哲学"则指向美国哲学家马修·李普曼(Matthew Lipman)在20世纪70年代提出的儿童哲学教育计划(Philosophy for Children)[1]。中国教育界普遍流行的"儿童哲学"并不是指"儿童的哲学"或"童年哲学",而是狭义的儿童哲学教育计划,是一种新型的课程模式。凯旋教育集团依托"咖啡屋"研修平台,将儿童哲学课程开发与教师研修相结合,开启了"儿童哲学咖啡屋"跨校研修模式的探索之路。

---

[1] 刘晓东.儿童哲学：外延和内涵[J].浙江师范大学学报(社会科学版),2008(3):48—51.

一、与儿童哲学课程的初遇

集团在引进儿童哲学课程之初,各校教师都非常迷茫。大部分教师没有接触过儿童哲学课程,甚至没有听说过"儿童哲学"的概念,将儿童哲学课程误解为深奥、难懂的哲学课。这种未知性和已有的错误认知,使教师从项目开始就已经失去了信心,甚至有了抵触感。为了加深教师对儿童哲学课程的认识,集团组织了"儿童哲学"共创课程的第一次研讨会,邀请了一些儿童哲学研究专家和具备儿童哲学课程开发经验的教师进行课堂展示,完成集团教师与儿童哲学课程的初次相遇。

(一) 第一堂课·困惑

第一堂儿童哲学课是由杭州师范大学在读研究生为集团教师带来的"喂,小蚂蚁"。课程开始,教师便在投影上放映了一幅蚂蚁的图片,然后就"蚂蚁"的主题展开了师生之间的漫谈。整堂课以教师与学生、学生与学生讨论的方式,对"沟通""语言""社会性"等话题进行了探讨,并以板书的形式按照话题分类对不同学生的观点进行了记录。尽管这堂儿童哲学课使集团教师对三年级学生的思维、语言表现表示惊叹,但课堂带给观课者更多的是困惑。儿童哲学课程的表现形式是这样吗?儿童哲学课程的目标导向是什么?儿童哲学课程的教学材料是什么?儿童哲学课程究竟要发展学生的哪些能力?儿童哲学课程的实施主要依靠口头讨论吗?在第一堂课结束后,无数个问题如潮水一般涌入教师们的脑海,他们对儿童哲学课程充满困惑。

(二) 第二堂课·认同

第二堂儿童哲学课是由西湖区求是小学的教师带来的"勇敢的克兰西"。课堂以绘本《勇敢的克兰西》为载体,教师按照绘本的逻辑结构划分了几个教学环节,每一个环节都有明确的探究主题,如"长得和别人不一样,好吗?""克兰西的父母不能接受自己的孩子长得和别人不一样,你有什么想法?"等。学生不仅可以畅所欲言,还有观点撞击和观点修正。随着探讨话题的逐步推进,学生的思考也逐渐深入。板书则清晰地呈现了不同的学生观点。教学仍然主要依靠师生对话、生生对话等方式展开。话题转变伴随着绘本情节的发展,教师从绘本的情节内容、人物想法中提炼、衍生话题,而不似第一堂课关于"蚂蚁"的话题一般,横空出世、突如其来。集团教师能够接受和认同这堂课,并据此明确了儿童哲学课的一般教学模式。同时,教师也产生了一些关于绘本选择、话题凝练、课堂推进等方面的新疑问。

(三) 第三堂课·方向

第三堂儿童哲学课是由浙江大学哲学博士研究生带来的"眼泪茶"。由于这堂课是由哲学专业出身的博士生亲授,观课教师们投注了很大的希望——希望能够观看到别开生面的儿童哲学课堂。这堂课的探究主题是"情感"。授课教师先给学生看了几幅图片,讲了一个简单却饱含情感的小故事。然后,教师结合心理小游戏,从情感的类型出发与学生展开交流。他让学生将不同的情感类型写在不同颜色的纸片上,并将纸片张贴出来。随后,教师提出了一个问题:"为什么大家会不约而同地将悲伤和快乐这两种相反的情感写在同一种颜色(红色)的纸片上呢?"接下来,教师又带学生们回到现实,回忆、分享那些让自己感到快乐、悲伤、难过、愤怒等的生活故事,并考虑"为什么同样的一件事会产生不同的情感?"的问题。课堂始终围绕"情感"的主题进行,每次的问题转变都是从学生的交流中提炼的,着眼于儿童的实际生活、学习、人际交往的经验。授课教师十分擅长融合哲学与生活,往往基于生活设计出哲学的发问,并由此衍生出更细的推进式问题。心理游戏的加入,也使学生参与热情更为高涨,现场讨论十分热烈。通过这堂课,集团的教师们对儿童哲学的认识逐渐清晰,尝试的欲望逐渐被激发。同时,他们发现了儿童哲学课程的努力方向——将儿童哲学与生活结合。

二、"儿童哲学咖啡屋"研修体系设计

为了深化集团教师对儿童哲学课程理念的认识,提升教师的专业发展水平,促进儿童哲学课程在凯旋教育集团的实施和推广,集团成立了由高校专家教师和学校儿童哲学课程组老师组成的研修共同体——"儿童哲学咖啡屋"。专家担任"咖啡屋"的屋主,儿童哲学课程组组长担任店长,组员为店员。"咖啡屋"研修模式旨在实现探究式研修,促进教师们共同研读理论、研讨课堂、探究活动、研究课题,努力形成能用理论指导实践,能在实践反思中行动,能以行动促进研究,能以研究促使师生共同成长的闭环。集团根据教师的发展现状和现实需要,依托"咖

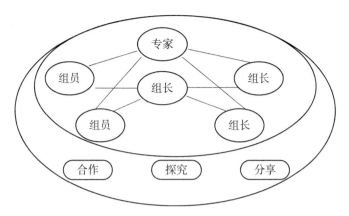

图 2-1 "儿童哲学咖啡屋"研修模式示意图

啡屋"模式,建构了"儿童哲学咖啡屋"研修体系。

(一) 专家指导团队

对教师来说,儿童哲学项目是一种新型的课程模式,意味着全新的教育理念、教育内容、教学方法和教学体验。这对教师提出了很高的要求,不仅要求教师了解儿童哲学课程,还要将儿童哲学理念付诸课程实践。尽管"儿童哲学计划"在20世纪八九十年代就已经传入中国,但我国关于儿童哲学课程的实践主要发生在新课程改革以后,近些年才普遍流行起来。这些课程实践多依托于国际合作,直接引进国外儿童哲学课程模式,例如河南焦作的学校就曾与夏威夷大学合作,引进国外的儿童哲学实践模式。因而,目前国内的儿童哲学课程仍然处于探索阶段,课程实践基本模仿国外的课程模式,可借鉴的创造性经验相对较少。在儿童哲学理论与经验均十分匮乏的情况下,集团各校要想创造出良好的课程收益,必须依靠专家团队的指导和引领。

凯旋教育集团是在华师大基教所的支持下建立起来的教育联盟,华东师范大学的专家团队引领着集团各校的教师专业发展。"儿童哲学咖啡屋"作为促进教师成长的跨校研修项目,离不开华东师范大学专家团队的研修理论与经验指导。同时,"儿童哲学咖啡屋"不仅是一项教师发展项目,也是儿童哲学课程的开发项目,离不开国内儿童哲学研究领域专家的引领。杭州师范大学教育学院、东北师范大学教育学部较早地开展了关于儿童哲学的研究,是国内儿童哲学的重要研究阵地。集团权衡研究内容、地位、地域等诸多因素,最终选择杭州师范大学的儿童哲学研究专家作为"儿童哲学咖啡屋"研修体系的引领专家。在王凯、高振宇等专家的指导带领下,"儿童哲学咖啡屋"研修体系逐渐形成,儿童哲学课程在摸索中日益完善,各校教师也在探索中找到了发展方向。

(二) 研修活动形式

考虑到研修内容的多样性和教师水平的差异性,集团设计了多种研修活动形式,以使教师快速适应新型的学习内容,找到适合自己的研修路径,促进自身关于儿童哲学理念、教学策略、教学内容等方面的快速发展。

1. 读书沙龙

读书沙龙是一种将教师自修与共同体群修相结合的活动方式,作为"儿童哲学咖啡屋"研修体系中的主要活动内容,旨在促进教师的理论进步,加强教师对儿童哲学理论、理念、研究成果的了解。读书沙龙是在"屋主"(专家)的带领下定期举行的,每期都有固定的书目和主题(均与儿童哲学相关)。沙龙活动之前,教师要通过自身的阅读和学习了解书中所讲内容,并撰写读书笔记。沙龙进行时,教师要与儿童哲学课程组的成员们分享自己的读书经验,交流观点和看法,提出疑惑和问题。最后,"屋主"会根据教师的观点及问题做出回应和总结,从而使教师有所收获。

2. 讲座论坛

尽管讲座论坛类活动具有单向传递的特点,可能不利于教师主体作用的发挥,但集团考虑到教师们薄弱的儿童哲学理论水平和理念水准,决定将讲座论坛列为"儿童哲学咖啡屋"的常规活动之一。集团邀请儿童哲学研究的专家来开展讲座论坛,一方面可以加强专家的引领和指导作用;另一方面可以使教师们快速、直观地获得对儿童哲学的认识,改正他们的认识误区和刻板印象。尽管教师专业发展正经历一个从培训到研修的过程,被动式的讲座论坛形式逐渐被抛弃,但从根本上来看,培训到研修的转变不是活动形式的转变,而是教师角色的转变,不应该一味地抛弃传统的活动形式,而应结合教师的需要和研修内容的特点,有选择地运用各种活动形式。从儿童哲学跨校研修项目的特征及教师的发展现状来看,讲座论坛的活动形式是合适且有效的。

3. 课例活动

课例活动是从课例研究中延伸出来的一种课程实践活动,涉及课程研讨会、课程评比、模拟课堂等子活动。课例活动是一个新型课程模式走向成熟的必要手段,也是提高教师专业理念、知识、技能的重要凭借。课例活动是围绕一堂课在课前、课中、课后的不同状态展开的,通过研究人员、教师及学生之间的交流、沟通、对话、讨论等模式进行。因此,课例活动能够充分发挥教师的主体性,促进教师在不同课程阶段进行反思,同时,也能形成教师间的思想碰撞与融合,激发教师产生关于儿童哲学课程的创造性思维。此外,课例活动也可以发挥"咖啡屋"共同体的力量,通过彼此间的学习、模仿、借鉴,推动不同层次教师的共同发展。

4. 趣味游戏

趣味游戏在儿童哲学跨校研修项目中的身份是双重的,它既是儿童哲学课堂中的重要教学策略,也是提高教师研修积极性和参与度的方式。集团将趣味游戏列为"儿童哲学咖啡屋"研修的主要活动形式是一个一举两得的做法。事实上,趣味游戏对于教师们来说并不陌生,因为有些老师会将其应用到学科教学上,尤其在公开课和观摩课中。但是,很多教师只是将其用到学生身上,从未进行过自我体验,也很少真正地参与到趣味游戏中,并未真正做到游戏与课堂的结合。集团将趣味游戏添加到"儿童哲学咖啡屋"研修模式中,就是希望提高教师研修的效果,使教师能够在体验和参与中领会游戏的真谛,帮助教师实现游戏与课堂的融合,从而促进教师的成长和课程的进步。

(三) 研修方法与策略

"儿童哲学咖啡屋"研修模式充分考虑教师的角色因素,按照教龄、业务水平等对教师进行分层,充分发挥教师的主体作用,注重教师的参与、发现、体验和探究,运用对话、交流、共享与合作等方式,实现"儿童哲学咖啡屋"研修共同体成员的协同发展。

1. 探究式研修

为了使教师获得对儿童哲学的真实理解,开发出属于教师自己的儿童哲学课,"儿童哲学咖啡屋"模式主要采用探究式研修方式,确立了"自修—观摩—研讨—模拟—实践"的五步研修策略。教师研修的过程始终将教师的探究思维放在第一位,推动个人探究与合作探究同步进行,通过自己学习儿童哲学理论、观摩优秀儿童哲学示范课、共同探讨疑惑和不足、模拟儿童哲学课堂,最终探究到适合自己的、具有特色的儿童哲学课。

2. 合作式研修

合作式研修是一种系统的、有效的研修策略,通常由3—6名能力各异的教师组成一个小组,以对话、合作、互助、共享的方式从事研修活动,共同完成研修目标,在促进每个教师成长的前提下,提高集团教师的整体实力。集团的"儿童哲学咖啡屋"项目作为一项跨校研修模式,本身就旨在促进校际、教师间的合作与共享,故"咖啡屋"研修离不开合作式研修,其中的大部分活动都需要依靠小组的力量来完成。合作式研修可以锻炼教师的沟通协调能力和组织领导能力,能够调动教师的积极性和参与度,对于提升教师的自信心也十分有帮助。合作式研修也经常与分层式研修配合使用,以弥补教师间的各方面差异,促进优势互补,发挥整体力量大于部分之和的功效。

3. 分层式研修

教师之间是有差异的。他们可能存在教学年龄、知识水平、专业技能、教学经验等多方面的差异,不同学校的教师之间也可能表现出特殊的群体性差异。针对教师的差异性,"儿童哲学咖啡屋"采取了局部化的分层式研修。集团根据教师所掌握的儿童哲学的课程知识和技能对教师进行分流,将其分为优势型教师、基础型教师和努力型教师三个类别。这种分类方式主要在教师的自我研修中发挥作用,即优势型教师只需选择50%的自修课程,基础型教师要选择80%的自修课程,努力型教师需要进行全部课程的自修。同时,集团根据教师的教学年龄和接受能力,将理论研修班分为加速班和普通班,加速班的研修进度快、拓展性内容多,普通班的研修进度慢、基础性内容多。此外,分层式研修还与合作式研修相结合,主要体现在教师分组上,即将不同类型和班型的教师按照互补原则进行搭配分组,促进不同层次的教师协同发展。

三、"儿童哲学咖啡屋"研修的特点

"儿童哲学咖啡屋"作为一项特殊的教师发展项目,在发展过程中,表现出一些典型性特点。这些特点也将继续成为儿童哲学跨校研修项目的生长点,进一步推动儿童哲学课程的深化,加速教师的专业成长。

(一)实现跨校、跨区域联动

"儿童哲学咖啡屋"研修项目是由集团发起的、多个学校参与的跨校研修模式,实现了不同学校的资源整合和共享,优化集团内部资源配置,最终促进不同学校、不同区域教师的协同发展。不管从教师研修的角度看,还是从课程发展的角度考虑,"儿童哲学"都是一个全新的发展项目,在研讨、开发、推广的过程中往往伴随着各种困难和挑战,依赖单个学校的力量很可能产生半途而废的结果,只有通过不同学校和区域的力量整合,共享理论、经验、硬件设施等一切能调动的资源,才能更快、更好地攻克"儿童哲学"的难关。同时,不同学校教师之间的交流与合作可以避免发展的局限性,防止出现"一叶障目,不见泰山"的情况,且思想的碰撞与交锋往往能够迸发出意想不到的创造性可能。另外,"儿童哲学咖啡屋"跨校研修项目还可以产生区域效应,凯旋教育集团还联合求是教育集团,共同带动杭州多校发展,从而提高集团和各学校的影响力。

(二) 理论与实践相结合

国内的很多学校(主要是小学和幼儿园)已经将儿童哲学课程作为促进学生思维发展、培养学生创造力的校本课程。然而,在课程的设计和实施中,教育者往往过度注重课程的形式和方法论意义,忽略了儿童哲学的整体认知,将会导致一种情况:教师的儿童哲学课讲得很出色,对"儿童哲学"却不甚了解。集团汲取国内各校发展儿童哲学项目的经验与教训,结合各学校教师的发展水平,确立了理论与实践相结合的发展策略,即促进教师关于"儿童哲学"的理论研修与实践研修的同步进行。因为"儿童哲学咖啡屋"项目对集团的大部分教师来说是陌生的,他们不仅不具备对儿童哲学课程的认知,甚至不具备基本的哲学观念和哲学知识素养。要发展好"咖啡屋"跨校研修项目,首先要确立教师对"儿童哲学"的全面认识,不仅涉及课程实践,也包括理论基础。集团本着理论与实践并重的原则,通过读书沙龙、讲座论坛、网络课程等形式强化教师的儿童哲学理论基础,通过课程研讨会、课程评比、模拟课堂等活动实现教师的儿童哲学课堂实践,从而促进教师专业素养的全面提高。

(三) 重视教师的主体地位

"儿童哲学咖啡屋"研修模式与传统的教师发展模式的最大区别在于教师角色地位的不同。传统的教师发展模式下的教师处在被动的客体地位,而"儿童哲学咖啡屋"研修模式下的教师处在主动的主体地位。教师的主体地位体现在"儿童哲学咖啡屋"研修模式的方方面面。首先,从学习平台来看,"儿童哲学咖啡屋"是为了开发、推广儿童哲学课程而建立的学习共同体;其次,从活动形式来看,"儿童哲学咖啡屋"研修模式多采用体验性的探究活动,注重教师的行动、参与、合作与互助;再次,从研修特点来看,"儿童哲学咖啡屋"研修模式多从各校教师的实际水平出发,设计各项活动和研修策略;最后,从教师的参与方式来看,"儿童哲学咖啡屋"研修主要依靠教师的组织、讨论、对话、互动、合作推动,共同完成研修目标。"儿童哲学咖啡屋"是一项由集团发起的、旨在促进各校教师共同发展的跨校研修项目,它的终极目标是促进教师自觉、自主、自由地发展。

(四) 跨学科思维的运用

"儿童哲学咖啡屋"研修模式在发展过程中也出现了与语文、品德等其他学科的融合,展现出一种跨学科思维的运用。"儿童哲学"不仅作为一种课程模式融入集团各校的发展中,也作为一种思想理念深入教师的专业发展和日常教育教学过程中。通过跨学科的合作,缩短了儿童哲学与教师及学生的距离,将儿童哲学融于生活,从根本上促进教师和学生的共同发展。

第二节 "儿童哲学咖啡屋"研修模式的实施与发展

"儿童哲学咖啡屋"研修模式自诞生以来,经历了许多发展阶段,从理论研读,到课堂研讨,到活动探究,再到课题研究;尝试了诸多发展形式,从读书沙龙,到讲座论坛,到课例研讨,再到"哲学月"探究。"咖啡屋"在不断地测试、试探中,逐渐形成了自己独特的发展模式。

一、研读理论阶段

为了使教师能够产生对"儿童哲学"的深刻认识,形成良好的课程理论基础,集团非常重视教师的理论研修,将理论作为"儿童哲学咖啡屋"重要的学习内容。"儿童哲学咖啡屋"研修的第一阶段主要是理论研读,重在丰富教师的儿童哲学理论素养和课程理念,确立对儿童哲学课程的全面认知。理论研读主要包括读书交流和通识学习两个方面。

(一) 读书交流

读书沙龙是"儿童哲学咖啡屋"的常规活动形式,是在"屋主"带领下定期举行的。儿童哲学读书沙龙举办至今,已经阅读了许多儿童哲学类书目,如马修·李普曼的《教室里的哲学》、加雷斯·皮·马修斯的《哲学与幼童》和《与儿童对话》、朱利安·巴吉尼的《一头想要被吃掉的猪》、罗伯特·费舍尔的《创造性对话:课堂里的思维交流》等。通过沙龙活动,督促教师阅读书籍、交流读书心得,从而使教师获得与儿童哲学相关的理论知识,获得指导教学、转化为专业实践的理论资本。在读书交流中,"屋主"不仅带领教师们深入解读儿童哲学理念,分析中西方关于儿童哲学的不同理论和观点,也带领他们思考和探讨了一些延展性问题,如"如何看待儿童哲学的教育目的、阶段性目标?""教育哲学的教育价值该如何准确定位?""未来又将如何发展?""儿童哲学如何实现本土化以及绘本的实际应用和存在价值?"等。

(二) 通识学习

尽管读书沙龙对于提升教师的儿童哲学理论具有良好成效,但读书的效益和收获要经过长期的积累才会显现。而且,儿童哲学课程理论多为西方经验,在教师们不具备一定的理论基础,且中文译本较为晦涩难懂的情况下,读书交流不能够快速改变教师的理论储备状况,如此便需要一些更为直接、快捷的获取知识的方式。讲座论坛对于通识性儿童哲学理论的传递具有显著成效。讲座论坛通常邀请国内儿童哲学研究专家作为主讲人,他们对儿童哲学已经有了深刻的研究和见解,能够帮助教师在短时间内获得儿童哲学的知识概貌。例如,集团曾经邀请杭州师范大学的高振宇博士、王凯博士等为"儿童哲学咖啡屋"开展儿童哲学通识讲座,从儿童哲学中的诸多概念、课程设置、组织形式、教学流程、课堂实施策略等方面系统地介绍儿童哲学课程。

图 2-2　儿童哲学讲座(1)

图 2-3　儿童哲学讲座(2)

二、研讨课程阶段

经过一段时间的理论研读,参与"儿童哲学咖啡屋"项目的教师已经具备了对儿童哲学理论和课程的初步认识,进入儿童哲学研修项目的第二个发展阶段——研讨课程阶段。"儿童哲学咖啡屋"的课程研讨主要围绕一系列课例活动进行。研究课例是一个实践、构建、分享、发现知识和策略的过程。课例研修使教师置身于真实的儿童哲学教学情境中,将所学理论应用于课堂实践,在互相交流中修正教学行为、修改教学设计、修缮教学策略,达到贯彻儿童哲学教学理念、发展实践性知识的研修目标。"儿童哲学咖啡屋"的课例活动因宏观把控、细节管理兼具,教学内容、目标、设计、策略具有针对性、高效度,日益趋向成熟,教师在课程实践中不断成长。

(一) 在试课中学习

为了加强教师对儿童哲学课程的直观体验,"儿童哲学咖啡屋"发起了一次试课活动,由"儿童哲学咖啡屋"共同体进行研讨、备课,由教师代表执教绘本《十一只猫做苦工》。由于《十一只猫做苦工》的故事较长,考虑到一年级学生的接受程度,"儿童哲学咖啡屋"大胆地对故事进行了删减和改编,突显了绘本中可以引发思考的部分。课堂探究了绘本中呈现的几个规则,重点做了一个思想家实验——"假如有一只猫突然得了重病,要送去马路对面的医院,这时候应该直接穿马路,还是走天桥?"课堂上,儿童不仅从多个视角理解规则,甚至提出"死一只猫比死十一只猫要好"等具有深度思考价值的观点。"儿童哲学咖啡屋"第一次试课非常成功,已经初步具备了绘本儿童哲学的教学模式。试课结束后,教师们对课堂进行了深入反思,不仅分析了课堂的问题与不足,也发现了课堂中的优点与进步,并纷纷表现出对下次课程实践活动的期待。

(二) 在观摩中成长

儿童哲学研修是一个广泛参与、广泛学习的过程,而不是闭门造车的过程,教师们只有时常观摩优秀的儿童哲学课程,汲取他人的课堂经验,警惕他人出现的问题和不足,才能不断成长,最终形成具有自我特色的儿童哲学课程。"钱塘之春高峰论坛——儿童哲学专场"为教师提供了一个观摩和参与的机会。这次论坛中,不仅有来自台湾嘉义大学王清思教授带来的儿童哲学示范课,也有"儿童哲学咖啡屋"店长执教的绘本儿童哲学课"小猪变形记",还有景华小学老师执教的"语文+"儿童哲学课"中彩那天"。

王清思教授的示范课极具夏威夷儿童哲学的特征。教师、学生和助教围坐在一起,运用抛毛线球游戏展开关于"一直想说但是没有机会说的话"的交流和对话。王教授通过游戏巧妙地缓解了所谈话题的敏感性和私密性,让学生迅速打开心扉。在课堂的过程中,教师和助教均与学生处在相同的位置、做相同的事情、表达自己想说却很难说出口的话。课堂分享不仅发展了学生,也发展了教师。

"儿童哲学咖啡屋"店长带来的儿童课程"小猪变形记"吸收了第一次试课的经验,将课程建立在绘本情节的基础上,并在组织形式、话题选择、对话推进、教学策略等方面进行了深化。课堂上,教师精心编制了绘本,讲述了一个富有哲思的故事,然后请学生提出自己的疑问,在解决疑问的过程中,逐渐将话题聚焦在"变"上,同时也有选择地讨论了相关衍生话题,如"如何看待优点、缺点?""做大人好,还是做小孩好?"等话题。课堂以提问入课,又以新的问题作为课后延伸。

景华小学老师将儿童哲学课程与语文课程相结合,设计了"中彩那天"的课堂。这堂课实质上是一节语文课,但其中渗透着儿童哲学的理念,教师利用最后一个自然段的"诚信"内涵,设计了"这辆奔驰车可以据为己有吗?""假如库伯不知道有那个记号,可以据为己有吗?""假如没有做过'K'字母记号,奔驰车能开回家吗?"等带有哲学意蕴的思考问题,有强烈的现实意义和思辨性。

观摩结束后,"儿童哲学咖啡屋"成员们对三堂课进行了分析,并对观课收获进行了交流、分享,由此引发了教师们对儿童哲学课堂教学的进一步思考。首先,主题明确且联系实际。三堂课都基于儿童学习、生活、人际交往等经验组织哲学探讨,但是教学内容各有侧重,分别聚焦不同的话题,且均与儿童的生活实际相关,符合儿童的生活经验。其次,载体和形式丰富。三堂课运用不同的载体展开,有游戏、有绘本、有课文,不同的教学载体最终达到相同的发展目标,尤其是王教授对趣味游戏的运用为"儿童哲学咖啡屋"的儿童哲学实践提供良好的借鉴。最后,注重对话与启发。三堂课虽然运用了不同的载体、聚焦不同的主题,但教学过程中多采用对话和启发的教学方法,重视学生的表达和思考。

(三) 在实践中进步

为了使教师能够将理论知识转化为课堂实践,将他人经验转变为自身收获,

"儿童哲学咖啡屋"共同体参加了以"培养有思考力的儿童"为主题的浙江省儿童哲学课程在小学阶段的开发与实施高级研修班。在研修班成员的相互观摩、相互交流、相互探讨、相互合作下,儿童哲学课程变得更加丰富、有趣。

　　杭州澎博小学教师利用绘本《一只特别的羊》尝试教学,主要讨论"羊毛剪还是不剪?""这只羊特别在哪儿?"两个话题。杭州师范大学博士生执教绘本儿童哲学课《青蛙与蟾蜍之恶龙和巨人》。三年级的孩子们在教师的引导下讨论"勇敢"和"害怕",如"勇敢到底是什么呢?""勇敢的人是一直勇敢的吗?""如何区别勇敢和害怕?""勇敢和害怕会不会同时发生?""面对危险,逃跑算是勇敢吗?"等问题。讨论结束后,老师还发了一张自我评价表格,让孩子们进行真实的自我评价。南肖埠小学教师组织了五年级的绘本儿童哲学课《死了一百万次的猫》。执教者利用绘本中的几个情节展开探究,期望达成理解人物形象和探求"幸福是什么?"的目标。夏衍小学教师将儿童哲学课与品德课相结合,进行了《我的理想》的教学。执教者抛出了很多个引导话题,比如"你的理想是什么,怎么产生的?""每个人的理想一样吗?"等,还引入一些曾引起热议的新闻报道,讨论"老师的理想和父母的期望发生冲突时,你怎么办?"的问题。

　　研修课结束以后,"儿童哲学咖啡屋"重点探讨了三方面问题。一是关于儿童哲学的课程定位问题。儿童哲学课与绘本阅读课、心理健康课、品德与社会、道德与法治的关系是怎样的？或儿童哲学课是不是绘本阅读课、心理健康课、品德与社会、道德与法治课四者的综合形式？不得不承认,儿童哲学与这些课程存在密切联系,也可以进行形式上的融合,但具体的成效不得而知,需要经过实践的检验。二是关于课堂对话的推进策略问题。对话是儿童哲学课程的主要教学形式,通过哪种方式进行、运用什么样的技巧、如何去运用等问题都需要结合实际的课程内容和特点进行选择和推敲,不可盲目地模仿和运用。三是关于绘本载体的使用问题。绘本确实是儿童哲学课程实践的有效载体和凭借,但不是所有的儿童哲学课都能够通过绘本实现。绘本的使用必须考虑学生的年龄和接受力,同时,绘本的选择也会关系到课程的质量,必须考量多重因素,切不可无选择地利用绘本载体。

　　结合文献学习,结合自身的实践,"儿童哲学咖啡屋"认为儿童哲学课应该体现"儿童"和"哲学"两个鲜明特征,教学设计和实施策略都应该考虑这两个特征。儿童哲学的教学目标是培养会思考的儿童。教师要关注、呵护儿童的好奇心,要激发儿童的思考力,要让学生敢于质疑、敢于表达。因此,教师在进行教学设计时，要注重问题的针对性、话题的延展性和追问的有效性，慎重地选择和使用课堂教学载体，采用多样化的教学策略，让学生在多元概念中形成思维的碰撞，要引导学生进行观点的自我表达，帮助学生阐明自己的观点。同时，教师也要从自身发展的角度出发，调整自己在课堂中的身份，从主导者转变为参与者，实现教学相长。

（四）在展示中共勉

为了让教师尽快熟悉儿童哲学课程，且能够独立设计和开展儿童哲学课，凯旋教育集团联合杭州市求是教育集团共同开展儿童哲学课程展示活动，实现真正的跨学校、跨区域联动。

和家园小学教师开展了题为"他们都看见了一只猫"绘本儿童哲学课，课堂主要按照绘本情节展开，始终围绕"为什么他们看到的猫会不一样？"这个问题进行教学。"儿童哲学咖啡屋"教师展示了绘本课《鳄鱼怕怕，牙医怕怕》，从绘本入手，结合学生的校园生活经验，不断改变问题条件推动学生对"勇敢"的多角度理解。江干区教育局还推荐"儿童哲学咖啡屋"的绘本儿童哲学课参与了杭州市"空中课堂——轻负高质"现场会，"儿童哲学咖啡屋"的教师们精心设计《兔子？鸭子？》，这堂课还在首届"儿童哲学与学校变革论坛"大会上被展示。

跨校联动不仅体现在研修活动的规模上，也体现在课堂的设计中，不仅有单个的教学设计，并且出现了主题性组群儿童哲学探究课。例如，《兔子？鸭子？》《他们都看见了一只猫》和《小马过河》三个绘本组群就合理探究"分歧"这一主题，从几个不同向度、不同情节出发，最终实现学生对"意见有分歧很正常，因为人们的立场和观察角度不同"的共同理解。三个文本分别指向心理、科学、实践三个不同的视角，绘本选择、课堂对话以及思维游戏的运用都很注重哲学思辨力的渗透。这次合作探究的组织和推动再一次表明了"儿童哲学咖啡屋"研修模式的深入发展。

综观儿童哲学展示课，在一次次的绘本解读、改编、重构中，在一次次的精心打磨、研讨、反思中，"儿童哲学咖啡屋"一直在推出不同类型的绘本和不同形式的课例，既有哲学意味明显的，也有哲学因素隐匿的；既探究过文字型的，也探究过图片型的；既开展过单本绘本的探究课，也开展过绘本组群的合作教学。教学策略上也经历了许多转变，从较为单一的纯粹性对话，到思考工具、思维游戏的运用，从教师的主导式提问，到课堂观点碰撞下的发散性追问。"儿童哲学咖啡屋"

研修模式正在从零基础慢慢地走向成熟、壮大。

三、探究活动阶段

"哲学月"活动是"儿童哲学咖啡屋"以春芽实验学校为根据地,是为"世界哲学日"设计和开展的学校性的哲思活动。"哲学月"在每年"世界哲学日"(11月第3个星期四)启动。活动分"提问周""思考周""对话周""亲子周"四个阶段,连续举行四周。连续两年探索,"儿童哲学咖啡屋"针对儿童的思维特点设计了不同的"哲学月"活动。

2018年的"哲学月"活动的主题为"我的问题"。所谓"我的问题",即指学生们长久以来一直感到困惑、找不到答案的问题。"儿童哲学咖啡屋"通过学生的投票选举,选出学生最关心的十大问题,并让学生针对其中一个问题与同学和父母进行探讨。学校还邀请专家团队共同参与"问题TOP10"的讨论、交流。

图2-4 哲学月之亲子周活动

图2-5 哲学月观影活动记录

2019年的"哲学月"活动主题为"动画片里的儿童哲学"。在"哲学日"当天,全体学生观影经典动画片《狮子王》,有学生记录了影片中具有哲学意味的台词,也有学生画下了印象深刻的场景,还有学生提出了自己的思考和问题。大家纷纷就自己关注的台词、场景、问题展开交流和讨论。在收官的"亲子周"里,学校还邀请了浙江大学的一位研究生执教亲子哲学课"父与子",组织了一部分学生和他们的父亲,父与子围坐在一起,共同探究影片中提出的思考问题。

四、研究课题阶段

"儿童哲学咖啡屋"研修模式所形成的兼容并包的合作氛围、自由的思想交锋、体验式的探究过程,不仅推动了良好的儿童哲学课程模式的产生,也在潜移默化中培养了教师的科研思维和能力。事实上,儿童哲学课程开发、推广的过程,也是开展儿童哲学研究的过程。在儿童哲学跨校研修项目的不断推进中,"儿童哲学咖啡屋"的教师的理念、理论和实践越来越丰富,逐渐尝试将儿童哲学与课题研究相结合,促进教师教学能力和科研能力的共同发展。

(一) 绘本儿童哲学研究

学习了课程理论,观摩了展示课,尝试了课堂实践,"儿童哲学咖啡屋"的成员们进行了深刻的反思。经过教师共同商讨,"儿童哲学咖啡屋"决定选择绘本作为儿童哲学教学的载体,并展开以绘本儿童哲学为主题的教育研究。绘本作为广受儿童喜爱的读物,除了具有阅读价值,它的哲学教育意义不容忽视,它的很多优点都能成为儿童哲学课程的生长点。第一,绘本能提供适宜的思考情境。"儿童哲学之父"李普曼认为能够进行哲学诘问的文本应满足三个要求,即文学适宜性(指故事的吸引力)、心理适宜性(指故事的适龄性)和智力适宜性(指文本所引发疑问的特性)。对于儿童来说,"故事可能就成为了他们体验的最复杂的思想对象"[1]。儿童是绘本的主要阅读群体。幽默轻松的文字、五彩斑斓的图片、温暖有趣的情节、丰富多样的故事等多种元素的融合,共同投射了儿童的心理、情感以及对人生的思考,深受儿童欢迎。第二,绘本蕴藏着丰富的人生主题。著名儿童文学理论家朱自强曾说:"好的图画书是离哲学最近的。"每个绘本故事都在揭示一定的主题,可能涉及自我、友爱、生命、生存、权利、道德等人生话题,也容易为教师所把控和运用,引发儿童对于人生的思考。第三,绘本贴近儿童的日常生活。绘本中的故事情节不是凭空建构的,而是与儿童的日常生活相关,多涉及儿童在现实生活中经历的诸多事件和产生的些许烦恼。绘本故事贴近生活的特性能够使儿童感同身受,引发儿童对现实生活的思考。

---

[1] [英]费舍尔.教儿童学会思考[M].蒋立珠,译.北京:北京师范大学出版社,2007:80.

1. 研究目标

儿童哲学绘本研究是"儿童哲学咖啡屋"研修模式的深入发展，其研究目标仍以推动儿童哲学课程的成熟和促进教师专业成长的终极目标为基础。"儿童哲学咖啡屋"根据绘本故事的特征，从内容、流程、策划三方面进行了研究目标的设置。

（1）选择适宜内容，提炼哲思主题。选择与儿童生活经验紧密相关的、能引发思考的、涉及认知、情绪、伦理、道德等主题的绘本故事，规划绘本儿童哲学教学内容，提炼、整理哲思主题，为展开儿童思考、促进思维发展做铺垫。

（2）稳定教学流程，推动思考进程。形成相对稳定的绘本儿童哲学教学模式：从绘本故事阐述，到聚焦思考主题，到产生合作讨论，到话题延伸，再到联系实际与反思的常规教学流程，从而有效地推动思考、对话的产生和进行，使儿童思维朝深刻性、多元性、创造性的方向发展。

（3）运用多样策略，优化问题设计。借助多种教学策略，创建师生彼此尊重、信任的对话环境，架构儿童思维和哲学思维的关联；优化教学问题设计，以设计贴近儿童生活经验的、符合儿童发展特征的、契合主题和逻辑关系的问题为努力方向，推动师生间的讨论、探究、思考，达到有效思维的目标。

2. 绘本故事的选择

尽管绘本故事能够成为儿童哲学课程的载体，但目前市面上的绘本质量参差不齐、主题丰富，且具有明显的年龄适应性。教师要将绘本故事作为儿童哲学教育的传播工具，必须经过精心地筛选，确保绘本故事的针对性、适宜性，突出绘本故事中的儿童哲学教育意蕴。儿童哲学课程的绘本故事选择，通常需具有以下三个特性。

（1）哲思性。从绘本主题上看，教师应选择哲学价值较为鲜明的绘本，排除纯粹的叙事类、科普类绘本；从绘本内容上看，教师应选择与儿童生活经验紧密联系的、能够从中挖掘出生活哲理的、能激发儿童哲学思考的绘本故事。

（2）开放性。优秀的绘本故事往往具有强大的张力和延展性，能够引发开放性的思考。这种开放性和延展性可以给予教师更大的发挥空间，也能使儿童从多角度去思考问题。从价值角度看，教师应选择能够促进儿童多维价值发展、引发儿童深度思考的绘本。即便在主题确定的情况下，教师也应尽可能择取从多角度、多层次思考问题的绘本。

（3）适宜性。儿童不同于成人，具有一定的经验局限、认知局限和心理局限。

为儿童选择儿童哲学绘本,不仅要考虑内容的哲思性和开放性,也要考虑儿童的认知、心理、年龄等方面的发展适宜性。因而,教师应选择符合儿童生活经验的、符合儿童心理发展特点的、容易引起儿童兴趣的绘本故事。

3. 主题的分类与提炼

绘本主题的分类与提炼是进入哲学思考的准备和前提。提炼主题需要教师做到两个"读懂":一是读懂绘本,即通过人物、文字、图片、情节等读懂绘本的价值和内涵;二是读懂儿童,即了解儿童的成长经验、生活方式、思维特点、兴趣焦点,了解儿童在成长过程中经历的普遍性问题以及儿童在不同年龄阶段普遍关心的问题。

根据与中小学国家课程体系的密切程度,可以将儿童哲学大致分为"世界与自然""社会与道德""自我与他者""逻辑与认知""美与艺术"五大类别。儿童对世界、自然和生活的发问、关注、困惑通常也能归入这五类。同样,绘本故事的主题通常也是围绕这五方面展开的,如表2-1就是关于"自我与他者"类绘本的主题分类和提炼。其中,"自我与他者"又被分为"自我意识""自我成长""家庭生活""社会交往"等细小主题,各个主题下都对应了一些绘本故事,且每个绘本故事又被提炼为与主题密切相关的具体问题。

表2-1 绘本主题的分类与提炼

主题分类		绘本	主题提炼
自我与他者	自我意识	《我不知道我是谁》《小熊孵蛋》	形而上学问题。我是谁?我从哪里来?我是特别的吗?我的身体;我的健康;我的名字……
	自我成长	《阿文的小毯子》	价值问题。为什么要长大?为什么要上学?我的变化;我的梦想;我的生命……
	家庭生活	《发脾气大叫的妈妈》《猜猜我有多爱你》	伦理问题。家的意义是什么?爸爸妈妈为什么爱我?……
	社会交往	《爱笑的鲨鱼》	情感问题。为什么我们需要朋友?朋友之间为什么会吵架?老师是机器人好不好?……

4. 教学过程的设计

儿童哲学课的教学过程与传统的学科教学过程不同。在儿童哲学课堂中,绘本只作为话题的引子和线索存在,教师并不进行绘本的阅读教学,也不会将发展阅读技能、养成阅读习惯、发展语言等作为培养目标。儿童哲学的教学以发展思维为主要目的。教学过程以团体探究为特征,以哲学性问题为纽带,以对话、讨论为主要方式。

图2-6是"儿童哲学咖啡屋"对小学绘本儿童哲学的一般教学过程的梳理和总结。绘本儿童哲学的一般教学过程可以分为哲学对话前、哲学对话中、哲学对话后三个教学阶段。在展开哲学对话前,课堂基本围绕绘本故事进行,从而引出哲学问题,聚焦思考主题,形成提出问题——呈现问题——筛选问题的线性探究过程。在展开哲学对话时,主要涉及团体诘问、温和追问、思维游戏等环节,指引学生思考、对话。在进行哲学对话后,教师运用板书对学生的讨论进行整理,形成可视化思维线路图,引导学生对自己的思考过程及结论进行自我评价。从"引发哲学问题、聚焦思考主题"到"指引共同探究、促成思考对话",再到"整理可视思维、自我检视评价"的过程,既是课堂教学的表征模式,也是课堂对话的一般流程。相对稳定化的流程和模式能够有效地推动哲学探究的进程,促进师生的共同进步。

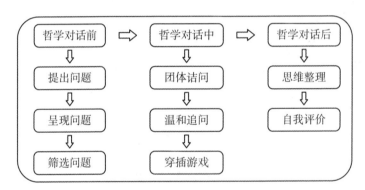

图2-6 小学绘本儿童哲学的一般教学过程

5. 教学策略的运用

不管是运用绘本故事引出课程主题时,还是展开师生间的哲学对话时,或是引导学生进行反思评价时,教师都需要通过一定的教学艺术和教育智慧确保教学过程的正常进行。优秀的儿童哲学课程必然离不开有效的教学策略的支持。李普曼认为提问和讨论是学习哲学的根本途径,也是哲学教学的最佳方法。雅斯贝尔斯(Karl Theodor Jaspers)认为哲学探究意味着点亮问题。问题是儿童哲学教学的核心,提问和讨论是学习哲学的根本途径,有效、有趣、智慧地运用问题、提问和讨论,才能推动儿童哲学课的发展。

儿童哲学的教学过程是一个引导学生开展团体探究的过程。儿童是对话与合作的主体，教师是参与者和引导者。在教学过程中，教师必须置身于课堂之中，做一个善于提问、乐于分享的角色，与学生共同推动哲学问题的讨论和思考。教师对哲学问题的设计须始终围绕哲学主题进行，问题的引出要由浅及深，由绘本问题上升到哲学问题，由生活经验问题上升到价值认识问题。同时，教师要运用提问的艺术，保证儿童在课堂中的主动性。提问是为了将儿童引向问题实质，为了促进学生思考，为了培养学生的批判性思维和创造性思维，教师应保持价值的中立性，带领儿童寻根究底，不断地探究意义。

合作、对话是哲学团体探究的主要方式，也是儿童哲学的主要课程目的之一。儿童在进行观点交流、思想碰撞、倾听建议的过程，就是建立相互信任、相互尊重、自由平等的人际关系的过程。"儿童哲学咖啡屋"认为创建平等的对话氛围和安全的对话环境对于儿童哲学课堂是十分重要的，故其力求建立一个具有情感关怀且充满理智思维的探究氛围，将学生的座位调整成马蹄形，利用教师的空间布局促进学生之间、师生之间的合作与对话。同时，"儿童哲学咖啡屋"考虑到儿童在心理、能力、知识等方面的差异，故教学过程中力求使不同特点的儿童形成"共同探究体"，照顾到每个孩子的不同心理和不同需求，使他们共同探究某一个问题或概念，发挥儿童各自的长处，在互帮互助中实现孩子的个性发展。"儿童哲学咖啡屋"还设计了一些促进相互尊重、平等交流的手势，比如"赞同""反驳""举反例"，也制定了一些对话规则，如不嘲笑、不争吵等。

（二）"儿童哲学+学科"研究

尽管儿童哲学表现出异于普通学科的发展目标、教学方法和教学过程，但从教育的本质上理解，儿童哲学与学科教学的教育初衷是相同的，甚至在某些载体、内容、理念方面二者不谋而合，这尤其表现在儿童哲学与语文、品德等学科的关系中。"儿童哲学咖啡屋"发现了儿童哲学与学科之间的融合点，展开了关于"儿童哲学＋学科"的课题研究。

"儿童哲学咖啡屋"关于"儿童哲学＋学科"的研究课题是从"儿童哲学＋语文"开始的。因为语文教科书中包含不少蕴含哲学思考的课文，这些课文能够和绘本故事一样充当哲学主体的线索和引子。为此，"儿童哲学咖啡屋"首先统计梳理了一、二年级语文教科书（统编本，共四册）中相关课文的主题，拟定了基本话题，并确立了一个种子班级、一位种子教师，进行"儿童哲学＋语文"的初步尝试。

然而,将儿童哲学融入语文,让儿童哲学成为一种学习和思考方式介入语文教学,还是将语文融入儿童哲学,让语文文本成为儿童哲学的载体和工具?这成为"儿童哲学咖啡屋"面临的首要难题。为了探究"语文+儿童哲学"和"儿童哲学+语文"的差异,"儿童哲学咖啡屋"开展了以"让语言和思维同生共长"为主题的片区教研活动,运用同课异构的方式,运用同一个载体——绘本《勇敢的克兰西》,演绎绘本阅读教学和绘本儿童哲学教学。

绘本阅读教学围绕语文教学的核心要素进行了如下设计。第一板块是复述故事情节。学生自由地阅读绘本,然后提供几个主要情节的图片,依托主要情节复述故事。第二板块是理解主题。分析故事情节,探讨故事主题,交流克兰西的勇敢表现在哪些方面,并解释理由。第三板块是理解含义深刻的句子。教师先抛出句子:"我们不能再这样了。不管是黑牛、白腰牛,还是红牛、红背牛,一样都是牛。让我们拆除栅栏,一起吃草吧。"然后,从三个问题导入:你是怎么理解这句话的?为什么你能从这句话中感受到克兰西的勇敢?你怎么理解这个"勇敢"?

绘本儿童哲学教学则采用了常规的哲学团体探究法,借助绘本故事的情节线索进行了设计。第一板块是引出主题。教师通过逐步阐述绘本故事情节,从情节中提取话题——"相同好,还是不同好?"第二板块是讨论对话。学生针对"相同好,还是不同好?"的主题,展开辩论,教师运用板书对不同的观点进行记录,并抓住儿童讨论中所产生的衍生话题。第三板块是展示深入探究。学生对相关衍生问题进行讨论、分析,并回应主题,得出结论。第四板块是总结与反思。教师展示故事结局,让学生对自己的思考过程进行反思。

这次同课异构课例研修活动是"儿童哲学咖啡屋"的一次自我审视,让教师们看到了儿童哲学与学科的不同结合方式和产生的不同课堂效果。"语文+儿童哲学"和"儿童哲学+语文"的教学目标的差异,决定了二者在教学时的不同侧重。事实证明,语文能够成为儿童哲学课程的良好拍档。儿童哲学的学习和思考方式在绘本阅读教学中第三板块表现出良好的效果,达到思维和语言共同发展的目标。语文故事同样可以成为引发哲学思考的载体,成为培养哲学思维的刺激物。但语文与儿童哲学的结合仍需进行深入探索,因为语文教学在长期的实践发展中已经形成了一套相对稳定的教学模式,儿童哲学教学方法的加入可能会打破这种稳定性,易造成课堂流于形式。

此外,"儿童哲学+品德"的项目也正在启动阶段。道德、价值观等话题一直是儿童哲学中的重要主题,品德教育与儿童哲学在主题上可以形成完美的契合,且教学目标也存在局部的重合。儿童哲学与品德课程的结合是一个值得期待的研究项目。同时,"儿童哲学咖啡屋"尝试将美术学科介入儿童哲学课堂,实现艺术与哲学的对话,色彩、形状与思想的对话。

(三) 研究成果

从2018年5月底至2019年10月,在这一年多时间里,"儿童哲学咖啡屋"有多篇课题报告和论文获得市、区级一、二、三等奖。2019年12月,研究成果《绘本里的儿童哲学:理念与实例》一书由浙江人民出版社出版。该书对儿童哲学及其发展历史、儿童哲学课程的顶层架构、儿童哲学的绘本载体、绘本儿童哲学的教学设计和教学实践策略进行了阐述,并提供了绘本儿童哲学的教学实例,推荐了适合进行哲学教育的优秀绘本。2020年2月,"儿童哲学咖啡屋"围绕儿童心中的疑问,推出了儿童哲学系列微课"健康""规则""勇敢""责任"。儿童哲学与课题研究的结合,不仅产生了丰硕的研究成果,也提高了教师们的学习、实践、反思及总结能力。

第三节 "儿童哲学咖啡屋"研修模式的反思与展望

在集团、专家和各学校的努力下,"儿童哲学咖啡屋"研修模式从一片空白,走向姹紫嫣红;教师从对儿童哲学的一无所知,走向儿童哲学的行家里手。"儿童哲学咖啡屋"见证了儿童哲学课程组的成长,见证了儿童哲学课程模式从青涩走向成熟的过程。"儿童哲学咖啡屋"研修模式使儿童哲学在集团各校生根发芽,也使教师收获了知识、能力和经验。然而,"儿童哲学咖啡屋"研修模式的发展并不是一帆风顺的,每个阶段都会遇到不同的难题。在经历过光芒后,"儿童哲学咖啡屋"研修模式逐渐陷入了发展的瓶颈期,缺乏创造、模式僵化、浮于表面等本质性问题逐渐显现。倘若这些根本性问题得不到解决,"儿童哲学咖啡屋"研修模式也将不再具有太多的上升空间。为此,集团综观儿童哲学跨校研修项目的发展状况,反思"儿童哲学咖啡屋"研修模式的现存问题,并试图在此基础上,确立"儿童哲学咖啡屋"的未来发展方向。

一、"儿童哲学咖啡屋"研修模式的现存问题

正如真理与谬误总会结伴而行,事物的发展过程也会伴随着各种各样的问题与纠纷。尽管"儿童哲学咖啡屋"研修模式取得了不少光彩夺目的成绩,但也无法摆脱各种问题的困扰。而且,许多问题并不是阶段性的,而是伴随儿童哲学项目的发展而不断凸显的根本性问题。当然,有问题、有不足、有局限并不可怕,可怕的是缺乏发现问题的眼睛和解决问题的能力。问题是走向进步的钥匙,问题的解决需要深刻的反思。为了提升"儿童哲学咖啡屋"研修模式的发展空间,促进教师成长,集团对"儿童哲学咖啡屋"研修模式的现存问题进行了反思,着重分析根本性问题所在,并试图从问题中找到新的生长点。

(一) 专家主导,教师主体地位弱化

"儿童哲学咖啡屋"发展早期,由于缺乏儿童哲学的理论和经验,需要依托专家团队的引领和指导。对儿童哲学一无所知的教师,只有通过专家团队的理论传递、模式设计、实践指导才能实现短时间内的成长。然而,"儿童哲学咖啡屋"研修在发展过程中过于突出专家的力量,使教师的主体地位弱化,教师在各项活动中只能听从专家的指导意见行事,难以发挥自身的主动性和创造性。专家引领模式在教师研修项目中的应用并未摆脱传统的集中化教师培训的思想遗留。过度重视专家的作用,很容易忽略教师的感受和体验,使教师研修活动大打折扣,甚至失去教师研修的本质性意义。倘若教师的主体作用得不到发挥,久而久之,教师研修便会沦为与教师培训一样的结局,不仅不能推动教师专业的有效发展,甚至在一定程度上束缚着教师的成长。

(二) 缺乏创造,套用西方发展模式

事实上,不只是"儿童哲学咖啡屋",国内大部分儿童哲学课程都引用了西方儿童哲学课程的发展模式,缺乏创造是目前我国儿童哲学发展的一大通病。不得不承认,西方儿童哲学计划为我国儿童哲学发展提供了丰富的理论基础和实践经验,但这并不能成为套用西方儿童哲学发展模式的理由。儿童哲学是在一定的文化、政治、经济、科技背景下诞生的,它具有一定的社会适应性。学习和借鉴先进经验的行为是值得鼓励和提倡的,但照搬照抄是不符合实际情况和发展需要的。从目前国内

儿童哲学课程的发展情况来看,教育者通常过于关注儿童哲学课程的方法策略,对儿童哲学的理解仍然停留在较浅层次的课程形式上,因而无法掌握儿童哲学的精髓与内涵,无法将儿童哲学与中国教育、中国文化特色相结合。教师在"儿童哲学咖啡屋"中经历最多的事情是接受,接受新的理念和知识,接受各种各样的意见和建议,接受先进的经验和体会,接受进步的教学模式和方法,而不是创造。大部分教师在"儿童哲学咖啡屋"研修活动中处于模仿状态,甚至将某个受到表扬、赞美的教学模板作为儿童哲学的全貌,更谈不上体现"儿童本位"的特性或者上升至哲学的高度。

(三) 模式僵硬,研修与教学形式化

"儿童哲学咖啡屋"研修模式中现存的很多问题实质上并不是来源于设计的漏洞,而是由于实施环节的不到位。例如,"儿童哲学咖啡屋"在设计时已经认识到儿童哲学理论对于实践的重要指导意义,但儿童哲学理论仍然无法在研修和教学过程中被落实。当然,设计与实施环节难以形成良好衔接的原因有很多:可能是教师对儿童哲学的理解不到位,可能是缺乏实施的条件和环境,也可能是发展模式不能适应现行教育的发展情况。目前,"儿童哲学咖啡屋"的各项活动,不论从研修角度看,还是从教学角度看,都有流于形式的嫌疑。"儿童哲学咖啡屋"注重教师之间的交流与合作,但更希望教师们能够求同存异,而不是把自己变成标准的样子。"儿童哲学咖啡屋"出品的所有儿童哲学课都具有标准的痕迹:以绘本故事为载体,以讨论、对话为方法,以"展示绘本—引出主题—讨论主题—讨论衍生话题—结论与反思"为教学过程。这种过于稳定的模式可以成为特色,也可以让教师陷入对儿童哲学的片面理解,甚至误解。或许,对大部分教师来说,这些儿童哲学课程的形式是新颖的、不同于传统学科教学的,故将着力点放在了发展形式上。但从教师研修和教学的本质来看,教师的教育理念并未产生改变,教师仍然按照传统的讲授方式教授哲学,讨论、辩论的形式带来的是展示效果,而不是实际效益,教师更加注重课堂的表现,而不是收获。如果儿童哲学课程一直维持着目前的发展状况,保持着呆板的形式,儿童哲学项目也将无法成为集团或学校的特色发展项目,更加无法对教师和儿童的成长起到促进作用。

二、"儿童哲学咖啡屋"研修模式的未来方向

为推动"儿童哲学咖啡屋"研修模式的进一步发展,使集团的儿童哲学项目为

教师发展服务、为课堂教学服务，集团从问题出发，汲取前期工作教训，从根本上寻找解决问题的方法。尽管现存的各种问题和局限已经妨碍到"儿童哲学咖啡屋"研修模式的发展，但也为其提供了进步空间和发展路径。在未来的发展工作中，集团将着重从四个方面改革和完善"儿童哲学咖啡屋"研修模式，打造特色化、创造性的儿童哲学发展道路，发挥教师研修的优势，促进教师专业成长。

(一) 强化教师主体地位

在"儿童哲学咖啡屋"研修项目发展初期，不具备任何儿童哲学理论知识和实践经验的教师，需要在专家的引领和指导下开展活动。专家的意见和建议能够为教师减少不必要的麻烦，使教师在儿童哲学的研修道路上少走弯路。经过几年的研修和学习，儿童哲学课程组的教师不仅形成了对儿童哲学理论和实践的基本认识，也掌握了自修儿童哲学知识的基本方法，他们不再需要依赖专家团队的全程化指导，已经能够自发地组织、开展和评价活动。如同雏鹰离开父母展翅高飞，教师们也应该占据主体地位，成为专业发展的主人，实现自我指导和自我发展。"儿童哲学咖啡屋"在未来的模式设计上也将向强化教师主体地位倾斜，转变专家主导活动的局面，充分调动教师的积极性和热情，使其成为活动的领导者、组织者、参与者和评价者。当然，强化教师主体地位，并不意味着放弃专家的指导，集团将通过减少参与次数、改变干预方式、区分指导重点等形式，转变专家指导的思路，坚持"教师主体，专家辅之"的发展路径，发挥教师的主动性与创造性。

(二) 形成特色化发展道路

针对国内大部分学校套用西方儿童哲学发展模式的现状，集团在未来发展中将着力推动创造创新，争取在借鉴国内外优秀理论和先进经验的基础上，形成适合中国教育背景、与中国文化相结合、带有学校特点的特色化发展道路。当然，实现儿童哲学研修项目的特色化发展并不是一件容易的事情，需要经过长期的探索和试误，需要全体教师的共同努力。实际上，"儿童哲学咖啡屋"研修模式在发展过程中已经逐渐显现出一些创造性的火花，如儿童哲学与学科相结合的跨学科创新思路，儿童哲学研修项目与教育研究相结合的教、学、研一体化创新思路等。只是这些创新发展思路仍然处在尝试阶段，主要呈现在思想上，尚未形成丰富的理论和实践支持。在今后的发展中，"儿童哲学咖啡屋"也将从这些创新思路入手，在日常研修中多鼓励教师发挥想象力，减少标准和榜样的标杆作用，营造思想自由、兼容并包、创造创新的发展氛围。

(三) 注重研修与教学的实质性发展

尽管集团鼓励儿童哲学研修项目的特色化发展,但也应该警惕片面化发展,避免发展模式走向单一化和形式化。在现行"儿童哲学咖啡屋"研修中,绘本儿童哲学课由于其简单的操作环节、易于掌控的教学形式广受教师喜爱,成为主要的儿童哲学课程模式。然而,这种课程模式在发展中逐渐趋于固定,使儿童哲学走向窄化和僵化。事实上,绘本仅是儿童哲学的众多载体之一,且绘本具有年龄适宜性,它更加适合低年龄段儿童的思维和心理发展情况。除绘本外,寓言、童话、音乐、游戏、喜剧、电视、诗歌、手工艺品等均可作为儿童哲学课程的载体和儿童思维的刺激物。"儿童哲学咖啡屋"在形成特色发展形式时,不能抛弃其他表现形式和教学策略,而应熟悉多种儿童哲学课程建构方式,防止出现以偏概全的情况。同时,在未来的发展过程中,集团将更加注重"儿童哲学咖啡屋"研修和教学的实质性,既要重视形式设计和方法应用,也要将儿童哲学理念渗透到教师的潜在思维中,减少传统教授模式对儿童哲学课堂的影响,要将儿童哲学思维融入日常学科教学,强化儿童本体地位,发挥哲学团体探究的实质性效果。

(四) 完善"儿童哲学咖啡屋"研修体系

在"儿童哲学咖啡屋"研修模式的实施和发展过程中,涌现出许多涉及根本的发展性问题,这从侧面反映了"儿童哲学咖啡屋"研修体系的不完善、不完整、不完全。为保证儿童哲学研修项目的方兴未艾,提高教师研修的活力与热情,集团将对"儿童哲学咖啡屋"研修体系进行完善和丰富。早期的"儿童哲学咖啡屋"研修体系注重总体规划和实施设计,忽略评价和反馈环节的设计,以至于实施过程中凸显的许多问题得不到及时反馈和解决,久而久之,成为阻碍儿童哲学研修项目发展的因素。为此,集团将从研修体系的评价和反馈环节入手,增加评价方式,丰富评价内容,选择多种评价主体,建构多维度、多主体、多因素的评价反馈体系。

第三章　多元视角：国际理解项目中的跨校研修

第一节　学校国际理解项目跨校研修的前期经验积淀

杭州凯旋教育集团南肖埠小学（以下简称南小）是全国国际象棋特色学校、中国新样态联盟实验学校、中国校本德育创新基地学校，获杭州市国际象棋七连冠、杭州市国际理解特色品牌项目等荣誉。学校以"走好每一步"为校训，以"为每一位孩子的幸福人生奠基"为教育理念，实施"基于核心素养的'3I'国际理解课程"建设，结合"一带一路"开发"丝路春雨"课程，进一步提升学校品质，培养具有国际视野的懂礼仪、乐学习、勤实践、有特长的现代中国公民——"其乐少年"。

学校着眼国际理解教育。基于国际象棋的特色，学校一直致力于打造国际象棋文化，并从2013年起以国际象棋文化为基点拓展探索国际理解教育。除此之外，学校近年来更多立足课堂教学，通过引进美国STEM课程、JA课程等，帮助拓宽学生视野、改变学生学习方式；结合传统木艺开发"木艺STEM"课程让学生用新的思维方式学习传统技艺、整合学习学科内容，这些课程在南小落地生根，融入到基于"3I"核心素养发展的"丝路春雨"课程之中，实实在在为"每一个孩子的幸福人生奠基"。在课程的引进、开发与实施中，学校整合全体教师智慧，让课程融入南小，使课程校本化。在此过程中，南小获得了各种研究成果与经验，并在凯旋教育集团、江干区乃至杭州市内进行多次交流分享，且于权威期刊上发表了学术论文。

2019年初南小在区内创办国际理解基地校，开设国际理解"种子教师"研修课程，将研究过程中的思考与结果提供给区域内更多的教师，在亚运会到来之前，让更多教师与学生拥有国际视野，为杭州发展添砖加瓦。南小国际理解"种子教师"研修课程入选浙江省教师培训管理平台，供全省教师自由报名参加。教师报名火热，根据报名情况可以看出（见图3-1），参训教师分布于各个学科与各个年龄层，其中教龄20年以上的经验型教师占比最多，教师群体普遍对于国际理解教育感兴趣。深入调查发现：教师对国际理解教育稍有了解，但对于如何融入课堂存在较多困难,他们希望能通过课例学习多学科融合渗透国际理解教育的模式,通过讲座等形式学习理论知识,以线上与线下相结合的方式充分利用空余时间自主学习,拓宽教师的国际视野与国际理解教育水平。因此,我们将培训活动设计的重点放在实践指导上。

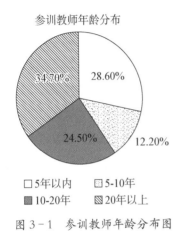

图3-1 参训教师年龄分布图　　　图3-2 参训教师需求调查词频图

第二节　学校开展国际理解教育跨校研修的具体实践

一、内功修炼:理解国际理解教育实践

国际理解教育实践离不开理论与经验的指导。南小的国际理解教育经验丰富,但也意识到:一个人可以走得很快,一群人才能走得更远。因此,我们以南小为中心,召集全国国际理解方面的兄弟学校以及高校专家,开展深入浅出的理论学习研修。

(一) 主旨报告:高校指引　课题引领

表3-1　主旨报告名录

	报告题目	报告人
课题报告	"基于'3I'核心素养的国际理解教育"课题研究成果报告	林霞(南小校长)

续 表

	报告题目	报告人
研究报告	"中小学生跨文化素养培育框架研究"课题研究成果报告	李军(上海浦东教育发展研究院院长助理)
	"人类命运共同体视域下的跨文化理解"报告	杨小微(华师大基教所所长)
	"国际理解教育:我们在行动"报告	黄忠敬(华师大教育系主任)
	"培养'全球公民':学校在国际理解教育中的积极作为"专题报告	李荆(浙江省教研室课程部副主任、地方课程教研员)

1. 课题报告

学员通过课题报告的学习,从宏观、中观和微观层面知晓国际理解教育的内容、目标以及背景,厘清了两个核心概念,确立了三个基本观点,明确我国国际理解教育的培养初衷,通过一个个鲜活的例子进行学习,参训教师对国际理解教育进行了一次初步领悟。

(1) 两个核心概念:一是国际理解教育,指世界各国在国际社会组织的倡导下,以"国际理解"为教育理念而开展的教育活动,培养孩子认同与弘扬中华优秀文化,尊重、了解其他国家、地区文化的基本精神及风俗习惯,初步学习掌握和其他国家地区人民平等交往和睦相处的修养与技能,探讨全人类共同价值观念的教育实践;二是跨文化教育,旨在培养孩子以积极的方式应对差异,并把差异看作优势而非问题,教师对课堂多样化的态度比方法和材料的使用更为重要,合作学习能普遍而有效地提高学生的跨文化能力,跨文化教育应该减少一切形式的排斥、促进融合和学业成就、促进对文化多样性的尊重、促进对他人文化的了解、促进国际理解。

(2) 三个基本观点:观点一,国际理解教育的根本目的是培养具有中国灵魂、世界眼光的现代公民;观点二,国际理解教育的核心内容是多元文化价值观的培育;观点三,国际理解教育的有效途径是学科渗透。

(3) 我国国际理解教育的培养初衷:根据我国经济发展要求来培养大批具有国际视野,通晓国际规则,能够参与国际事务与国际竞争的国际化人才。这一初衷是有别于联合国教科文组织确定的国际理解教育的,切记我国的国际理解教育课程的建构一定是基于中国公民的培养。

2. 研究报告

学员通过学习研究报告,对跨文化理解课程研发路径、如何落实国际理解教育等问题有了更加充分的认识,从思考问题到实践解决有了明确的方向。

(1) 跨文化理解课程研发路径:国际理解归根到底是文化理解。文化的理解实质上是对文化价值与意义的理解,理解的意义是唤醒文化自觉、增长文化自信、走向文化自强。当前,文化理解的难度在于以无知对无知,以偏见对偏见。而教育的意义就在于消除偏见,超越局限,"只有超越阶级、民族和地域的局限,才能成为全面发展的人"。一定要做到"不忘初心",寻找国际理解教育相关的主题,用多种不同形式的课程形式开展教育教学。

(2) 如何落实国际理解教育:国际理解是一种文化意识,有着他者的视角和人性的关怀。一是要了解国际理解的发展历程以及国际理解教育的关键词——促进理解、加强合作、解决问题。二是要明确国际理解教育的育人目标是培育"全球公民",需要培养具有质疑思辨、尊重理解不同文明、深度反思、基于自身文化的全球公民意识四种能力。三是要清楚国际理解教育进入义务教育课程系统时学生学什么、教师教什么、教师如何教等问题。四是在课程内容选择上应遵循整合为先、考虑在地、系统建构、时效前瞻四个原则。五是在课程内容安排上要有学者研究的精神。三级课程管理体系在实施国际理解教育中都应该有所作为,要在认知层面、情感层面、行动能力三个层次开展国际理解教育。未来的人类社会和地球家园是何种模样,取决于孩子——未来的"全球公民"具有什么样的价值观,更取决于我们如何去教育一代又一代的"全球公民"。

(二) 联盟论坛:抱团学习

1. 形成联盟 资源共享

在江干区教育局的支持下,在华东师范大学的引领下,以南小为首,众多拥有国际视野的学校纷纷加入联盟,共享教育资源。联盟成立以后,兄弟学校通过定期的线上会议分享国际理解实施困惑与思考,互相督促、互相学习。各校教师通过网络开展两地或三地联谊课,在上课、听课、评课中见证国际理解教育逐步落地。

2. 校长论坛 分享智慧

南小搭建平台,邀请全国国际理解方面的兄弟学校校长开展论坛,分享国际理解教育经验,大大拓展了学员对国际理解教育的视野。同时邀请杭州师范大学人文学院历史学教授张卫良进行点评,帮助学员梳理思路。

表 3-2 校长论坛名录

学校	汇报人	题目
闵行区上海复旦万科实验学校	金悦校长	国际教育本土化之"健康与幸福"校本课程的实践探索
闵行区明强小学	姚风校长	坚守与吸纳——小学生国际理解教育课程的设计与实践
普陀区联建小学	郑恩校长与其助理金老师	在每个学生心中播下"国际化"的种子
成都霍森斯小学	曾霞校长	友城合作背景下公办小学国际理解教育的探索与实践
杭州钱江外国语实验学校	沈平校长助理	基于国际理解的学校双语环境建设
杭州采荷一小教育集团	王红校长	In 研学课程建设
杭州市南肖埠小学	林霞校长	素养导向的国际理解教育多元评价

聆听了校长论坛后,学员对于国际理解的实施路径、形式、成效有了比较清晰的认识。

(1) 学科渗透。国际理解教育的正确呈现方式为学科渗透。如"健康与幸福"校本课程不仅有语、数、英、科、艺、体等基础型课程,有礼仪、口才、心理生理教育、信息技术等拓展型课程,还有动手做、世界公民、主题活动等探究型课程。在对教材进行系统梳理后,将国际理解教育融入其中,形成有特色的校本课程。

(2) 坚守与吸纳。要厘清"国际理解教育"的校本化研究内涵,并形成校本化研究内核,从生境中寻找到坚守中华文化精髓和吸纳先进、优秀、科学的人类共同优秀文化遗产两大起落点,结合学校特点,在研究中组建相关师资与课程开发资源库。

(3) "国际"在日常。结合日常主题活动埋下"国际化"的种子。国际理解教育的核心是教育而不是国际或理解,教师要学会设计多种不同的主题活动,让学生在活动中体验"关于国际的教育""来自国际的教育""通过国际的教育"以及"面向国际的教育"。

(4) 创建双语环境。国际理解教育应是多元的,同时又应是融合在学校的建设、学校的文化、学校的课程等每一个学校的元素中,其中每一个细节应该是有意而为之,而不着痕迹。围绕"让学生能够行走天下"的目标,打造多元课室和主题街区文化,以提升、体现学校国际化审美意识和价值目标,直观呈现国际理解教育内涵。通过挖掘大师课堂以及环球庆典等教育元素,努力培养具有国际视野的小公民。

（5）设计与实施相应的研学拓展课程。开展国际理解教育,要扎根中国文化,坚定中国立场,在多元文化共存中继承与发扬"和而不同"的精神,努力实现"各美其美,美人之美,美美与共,天下大同"的美丽新世界。为了达到较好的效果,在设计课程时要注意四个方面,一是行前课程,私人订制强攻略;二是互学课程,文化传播架桥梁;三是研究课程,聚焦优势寻策略;四是收获课程,多维汇报谈心得。

（6）多元评价。国际理解教育的评价应基于目标、素养的发展。以南小为例,素养导向的国际理解教育的多元评价意味着:一,南小践行的是基于全球素养的丝路春雨课程体系;二,南小实施的是基于素养导向的课程;三,南小推进的是"三位一体"（学生发展、教师发展、课程发展）的评价体系。比如构建了"未来公民通行证"的学生评价体系、丝路春雨的学业评价,国际理解教材编写的教师评价和快乐考察日主题的课程评价。通过课程改进、教学跟进和评价推进,提升学生的核心素养,真正实现学校发展走远一步,教师发展走优一步,学生发展走强一步,办一所能走进学生生命的学校。

同时,听完专家的点评后,学员对以下三个问题有了更加深刻理解。一是如何认知国际教育的理念,即要有世界眼光和全球视角,要培养世界公民。二是如何落地实施以及实施到什么水平,即要本土化、校本化实施,具体表现在校本建设的切入点应该是培养快乐、幸福、健康的人,归结点是人的素养如何提升,整合点是如何整体规划办学理念,重视点是环境的制造与提升,以及其潜移默化的影响。三是国际教育目标如何真正提升,即需要更多的交流、对话和理解,可以邀请国际学校的学生参与,共同提升;可以由国际校长来分享,开阔不一样的视野;当然也要思考国外的方式方法可否学习和采用。

通过多种不同方式的理论学习,学员对于国际理解教育有了自己的理解与认识,从理念到实践也有了基本的操作方法,对于实施好国际理解教育也有了信心,纷纷写下培训心得。

二、招式习得:课堂落实国际理解教育

落实国际理解教育的主阵地在课堂,因此学校主要通过"课堂教学展示"和"同课异构PK赛"落实国际理解教育,促进教师的课程融入国际理解素养的专业

国际理解教育培训总结

杭州市南肖埠小学　方晓

本学期，我参加了由我校组织的江干区国际理解教育16学时培训，印象最深刻的是曾宣伟老师给培训老师带来了一场精彩的讲座《国际理解教育的逻辑起点与文化原点》。他通过长期的研究，发现国际理解教育的起点可以追溯到15世纪之前的古希腊时期。他还对整个国际理解教育的发展历史进行了统整。其次，曾老师还提到了自己在加拿大参观交流时的所见所闻，让老师们对于教育有了更多的视角。因此，我们应从世界的整体文化发展的高度来看待国际理解教育。曾老师既给出了关于健康保健方面的忠告，也有关于教育理念上的启发，特别是让我们意识到了我们的中华文明、中国文化是珍贵的，作为教师，应该承担起将文化精华传承下去的重任。我校对国际理解教育课程的研究还在不断继续，老师们对该课程的热情也越来越高。相信通过这样一次次扎实的教研活动，我们的国际理解教育一定能走得更高、更远。

图3-3　国际理解教育培训总结

国际理解教育培训心得

少年宫　朱青

国际理解教育是在国际交往日益密切的背景下。为增进民族、国家、地区之间的相互理解与宽容，促进人类与自然和谐相处，培养学生认同与弘扬中华优秀文化，尊重、了解其他国家、民族、地区文化的基本精神及风俗习惯，初步学习、掌握与其他国家、民族、地区人民平等交往、和睦相处的修养与技能，探讨全人类共同价值观念的教育实践。

通过此次培训，我的教育观有了更大程度的转变。传统观念下的"师者传道、授业、解惑"已经远远不能满足现代教育要求，已不能适应新课程的学习方式。培训中每一次老师们的课堂都充斥着国际理解教育，强调文化对话。

图3-4　国际理解教育培训心得

能力，促进学生国际理解素养提升。

（一）课堂教学展示

1. 空中课堂云展示

（1）基于《道德与法治》游戏课程——我们有新玩法

本次课程主题是新时代国际理解教育的课程演进，在杭州、成都分设两个会场，两地通过互联网实现远程同步参与。南肖埠小学青年教师张玲玲带领着204班的孩子开展基于《道德与法治》的国际理解教育学科渗透"我们有新玩法"的教学展示。张老师以"世界游戏推广会"为主线，精心制作视频拓宽学生对游戏的国际视野，学生讨论学习、合作展示各国游戏，在游戏中学会分享与理解，提升创新与批判精神。课堂末尾，现场通过Team Model系统，远程连线"安吉游戏"创始人程学琴老师，她分享了将游戏推广到世界的正确方法；通过现场问答，帮助孩子了解大胆玩、大胆想是游戏创新的开始。

此次课程基于国家课程的教材进行深挖、拓展、延伸，体现了国际理解教育的特点。张老师表示要实施好国际理解教育，就要抓住国家课程对其进行融合与渗透，尽可能地扩大国际理解教育的受众面，同时也积极发掘教师特长融合课程，让国际理解教育更加多元化，培养出更有特色的教师。为更好地实现国际理解教育，国际理解课程的实施以"交流""沟通""尊重"为主题，突出了国际理解教育有助于人类共存与有序发展的特点，让国际理解教育更好地为中国教育服务。

（2）基于音乐舞蹈的空中课程——喜鹊钻篱笆

这是一节由上海、成都、杭州三地师生协作完成的国际理解教育课例，由南小的音乐老师任咪执教的一节空中课堂"喜鹊钻篱笆"。首先,通过现场连线彝族的小朋友,任老师带领孩子们学习了彝族的打节奏,学习了《喜鹊钻篱笆》舞蹈和钻篱笆游戏。接着,任老师同上海和成都的学生进行了现场连线的空中课堂。跨地域、跨课堂、跨语言,他们虽然用不同的方言和舞蹈诠释自己理解的"喜鹊钻篱笆",但是用相同的感情表达对彝族"喜鹊钻篱笆"文化的理解、对喜鹊的喜爱以及对音乐的热爱。

任咪老师的课堂紧扣国际理解主题,实现了跨学科、跨地域。这样的课堂是素养导向的国际理解课程,以任务驱动,方式方法多样,注重学生参与;这样的课堂实现了联盟,利用好了信息网络,促进了语言交流,丰富了学生的认知和经验。国际理解教育要聚焦好目标,国际是背景,理解是关键,课堂是载体。课程中以音乐和舞蹈为切入点,展示了精彩的国际理解教育课程范例。

(3) 基于《道德与法治》的公共生活课程——公共场所的"规矩"

南小道德与法治教研组组长、江干区骨干教师郑海英老师和602班的学生为大家进行课堂展示。远在1 200多公里外的恩施市逸夫小学三至六年级1 470余名学生也借助互联网进行同步学习。郑老师通过谈话导入的方式指导学生了解公共场所规矩的概念。学生通过小组汇报、小组演绎的形式呈现了各个国家公共场所自己的规矩,最后组织学生讨论,重点揭示了在全球疫情之下,各国的公共场所防疫措施受当地法律规定影响会有所不同,因此人们在不同的国家必须遵守不同的规矩,在中国要做一个文明的中国人。

本节课可以溯源到五年级下册道德与法治第四课——我们的公共生活,在原课的教学目标上进行了延展和提升,公共空间扩大到不同国家,扩大学生的国际视野,引导学生逐渐养成全球意识。课程中就疫情期间的戴口罩问题进行深挖和对比,从知其然到知其所以然,形成了跨文化理解,让学生更加全面和客观地了解世界;郑老师恰当融合教学目标,渗透国际理解教育;有效利用疫情素材开展课堂,通过实例帮助孩子理解差异尊重差异;巧妙设计教学环节,通过多种活动,学生循序渐进地分析差异归纳差异,培养学生的归纳思维。评课的老师们认为这是一堂真真正正为孩子们打开认识世界大门的课,润物无声、潜移默化;一堂实实在在的课堂,来源于生活,用疫情背景下各个国家不同的防范措施来教学,立足于当下实情;有趣的情景展示,让这堂课各个环节场景中的学习有别于平时的课堂教学;层层递进,让学生自己总结得出尊重民族的习惯和各国文化的不同,启示学生学会换位思考,让学生做到了真真正正的理解。

我们用德国哲学家雅斯贝尔的话来形容这堂课:"教育是一种灵魂的交流,是一棵树摇动另一棵树,一朵云推动另一朵云,一个灵魂唤醒另一个灵魂。"当我们进行国际理解教育的时候,我们还能做什么?倡导教育要从数量转向质量;保护环境,避免浪费;关爱孩子,在精神成长上多花时间,以国际理解的理念为指导,更多更好地开展教育国际化交流。

(4)基于粮食问题的全球性话题——怎样才能让全世界的人都吃饱饭?

南小金华情、新疆阿克苏市天杭实验学校梁馨、湖北恩施市逸夫小学郭好乾三位教师和三地的同学们一道,联袂献上一堂研讨课:怎样才能让全世界的人都吃饱饭?金华情老师通过谈话导入的方式告诉学生,当前全球遭受饥饿威胁的人数从1.35亿上升至2.5亿以上,从而引出课题:怎样让全世界的人都吃饱饭?课前金华情老师带领202班的学生进行了一系列的研究,将学生分成了公益援助组、粮食高产组、粮食节约组,走进学校食堂、农业厅开展调查。他们在美术课上畅想了未来的粮食,在音乐课上改编学唱了关于粮食丰收的歌曲。与此同时,湖北恩施市逸夫小学五年级"快乐精灵小组"的同学以及新疆阿克苏天杭实验学校四(6)班的同学也开展了相应的学习和研究。

课堂由南小公益援助小组汇报调查成果:通过欣赏美食图片,观看短片——《乌干达吃土的母子》,张贴海报寻找世界最缺粮食的20个国家,引出世界上还有很多地区的人长期吃不饱这一现象与事实;接着展示"公益援助组"走进农业厅采访工作人员收集到的相关情况,包括:中国粮食储备情况;中国已是世界第三大粮食援助国,会向贫困国家提供粮食援助;我国阿里巴巴企业携手联合国世界粮食计划署开发"世界饥饿地图",用技术的力量帮助解决世界饥饿问题;李宁企业参与联合国粮食援助活动,帮助非洲贫困国家;世界粮食计划署向约80个国家的8000万人口提供援助。南小粮食高产小组播放视频《一稻一人生,清香满天下》《中国粮食,中国饭碗》介绍了"杂交水稻之父"袁隆平院士和一些付出自己心血和智慧的人们。

湖北恩施市逸夫小学"快乐精灵小组"以小组汇报的方式展示他们调查了解的恩施州和湖北省的粮食生产和供应情况以及特色粮食作物和食材。新疆阿克苏市天杭实验学校"垦荒组"以PPT、采访老人、舞蹈《悯农》等形式呈现了新疆和新疆阿克苏的沙漠、戈壁、荒地的面积,并畅想未来:可以运用怎样的科技手段,把荒漠变成良田,为世界缺粮地区做出贡献?

南小粮食节约组播放食物浪费现象的视频引发观看者共鸣。精彩的《食物的哭诉》表演引人深思,平时看似小小的浪费,久而久之也无法估量。金老师带领学生记录了5天的泔水重量,让"光盘"的同学登上光荣榜,并通过数据分析得出一个班每天倒掉的食物大约是7千克,一碗米饭是100克,如果把浪费的食物换算成米饭,相当于浪费了70碗米饭,这可以给一个非洲的孩子吃20天。这样惊人的数据不禁让人感叹:一粥一饭,当思来之不易。激励我们一定要节约粮食,做到不浪费。全人类是一个命运共同体,我们每天节约一点,挨饿的人就会少一点。节约粮食,从我做起,从一日三餐做起。

整节课是开放的,话题开放、形式开放、课程开放、空间开放。在开放的课堂展示中,也能感受到这是一节融合的课堂,以项目式学习为主,让学生课前收集资料,课堂上呈现,让学生从已知到未知去探寻,激发学生学习的潜能;这是一节合作的课堂,小合作和大合作之间都让我们知道要把课堂交给学生,同一个话题、同一堂课,又有着各自的地域特色;这也是一节共享的课堂,大数据时代,打开网络,学生可以共享他们收获的知识,做到了知识的共享,"世界是学生的教科书"是这节课作出的最好的诠释。

2. 同课异构PK赛
(1) 基于科学与音乐学科融合课程——探寻动物世界

本次课程是首次推出跨学科联动课堂的"探寻动物世界",南小与上海市普陀区联建小学进行同课异构,并面向全网直播。首先张幸老师通过视频引出鸟儿是身边最常见的野生动物,然后以小组汇报的形式进入课堂:"文艺小组"通过诗配乐朗诵的方式展示了古人对鸟儿的喜爱和赞美;"观鸟调查"小组通过演讲、鸟类自然笔记展览的方式展示了鸟儿的形象美;"生活用品调查"小组通过作品展览、图片展览、服饰展览以及解说的方式介绍了鸟羽和鸟纹在生活中的多种用途;"美食调查"小组通过PPT+视频的方式展示研究结论:人类驯养鸭子的技术已经非常成熟,我们每天都可以吃到美味的鸭子。学生汇报后,徐佳颖老师播放有关"生物多样性"的视频引导学生思考:野生动物需要人类吗?组织学生按"需要或者不需要"分小组进行辩论、交流、表达并反思:人类如何与野生动物共存?进一步引出人类应该保护野生动物,与野生动物和平共处、保持距离。最后,徐佳颖老师列举了历史上的几次重大疫情启示大家:人类并非是地球的"主人",人类无法独立生活在地球上,保护野生动物,就是保护我们人类自己。最后,师生一道在"保护野生动物从我做起"的横幅上,郑重签名!

上海市普陀区联建小学高希睿老师进行同课异构,以"你还好吗?"为话题,进行"珍稀野生动物急需保护"的项目式学习展示。"护甲小队"用PPT形式报告目前穿山甲是被捕杀最多的野生动物,呼吁人们拒绝野味,拯救动物也保障人类健康;"爱豚小队"以PPT形式报告了白鳍豚已成鲸目灭绝动物之一,并解释了"功能性灭绝"的概念以及造成灭绝的原因在于人类破坏环境,呼吁全球加强宣传,保护野生动物,不要让野生动物仅仅活在影像中;"寻鹤小队"通过"连一连"的方式让大家认识到白头鹤目前全球数量不到一万只,处于濒危级别,播放白头鹤的"自白",呼吁国家、人类保护白头鹤;"萌象小队"介绍了猛犸象体型相当于现代大象的十倍甚至二十倍,却因山林大火频繁爆发,全球气候变暖,人类猎食、制作皮毛而灭绝,并播放视频总结出由于人类活动的强烈干扰,百分之九十九的物种走向了灭绝,呼吁人类保护野生动物刻不容缓;"爱鹮小队"介绍了朱鹮具有保护价值和观赏价值,但由于朱鹮的繁衍能力低下其数量越来越少,通过视频、朱鹮数量变化折线图,做出朱鹮家族将会越来越兴旺的预测。

每队汇报完毕后,教师及时进行评点,引导学生讨论,总结出吃野味、破坏环境、侵占动物家园、自然灾害、人类活动干扰都会导致野生动物濒临灭绝。最后,高老师请学生思考:人类可以通过什么举措保护珍稀动物?学生纷纷提出了如各国设立法律、学会垃圾分类、改善动物生存环境等措施。课堂结束之际,师生共同呼吁:人类保护野生动物迫在眉睫。

(2)基于英语和数学学科融合课程——货币初探

南小英语学科教师周婧、数学学科教师吴小娣和南小404班学生合作展示了联动课堂:货币初探。周婧老师首先通过谈话导入课堂第一板块:货币的文化价值,此板块主要由五个小组汇报研究成果,每个小组轮流上台分别介绍人民币、日元、韩元、美元和卢布的相关图案,让大家了解更多的货币知识以及其背后浓厚的文化气息、国家精神。小组汇报完毕,周老师总结道:每一个国家的货币虽小,但都承载着很大的国家文化,这是一种文化价值。

在第二个经济价值板块教学中,吴小娣老师抛出一个问题:"花钱比挣钱更难。真的是这样吗?"然后带领南小404班同学进行购物活动和任务探究。学生带着自己的货币去"各国摊位"上购物,购物完成后小组合作填写购物任务单并进行交流反馈,在吴老师的指导下学生总结出生活中大家要正确地理财、理性地消费。

第三板块社会价值中,吴老师抛出问题:"大家用不同国家的钱买了很多东西,那是不是所有的东西都能用钱买到呢?"学生纷纷表示时间、生命、友情是金钱买不到的。紧接着,吴老师表示:"世界上有许多比钱更珍贵的东西,不仅仅是人与人之间有友情,国与国之间也是"。

(二) 圆桌会

圆桌会是一个平等、自由的交流空间,针对某个话题或某一堂课,学员可以自主报名与专家面对面交流,也可用随机摇号的方法抽取名单,进行观点分享。线上会议平台的使用,让圆桌会的范围扩大到最大化,让观点碰撞出智慧花火,精彩不断。

1. 专家指导

案例1

课例"探寻动物世界"讨论

在"探寻动物世界"课堂结束后,相关专家、教师们进行了圆桌讨论。

杭州市江干区教育发展研究院课程指导部主任曾宣伟讲话。一、"您手中的这本书向您展示了一项既荒唐可笑又令人厌恶的宏大计划,尽管您不愿意相信,但很不幸,它的确是真的。"科学文化的背后可能是文化也可能是政治,如果没有家国情怀,没有对祖国的赤诚之心,没有责任担当作为基础,那么所有技术将会成为灾难。二、"技术本身并不坏,你可能会发现好像是自己在为技术服务,而不是技术在服务你。"最后还要回到人类古老的预言:认识自己。国际理解教育史就是技术史,但如果学校把芯片放入校服还是教育吗?从娃娃抓起学习机器人、编程是教育吗?三、"为什么我的眼里常含泪水,因为对这片土地爱得深沉。"倡导世界粮食日那天教育素课,教师不用电脑上课,要体验!要践行!灾难教育和危机教育的前提和基础就是因为对这片土地爱得深沉!

杭州市基础教育研究室高中部(课程部)副主任俞丽萍说:"中国学生成长的素养之一就是责任担当。"她认为国际理解教育首先应该渗透在学校教育的方方面面,其次应融合到学校的校园文化、主题活动中,以灾难和危机为切入口开展国际理解课程,要注意教学目标,从缺粮、赈粮、惜粮三方面展开教学。真实的问题是学生感兴趣的问题,帮助学生认识国际理解教育,让学习真真正正地发生,基于真实才是项目式学习活动。

随后进行的是一场跨地、跨界的头脑风暴,两地专家冯雪校长、杨春英主任、曾宣伟主任围绕"项目式学习与国际理解素养提升"进行圆桌论坛,汪湖瑛主任主持。

汪湖瑛主任表示此次活动充分体现"融"字,形式上做到了线上线下融通,地域上做到了杭州上海两地融汇,内容上做到了项目式学习和国际理解教育融合,两地不同领域的专家对展示课的评点体现出了融智。

上海联建小学冯雪校长对两节课、三位教师给予高度评价。两地同课异构,三位教师专业素养极高,学生知识掌握扎实,课堂氛围活跃。在课堂实践中能由浅入深,在探究过程中不断发现问题、质疑问题,引发学生思考,激发学生爱护动物的积极情感。两堂课都能坚持育人为本,凸出学生主体地位,着力培养学生的批判性思维,没有为了国际理解教育而国际理解教育,体现了三个"融":融入,国际理解教育融入学校培养目标;融合,融合了多学科,实现从学科渗透到学科统整,从学科统整到学科融入;融通,两堂课都体现了项目建设课程化,课程实施项目化。冯雪校长进一步指出,在国际理解教育的实施过程中,要让学生在真实的情境中发现问题、探究问题、解决问题,并在此过程中形成有效的迁移。

曾宣伟主任认为两堂课有两点十分值得肯定:一是课堂让学生站在台上,拿着自己的作品,发出自己的声音,这是项目式学习最基本的要素;二是在学生展示的时候,视野与思路宽阔,从动物视角到人文视角伸向历史视角,学生对事物的认识不再是割裂的,而是一个整合体。曾主任进一步指出,人类所有的实践、体验最后要回归到极简主义,要实现人类可持续发展,就要过极简的生活,要从我们做起,从小事做起。

杨春英主任表示两堂课见证了连接,见证了从身边的小鸟到世界濒临灭绝的动物的连接,真正地探索了世界。在国际理解教育实施过程中,两堂课都体现了人文与科学的整合。一是创设真实情境,让学生亲身交流,激发学生热爱自然的感情,使学生懂得热爱自然,与环境和谐相处;二是在亲身体验中培养学生爱心、责任感,珍爱生命;三是通过社会实践懂得珍惜资源,培养学生更宽阔的视野、更高的格局;四是在诗歌、音乐中学会欣赏;五是在科学探究中培养学生情感。在国际理解教育中要更关注科学和人文的整合,倡导节俭生活,注重精神世界。

紧接着,三位专家就"如何以项目式学习推进国际理解教育?"阐述观点。

冯雪校长以"项目式学习——让国际理解教育真实的发生"为主题分享观点,指出在项目式学习中有很多要素:挑战性的问题、持续性的探究、真实性的项目、学生的发言权选择权、过程中的反思评价等。这些要素都能激发学生探究乐趣,因此教师要做的是放手,让学生自己学习,自己提出疑问,真正将课堂还给学生。冯雪校长介绍了在推进国际理解教育的过程中,上海联建小学学校、教师和学生所发生的巨大转变:学生从被动学习到主动学习,成为课堂的主人;教师有了更多的教学挑战,项目式学习要求教师重构知识,创造想象,跨学科备课,进行有效衔接;项目式学习为学校国际理解课程增加了真正的实施理念,使学校教育朝向未来,使项目式学习的实施更加明晰。

杨春英主任认为南小从几年前的探索国际理解教育走到今天真正在做国际理解教育,成效显著、特色鲜明。她引用姜教授的话厘清了什么是国际理解教育:使学生尊重多样性,学会与全球公民共生,成为全球的一员。她认为项目式学习本质是学习而不是项目,在坚守中达己达人,希望项目式学习能让教师和学生真正地学习和成长。从学生的生活实际出发,教学中以国际理解理念为指导,实现教育观念、师生角色、教学模式、学习方式、教学管理和规则的全面变革,让教师自发研究和学习,并在此基础上开展项目式学习,真正为学生全球视野奠定基础。

曾宣伟主任即兴创作了题为《改造我们的学习》的微报告。他引用了毛泽东的"系统的周密的收集材料加以研究的工作,缺乏调查研究客观实际状况的浓厚空气",这句话表示解决中国革命问题要理论实践相结合,国际理解教育也应该把知识传授和理论实践相结合,回归教育的本质,关注学校的发展、教师的发展、学生的发展。当今中国式教育是一种缺睡眠式学习、缺实践性学习。因此在做国际理解教育的时候要注重"善"的教育,从学生的日常起居出发,从学校的常规活动出发;要坚持"合格性评价",关注每一个学生是否达到合格的要求,而不是把视角投向班级群体的整体分数以及班级与班级之间的分数差距。以课程标准为标准,综合运用多种学习方式,在完成学科教学的同时带着项目去研学,增加活动教学时间,运用学科知识解决问题,让教师成为活动的组织者,让学生通过问题解决、方案设计、产品制作等高阶认知策略和行为,加深对学科概念的深度理解,并实现在真实情境下的迁移和应用。

观课老师通过扫描二维码留下自己的点评。例如周莹老师发言,此次课堂把学生的合作学习以及主动探究摆在第一位,由浅入深地探索人与动物之间的关系,课堂富有感染力,引人深思。

案例2

融入全球胜任力，打造全球化课堂

一场跨地、跨界的线上线下头脑风暴，菲律宾马尼拉、成都、杭州三地专家：杭州市丁荷小学副校长、外交部、国家汉办公派驻外教师、中国驻菲律宾使馆阳光学校教师、江干区名师尹红岩副校长、四川省成都市霍森斯小学曾霞校长、杭州市江干区教育发展研究院课程指导部主任曾宣伟主任围绕"全球胜任力教育视角下的教师专业素养"进行远程论坛。

尹红岩副校长以"全球胜任力教育视角下的教师专业素养"为主题分享观点，指出要从沟通能力、批判性思维、合作、创造性与创新四个维度来培养具有全球胜任力的人。尹副校长表示本次课堂展示主题与全球胜任力的话题相吻合，有一定的深度。结合考察马尼拉国际学校时拍摄的照片，他认为培养一个具有全球胜任力的孩子要尊重每一个孩子的表达，要认同每一个孩子的思维，引导孩子从多种角度思考问题。

曾霞校长对"全球胜任力教育视角下的教师专业素养"话题也分享了自己的思考。曾校长认为现在的小学基础教育中，在全球胜任力广大的视角下，一线教育工作者必须转变人才观，放下分数论，就全球胜任力而教，深化课堂教学改革，通过学科学习和跨学科学习让学生来认识世界。教师应该快速提升自身的研究素养、跨学科素养、阅读素养、信息素养等来培养全球胜任力人才的素养。时刻做到拥有一桶水、更新一桶水、用活一桶水，为全球胜任力贡献一份专业力量。

曾宣伟主任作了《认知世界——给孩子一个怎样的可能》的报告。曾主任通过一张照片引发大家思考：从一块石头变成动物形象需要学生具备哪些能力？通过一张脑神经元图片揭示了人因为频繁的考试、电子游戏、睡眠不足、知识灌输变得越来越笨的现象。曾主任表示所有的电子产品会造成孩子视力损伤、认知力损伤、注意力损伤、创造力损伤和交往损伤。并引用了日本科学家江崎玲于奈的话："一个人幼年时通过接触大自然，萌生最初的探究兴趣，是非常重要的科学启蒙教育。"倡议教师要让孩子爱上自然，不要过度依赖屏幕，尊重儿童经验，让他们更加出类拔萃！

在远程论坛的同时，各位观课老师通过扫描二维码留下自己的点评。例如林容媚老师发言，此次课堂着眼学生全球胜任力的培养，通过对各国货币的调查，了解各国货币文化并以现场购物的方式体验花钱的学问,现场连线锻炼学生沟通能力,利用问题引导学生树立正确价值观。

通过远程连线,在成都师范学院徐猛教授的指导与引领下,成都、杭州的国际理解教育教师代表一起就"新时代国际理解教育的新内涵与新策略"为主题进行深入探讨。杭州场以张玲玲老师、南小教导主任陈虹老师、江干区青少年活动中心朱青老师、采荷二小龚晗钰老师作为代表参加探讨;成都场以高新区国际理解教育项目校的领导为代表参加探讨。徐教授首先对两位上课教师进行表扬与肯定,能基于国家课程的教材进行深挖、拓展、延伸,体现国际理解教育的特点。要实施好国际理解教育,就要抓住国家课程对其进行融合与渗透。杭州场与成都场的教师都分享了各自在国际理解教育方面的推进策略与实施效果,都在尽可能地扩大国际理解教育的受众面,同时也积极发掘教师特长融合课程,让国际理解教育更加多元化,培养出更有特色的教师与学生。为更好实现国际理解教育,研讨聚焦"如何实现理解",杭州场提出"交流""沟通""尊重",成都场提出"了解""合作""共识",徐教授串联了老师们提供的关键词,总结了国际理解教育有助于人类共存与有序发展,在实施过程中建议使用"关联""迁移""反思"等策略,让国际理解教育更好地为中国教育服务。

三、绝技修炼:编写国际理解教育读本

南小的国际理解教育基于本校学生的成长、教师的发展和学校的规划展开设计和开发,在课程开展实施过程中逐渐形成具有本校特色的国际理解教育体系,通过提升教师素养,不断打磨课程,汇编成一套《我与世界》国际理解教育读本。

教材的研发,以学生为主体,深入贯彻落实在国际视野环境中培养具有"中国心、世界眼"的"其乐少年"这一核心主旨;以教师为引领,提升和培育教师积极适应新时代教育的发展变化;以学校为依托,将国际理解教育理念纳入长期规划,渗透到每一处角落;以课程为载体,采用学科渗透的模式全面、深入、系统地展开国际理解教育理念下的课程研发。最终,《我与世界》读本的研发在学生、教师和学校之间互推共进,构成具有南小特色的国际理解教育体系。

(一) 基于学生的教材研发

《我与世界》这部国际理解教育精品课程丛书提出了素养时代国际理解教育

的创新策略，即立足于视野、理解和融合三个国际理解教育的特点，在国家情怀上放眼世界，用国际视野反思我们目前的国际行为，让学生从小树立理解、宽容和尊重的跨文化素养，因而在教育培养上我们要整合教育资源，在现有的课程基础上进行拓展和整合，探索创新的、跨学科的、活动式的、主题式的国际理解教育课程，不断提升内涵、显示特色，做到了细节与教学内容高度契合，让学生在合作交流中理解和认同国家文化，从而面向国际，走出杭州，走出国门，走向世界。

民族意识与爱国情怀的激发和培养是学生拥有国际视野和胸怀的前提条件，在此基础上深层培养学生的跨文化交际能力与独立意识，注重培养学生解决问题和创造价值的能力，努力提升学生与世界互动的能力，在精神、知识和能力层面不断地提升自我。同时要为学生和老师提供学习发展平台，注重教学融合与创新。

（二）基于教师的教材研发

对于教师而言，我们可以感受到时代的强烈脉动——国际理解教育也走进了新时代，我们必须运用新思维、新视野、新理念、新行动面对当前的教育现状。全球化进程的加快，我们教师，尤其是教育国际化走在全国前列的杭州教师，必须要具备国际化视野，不能关起门来思考、备课和上课。在备课、上课、观课、研课、议课、评课等诸多环节，都必须把相关内容和思维触角放置于国际化的背景下加以审视，这就对教师的素养提出了新的要求。

城市国际化、教育国际化的大背景下，如何使我们的老师快速适应新时代？除了个人读书、研修，还需进行专业化的培训。南小在2018年获得了区教师专业发展基地校的荣誉，上半年举行了江干区中小学国际理解教育"种子教师"16学分培训，在华师大基教所、杭州市江干区教育发展研究院、上海市浦东教育发展研究院、杭州市江干区教育国际交流中心等专业机构指导下，组织了高端研修，对近60位区内教师进行专题培训，在该领域开了教师培训的先河，通过"种子教师"的培训，取得了良好的效果。"种子教师"能在自己的岗位上践行国际理解教育精神，努力承担起培养更多优秀"种子教师"的责任心与担当力。

（三）基于学校的教材研发

在新时代，国际视野就是变革我们的世界观，前瞻教育未来的发展，如何把知识能力和态度价值观结合起来，形成素养，通过父母家庭教育、社区教育、学校教育以及同伴教育来探索未来教育，南小国际理解教育发展规划中，将国家战略、AI

时代、文明共生三个理念融入国际理解教育，衍生出全球化时代的学生、全球化时代的教师与全球化时代的教育，这就要求我们的国际理解教育"为未知而教，为未来而学"。

南小这所百年老校，作为全国国际象棋特色学校，其校训是"走好每一步"，教育理念是"走好每一步，成就每个人"，育人目标是培养"懂礼仪、乐学习、勤实践、有特长"的"其乐少年"。校园文化是物质文化与精神文化的结合，注重校园文化软实力建设，力争让学校的每堵墙壁、每个角落都能对学生进行教育，充分利用学校长廊、教学楼、宣传栏、楼道设计双语标识、世界地图、各洲风情等，通过这些文字、图画营造国际理解教育氛围，充分发挥黑板报、橱窗、广播、电子屏幕、电视报道和校园报刊的优势，每一个楼层上都贴满了各种各样由学生自己设计的小报，巧妙地渗透国际理解教育，让学生生活和学习浸润在国际理解教育环境中，潜移默化地影响学生，发挥学校隐性课程的教育作用。

（四）基于课程的教材研发

南小研发的《我与世界》教育读本将国家课程与国际理解的目标有机融合，选取国家课程自然、人文等相关元素，融合到国际理解课程中，并进行拓展延伸。与一般性利用拓展性课程、综合实践活动课程实施国际理解教育不同，该课程采用的是"学科渗透"模式，以国家课程为中心，让国际理解教育融入常态课堂，进行全员式、渗透型、系统化的浸润。

《我与世界》教育读本是以素养导向的国际理解教育，采用多元评价。其一，南小践行的是基于全球素养的丝路春雨课程体系；其二，南小实施的是基于素养导向的课程；其三，南小推进的是"三位一体"的评价体系。比如构建了"未来公民通行证"的学生评价体系、丝路春雨的学业评价，国际理解教材编写的教师评价和快乐考察日主题的课程评价。通过课程改进、教学跟进和评价推进，提升学生的核心素养，真正实现学校发展走远一步，教师发展走优一步，学生发展走强一步，办一所能走进学生生命的学校。

（五）基于国际理解教育的体系构建

南小的国际理解教育从学生发展、教师培养、课程建设和学校规划四个方面思考国际理解教育的体系构建。国际理解教育既要守住本土化、校本化，又要有世界眼光和全球视角，校本建设的切入点是培养快乐、幸福、健康的世界公民意识,归结点是人的素养如何提升,整合点是如何整体规划办学理念,重视点是环境的制造与提升,以及其潜移默化的影响,全面深化国际理解教育理念。

基于学科渗透的国际理解教育。从2013到2018学年,在国际理解教育之路上,南小一直沿着规划路线图持续深耕。2018学年开始,国际理解教育2.0版本正式启动,学校以国家课程校本化为主要途径,将国际理解教育的理念融合到多学科教学中,开展基于国家课程的学科渗透和学科拓展,紧扣国家课程,以此为核心进行学科渗透,推进国际理解教育的普惠化、常态化、序列化、系统化实施。《我与世界》学本教材从三个方面构建起课程体系。一、关于方法论:为什么要从学科渗透出发做国际理解教育。这关系到对课程形态的思考,对学科课程和活动课程的思考。学科教学是学校课程的主要实践形态,必然指向学科间的关系。二、学科与学科之间的连接、渗透。曾老师认为以人对世界的认知为视角,在各个学科间建立知识和意义连接,弥补学科教材不足,不会改变学科原有的教学性质,而是原有教学的营养液。学科目标还是那个目标,但是在目标与目标中间增加了"连接",指向知识、能力、文化、价值、思维方式,从而实现"教学"与"人的发展"的"连接"。三、以国际理解教育为连接,辅助实现国家课程实质细胞功能。《我与世界》学本内容分四大板块:自然地理世界、社会生活世界、文化艺术世界、历史文明世界,下设40个主题:自然地理世界分人种、时差、山川、河流、海峡、疆域、植物、动物、能源、灾害等;社会生活世界分战争、和平、教育、医学、礼仪、仪式、婚姻、姓名、货币、节日等;文化艺术世界包括建筑、园林、雕塑、名画、乐器、童谣、民歌、游戏、茶与咖啡、美食等;历史文明世界包括文字、哲学、发明、历史、神话、图腾、大脑、技术、娱乐、命运等。四、以学生视角实施学科渗透和整合。学科的属性不会改变,课时不会改变,实施方式更加关注学生经验。《我与世界》教材弥补国家教材内容的"空缺",更加关注儿童与世界的关联。

南小国际理解教育开展良好,得益于充分利用江干区的文化教育优势,开展多层次、宽领域、全方位的教育交流与合作,提升教育国际化水平,完善教育公共服务体系,回应城市化、国际化、现代化的"三化融合"战略实施,在后续的国际理解教育开展中更加可期。

四、反思

在研修活动开展的过程中,南小利用UMU等平台,记录与分享学员的评课、观点,并做了问卷调查。学员表示,通过研修学习拓宽了国际视野,看到了国际理解教育在课堂上的效果,了解了国际理解教育的核心与操作办法,线上线下的方式充分调动了学员的自主学习能动性等。调查显示全体学员对研修活动表示满意,其中"非常满意"达74%,说明研修的方式合理,研修的内容是恰当的。

图3-5 学员收获词频图

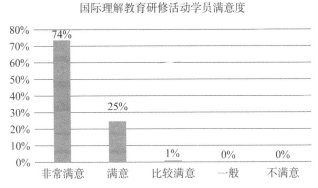

图3-6 国际理解教育研修活动学员满意度

在研修课程的实施过程中,南小也发现了一些不足之处:一是基于国际理解的学科渗透课例模型不够多,二是教师国际理解相关的课题研究比较少。在下一阶段的国际理解教育"种子教师"研修活动中,将着重引导教师自己开展课堂实践与课题研究,用自己的研究结果指导育人工作。

学校编　校内教师发展活动与机制

第四章 一个标准，二元并举，三层架构，四方协作：景芳中学教师专业发展探索

《中学教师专业标准（试行）》（2012年）（以下简称为《标准》）的出台，使中学教师的专业成长有了依据可循，是教师专业发展的机遇。《标准》给教师提出了更为明确、规范的专业要求，但也给学校的教师培养和管理提出了更高要求。不同年龄结构、教育经历、社会经验的教师群体存在角色认同、专业理念、专业能力等方面的显著差异，教师群体的同步发展难以在短时间内得以实现，且以培训为主导的教师专业发展方式已经不能适应新时代的教育需求。

为尽快使不同层次的教师成长为符合新时代专业发展标准的骨干力量，景芳中学研制了教师的"1·2·3·4自主成长方案"，即"一个标准，二元并举，三层架构，四方协作"的教师研修方案。"一个标准"是指《中学教师专业标准（试行）》（2012年）。依据该文件制定以"立德树人"为基本理念的教师发展套餐（学科研修菜单+班主任研修菜单）。"二元并举"是指理论与实践、必修与选修、自学与群学、长时与短时、学科培训与德育培训、自评与他评等二元方式的同步进行，发挥二元的互补性，促进教师专业发展的灵活性。"三层架构"是指从"5年—5至10年—10年以上"的教龄分层、"启航班—骨干训练营—引航班"的班型分层和"基础性—提升型—引领型"的业务分层三方面架构教师培养方案，形成立体化的教师专业发展模型。"四方协作"是指"学校、集团、区市、联盟"协同推动教师专业发展工作，从而为教师提供多方位、多角度、多形式、多层次的研修模式，提升研修成效。

第一节 一个标准，制定方案

《中学教师专业标准（试行）》（2012年）在全国范围内的实施，使教师专业发展有章可循。如今，《标准》已经实施10年有余，它不仅为教师个人的成长提供规范和参照，也为学校师资培养和管理提供蓝本和依据。然而，由于教师培训方式的

机械化、教师思维的定势化、对《标准》理解的片面化以及教师群体的差异性等问题，近年来学校开展的教师专业发展工作的成效甚微。教师队伍，尤其是青年教师队伍，存在诸如师德意识不强、责任心懈怠、专业知识和能力匮乏等问题。基于以上思考，景芳中学重新对《标准》进行了解读，并结合教师专业发展实践中的问题，改变传统的以培训为主的教师培养方式，充分发挥教师在专业成长中的主动性和参与性，制订了以"立德树人"为基本理念的教师研修方案。

一、解读标准，明确研修方向

（一）教师专业发展的新规范

《标准》包含"三大维度，十四个领域，六十三条基本要求"，要求教师以"立德树人"为基本理念，高举"学生为本"的育人思想，加强"终身学习"的意识。其中，"三大维度"包括专业理念与师德、专业知识、专业能力三个方面。"十四个领域"则涉及职业理解与认识、对学生的态度与行为、教育教学的态度与行为、个人修养与行为、教育知识、学科知识、学科教学知识、通识性知识、教学设计、教学实施、班级管理与教育活动、教育教学评价、沟通与合作、反思与发展十四个方面。

相较于传统的教师专业发展认知，《标准》不仅对教师的专业知识和专业能力等工具性发展提出了规范性要求，也对其专业理念与师德等价值性发展提出标准化方向。它向新时代中学教师提出了专业发展的全面化要求。值得注意的是，《标准》将"专业理念和师德"放在了首要发展位置，这是教师专业发展历程中具有里程碑意义的举措，反映了教师"育人"职能的地位提升，也强调了教育的人文性特点。

《标准》对中学教师提出了全面的发展要求。首先，教师应树立正确的专业理念，保持优良的品德修养，积极主动地进行自身的专业成长，履行好"育人"职能。孔子曰："不能正其身，如正人何？"教师不仅要有言教，更要身教示范，以身作则，用自己合乎道德规范的行为给学生作出榜样，对自己负责、对学生负责、对工作负责。其次，教师应保持学而不厌的精神，重视自身的学习修养，不断更新知识储备，树立终身学习的理念。最后，教师群体之间应建立共同体，加强沟通与合作，同时学会自我反思，与时俱进，不断提高自身能力。这些新要求迫切需要改变现行教师培养策略，丰富教师专业发展的活动形式，培养新时代的优秀教师。

(二) 学校关于教师培养与管理的新方向

《标准》不仅对教师的发展提出规范化要求,也为学校的教师培养与管理工作提供了指引和导向。在《标准》的"三大维度"中,"专业理念与师德"作为第一维度,被放置于最重要的位置,这就要求学校关于教师的管理和培养工作要把握准确方向,将专业理念与师德的培养和评价放在首要位置。同时,关于教师的专业知识、专业能力的培养也应该以"专业理念与师德"为基础,促进教师"教书"和"育人"职能的平衡。然而,纵观以往的教师培训和管理,教师的专业知识和能力时常被放在教师专业发展的第一位,教师的专业理念和师德则较少受到关注,教师培训往往以一种被动的灌输形式存在,教师的人文性与价值性时常被评价制度所忽略。《标准》的实施丰富了教师发展和评价的内容,由最初的知识和能力发展,到如今的知识理念、师德、专业知识、专业能力的协同发展;也拓展了教师培养方式,开拓出多种多样的教师专业发展活动。更重要的是,《标准》转变了学校的教师培养与管理的工作方向,改变了教师在专业发展过程中的角色,使教师成为充满主动性、价值性、人文性的专业发展的掌控者。

表 4-1 基于《标准》的创新性研修方向

维度	特点	传统培训活动	创新性培训研究方向
专业理念与师德	由于教育理念与师德属于价值性发展,较难运用培训活动的方式呈现,且无法采用量化绩效等手段进行记录,不易付诸评价和考核,易被忽视。	师德演讲、优秀教师事迹学习,写师德反思报告。	定期进行教师自我形象塑造和师德自我剖析活动,并以学生调查活动为教师自身职业形象反思的参照物。
专业知识	知识性强,结构清晰,一般以文本形式存在,易于记录,易于开展讲座、演讲等活动;具有一定标准性、逻辑性,可以采用量化分数进行评价,评价和考核较为容易,易作为考核重点。	定期进行专业知识考核,尤其是对青年教师的专业知识考核,并为青年教师推荐并发放相应知识模块的资料,相应跟踪性培训考核活动非常少,主要靠教师自觉学习。	帮助教师(尤其是青年教师)制订相应知识模块学习计划,并进行相应测评,把专业知识培训纳入学校培训工作,使青年教师获得扎实专业知识,也帮助资深教师不断更新专业知识。
专业能力	实践性强,容易开展各类活动;可以采用量化成绩、绩效等考核方式进行评价。	学校组织丰富多彩的评课、磨课、同课异构、赛课活动,让教师在实践中成长。各项业绩考核促使教师自觉提升自己的专业能力。	改变以往重教学轻德育的培训方式,将教师的"教书"和"育人"职能放在同等重要的培养位置,并策划相应的活动。

二、分析现状,制定研修流程

(一) 青年教师的成长状况

景芳中学青年教师占全校教师的35%,青年教师的成长状况直接影响学校教育质量。根据近年来的统计和观察,景芳中学青年教师成长状况参差不齐,如表4-2所示。

表4-2 青年教师的成长状况

类型	所占比例	具体情形
成功进取型	25%	方向性强,工作动力足,教育教学能力适应性很强,能够很快成为教育教学的骨干力量。
努力迷茫型	35%	工作努力,但在教育教学中遇到较大阻力,对自己职业成长方向把握不准。
任务驱动型	30%	工作任务基本能完成,但缺乏干劲和热情,需要学校布置教育教学任务来推动其发展。
懈怠后进型	10%	面对学校教育教学工作有不适应感,遇到工作问题时,不积极寻求解决问题的方法,态度比较消极。

(二) 教师的职业倦怠感

教师职业倦怠感主要来自社会外部和教育内部的两方面因素。社会外部因素主要包括两方面。一是社会期望不合理。教师常被作为一项崇高职业被赋予高度的社会期望,教师被设定为"灵魂工程师""托着太阳升起的人""春蚕""蜡烛"等神圣无私的角色,这些是社会期望,同样也是教师职业要承担的社会压力。二是社会地位与待遇的不匹配。尊师重道是中华民族传统美德,教师作为一种受人尊敬的职业,拥有较高的社会地位,但教师也往往有着与地位不匹配的待遇,"清贫"似乎成为教师职业待遇的代名词。关于社会期望、社会地位和社会待遇的状况往往引发教师的生存焦虑,从而产生职业倦怠。教育内部因素也表现为两种情况。一种情况是教师安于现状。部分教师认为自己从教多年,已经具备充分的教学经验和基础,只要保证工作不出差错,按时完成分内的工作任务即可,故对教学研究的热情不足,对自身发展没有更高的期望。另一种情况是教师力不从心。随着社会的高速发展,社会成员对教育的需要从"好上学"转向"上好学",即从对教育机会的需求转变为对优质教育资源的需求。教育需求的转向直接加剧了教育的竞争,使教育呈现出一种"快餐化"节奏。"快教育"带来的知识、技能、技术的高速化更新,给中老年教师提出极大挑战,特别是现代多媒体信息技术的更新速度,让年龄结构偏大的教师感觉力不从心,故倦怠由心而生。

(三) 景芳中学的研修流程

根据《标准》对中学教师不同发展维度的规定,结合景芳中学不同年龄结构教师的发展现状,景芳中学重新设计了教师培养与管理的工作流程(如图4-1),力求构建一个创新、系统的教师研修系统。

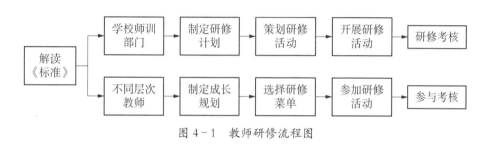

图4-1 教师研修流程图

三、精准定位,确定研修方案

基于对《标准》和教师成长现状的分析,学校对教师的培养应该重新定位,不能只停留在提高教师业务水平层面,还要从对教师的职业认识、职业尊严等出发,通过"一个标准,二元并举,三层架构,四方协作"的方针重新制定学校教师培养的策略。

(一) 研发教师研修套餐

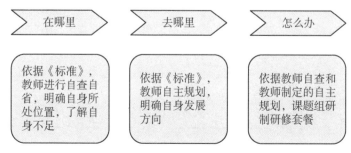

图4-2 教师研修套餐流程图

(1)在哪里:教师要对《标准》进行进一步解读和学习,并对照自身行为,开展自查活动,明确自己所处的位置,了解自己的优势与不足。

(2)去哪里:教师要结合自身的专业认知、知识储备和能力基础,明确自身发展的方向,进行适当的自我规划。

(3)怎么办:结合教师的发展现状和自主规划,为教师研制适宜的研修套餐。

表4-3 教师自查表

维度	领域	达到标准要求内容	未达到标准要求内容
专业理念与师德	(一)职业理解与认识		
	(二)对学生的态度与行为		
	(三)教育教学的态度与行为		
	(四)个人修养与行为		
专业知识	(五)教育知识		
	(六)学科知识		
	(七)学科教学知识		
	(八)通识性知识		
专业能力	(九)教学设计		
	(十)教学实施		
	(十一)班级管理与教育活动		
	(十二)教育教学评价		
	(十三)沟通与合作		
	(十四)反思与发展		

表4-4 教师学期成长规划表

姓名		教龄		职称	
任教学科		任教年级		是否为班主任	
自我评价	专业发展优势:				
	专业发展不足:				
发展目标					

第四章 一个标准,二元并举,三层架构,四方协作:景芳中学教师专业发展探索

表 4-5 某班主任的成长规划(三年)

	第一季 自省	第二季 自修	第三季 自研	第四季 自强
第一年 扬帆起航	"优势"普查 "问题"普查	"优势"整合 "问题"整合	设计研修方式 设计解决问题	形成自助菜单
第二年 乘风破浪	自主研修 助人自助 自助研修 交流提高	修进自助菜单	修进自助菜单	完善自助菜单
第三年 彼岸花香	构建班主任培训资料库 构建个案研究库	推广运用 形成校本案例集 形成校本研修课程	形成校本案例集 形成校本研修课程	提高班主任工作室成效 提高班主任研究力和执行力

(二) 设计教师研修体系

学校在《标准》的基础上,按照专业理念与师德、专业知识和专业能力三个维度确定教师研修目标,并结合学校教师培养和管理的需求及现状,将研修内容划分为三阶段,设计出教师研修体系,如图 4-3 所示。

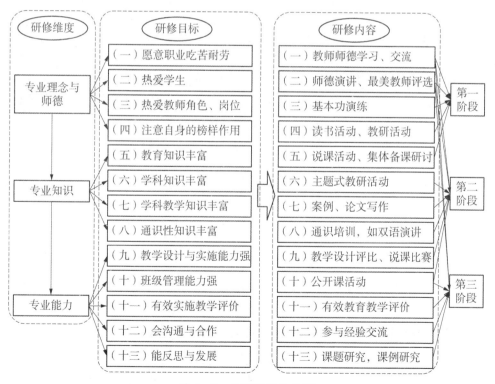

图 4-3 教师研修体系图

(三) 制作研修套餐

学校依据《标准》给出的具体规范,按照设定的研修目标和研修内容,把握教师专业发展的创新思路,同时结合学校教师专业发展现状,制定了详细的学校"教师发展套餐"。学校通过"三个轮回,九年新教师系列研修",重点建设每位教师的成长根基——师德师风,同时从"教学能力和教育能力"两个侧重点培养教师的教育实践能力。

根据教师专业发展的阶段性特点和规律,学校"教师发展套餐"分为三大阶段:第一阶段为见习和模仿,主要发挥优秀教师的榜样力量;第二阶段为体验和感悟,主要发挥教师的参与性;第三阶段为反思和批判,主要发挥教师的主动性。

为了提高教师的积极性和参与度,景芳中学设置了丰富多彩的研修活动,演讲、讲座、观影、评课、茶话会、读书会、友谊赛、主题教研、称号评选等活动形式都成为促进教师专业发展的方式。因为大部分教师在面对新奇的活动类型时,会投入更高的热情和兴趣。作业形式也由原来的心得体会转变为发言、公开课、论文、读后感、观后感、教案、访问录等多种形式。同时,为了使教师研修活动发挥潜移默化的作用,学校对教师发展套餐进行了科学规划,将各项活动散落于教师成长的不同时期,让研修伴随教师经历进行,同时采用自学和群学相结合的方式,避免教师的倦怠和抵触,争取在不加重教师负担的情况下,开展教师研修活动。

考虑到教师的身份和工作任务的差异(任课教师和班主任的区别),景芳中学在制定"教师发展套餐"时运用了两条线索,即研制了"学科研修菜单"和"班主任研修菜单"两套教师专业发展方案,以确保教师专业发展的灵活性、针对性。这种设计方式不仅促进了全体教师的专业成长,也提高了班主任教师的班级管理能力,使教师能够挑选适合自身特点的研修套餐。

表 4-6 学科研修菜单

阶段	研修项目	时长	地点	组织部门	研修作业	学习方式
第一阶段 见习 模仿	观看最美教师视频	短时	校内	备课组	观后感	自学
	师徒结对、交流	长时	校内	教学部门	备课、批作业、讲课	群学
	师德演讲	短时	校内	德育部门	演讲稿	自学
	基本功演练	长时	校内外	教学部门	基本功练习	自学
	观课 20 节	长时	校内外	教学部门	观课后记	自学

续表

阶段	研修项目	时长	地点	组织部门	研修作业	学习方式
第二阶段 体验感悟	访问最美教师	短时	校内	教学部门	访问录	自学
	参与赛课两次	短时	校内	教学部门	教案及反思	群学
	读书活动,讲坛交流	短时	校内	教研组	读书心得、交流发言	群学
	集体备课、研讨	长时	校内外	教研组	备课过程记录	群学
	论文案例写作	长时	校内	教科室	一篇论文和案例/学期	自学
	观课20节	长时	校内外	教学部门	观课后记	自学
	师德发展	短时	校内外	德育部门	培训感悟	群学
第三阶段 反思批判	组织集体研讨活动	长时	校内外	教研组	研讨心得	群学
	百师讲坛,交流经验	短时	校内外	教科室	发言	群学
	晒课、评课	短时	校内外	教学部门	一次公开课/学期	群学
	课题研究,论文写作	长时	校内外	教科室	论文、案例、课题	自学
	观课15节	长时	校内外	教学部门	观课后记	自学
	师德培训	短时	校内外	德育部门	培训感悟	群学

表4-7 班主任研修菜单

解决的问题	研修内容	研修方式	主讲(设计人)	研修地点	作业内容
论文拟题、写作角度、德育论文的选材	德育论文写作	讲座	董	实验楼302	一个案例或者论文写作/学期
班级环境布置理念、意图、选材、形式	班级环境布置	情境式观摩	王	205教室	修改各班级布置
班会活动设计理念、设计原则、实践过程	团体活动设计	公开课观摩	王	104教室	年级集体备课,设计年级团体活动
家访时如何尽快取得家长信任;如何委婉地了解家庭教育情况	家校沟通策略	微电影	万	实验楼302	至少一个家访实践活动(允许电访)
如何培养班委干部;如何提高班委能力	培养班委干部	方案交流	朱	实验楼302	本班班委队伍建设
如何做好环境卫生;如何进行班风、班貌建设	通过改善班级环境、卫生来进行班风建设	实地参观经验交流会	汪	204教室 实验楼302	班风建设方案,参加网上评比

续表

解决的问题	研修内容	研修方式	主讲（设计人）	研修地点	作业内容
如何建立良好师生关系；班主任如何帮助学生和任课教师建立良好关系	如何建立良好的师生关系	案例分享	黄	实验楼302	应用于日常教学实践
如何有效进行常规管理	常规内容，管理方法	讲座	黄	实验楼302	力争常规管理不扣分
如何制定班级竞争制度	班级竞争制度的制定	方案讲评	周	实验楼302	班委竞争制度设计，上交评比
青春期学生的特征及沟通策略	青春期学生的特征	讲座	陈	实验楼302	一堂青春期心理健康教育课
怎样开好家长会	家长会有效性探究	经验交流会	茅、朱、张	实验楼302	家长会方案设计

第二节 二元并举，减负提质

《道德经》有言，"万物负阴而抱阳，冲气以为和。"一可生二，二可归一，二元事物的合体往往能够产生意想不到的效果。理论与实践、必修与选修、自学与群学、长时与短时、学科培训与德育培训、自评与他评等作为学校教师培养与管理过程中几对重要的二元关系，在实现并举时，也会对教师的整体成长产生巨大影响。"二元并举"，不仅能使教师专业发展的方式之间形成互补，也能提高教师研修活动的灵活性，减轻教师的学习负担，提高参与度和成长质量，进而促进学校教师群体的整体发展。

一、理论与实践结合：双轨并进，凸显时效

教师的成长离不开理论知识的指导与引领，故理论知识的学习和更新是教师专业发展的重要内容。当然，这些知识理念并非单纯指向学科知识，也指向各种教育理念、教育技术、教学方法和原则等。同时，理论与实践又是紧密联系在一起的，教师需要在实践中体悟、运用理论，将其转化成能力、技能，并学会在实践中提

炼理论、凝聚经验。理论和实践是教师走向专业和成熟的必要因素,二者相辅相成,统一于教师专业发展的过程。

(一) 创新理论学习形式

提及理论知识研修,大多数教师会立刻联想到讲座、讲坛等活动。然而,这些机械化的培训活动由于主动性和参与感的缺失,易使教师产生厌倦感、抵触感,从而导致培训成效较低。为此,景芳中学着重改变理论知识的学习形式,活动方式从注重培训转变为注重研修,即提高教师的积极性、主动性和参与度。学校突出理论研修活动的多样性、趣味性,开展读书沙龙、主题辩论、习明纳式研讨、演讲活动、视频观摩、主题竞赛等多类型活动。同时,将理论研修渗透进实践活动,如在集体备课、集体研讨中渗透理论研修,让理论知识成为实践源头,真正在教师的专业成长中发挥作用。

(二) 建构教师实践序列

课堂是教师实践的主阵地,但课堂实践需要依靠课外的各种实践活动提供条件和前提,如师生沟通实践、家校联系实践等。教师的知识储备、个人能力、工作价值都要在教育实践中得到证实。学校围绕教师的实践类型,建构了课堂实践序列和管理实践序列。在课堂实践中,学校按照教师教龄结构,划分为三个序列。第一序列主要针对教龄在5年内的教师,学校规划了"自主备课—小组磨课—自主研课—小组论课—自主赛课—小组评课"的基础式实践研修。新进教师每学期将经历一次完整的线性课堂实践练习,使其能够快速胜任教学工作,并提高自身实践能力。第二序列主要针对教龄为5—10年的教师,他们已经初步形成了自己的教学风格,为进一步激励其实践能力及从实践中汲取理论经验的能力,学校采取了集团、区市、联盟的"公开课—教学竞赛—讲座"的骨干式实践研修。这类教师能够在各种校外课堂实践中发现自身的优势和不足,汲取别人的经验和智慧,从而促进自身专业成长。第三序列则针对教龄在10年以上的教师,学校策划了"讲座—研讨会—演讲"的名师式实践研修。学校注重这类教师的经验提取和理论转化能力,主要帮助这类教师成长为具有自己独特教学模式、教学方法和教学理论的名师及学科带头人,使其在学校、集团、区市乃至全国发挥引领作用。在管理实践中,学校主要结合班主任研修菜单,设计了"学生—家长—教师"的三维关系实践序列,以此训练教师处理三者关系的能力。

二、必修与选修结合：双重选择，凸显差异

正如学生课程有基本课程与拓展课程之分,教师发展套餐分为必选项目和选修项目。为了减少研修活动给教师带来的学习和工作负担,同时避免教师研修流于形式,学校提升了教师研修活动的灵活度,设置了必修和选修双重选择。必修和选修项目的设置,不仅缓解了教师工作与成长间的冲突,也凸显了教师间的差异,促进教师特色化发展。

（一）项目必修，活动选修

师德发展、教师角色认知、职业理念、专业知识等属于必修项目,但学校在这些必修项目里也设计了选修活动。例如,师德发展属于必修项目,在师德项目下包含演讲、观影、交流会等多个子活动,教师可以选择自己感兴趣的活动；同时,活动的时间安排也具有可选择性,每周五、月初、学期期末都有一系列的师德研修活动。教师可以结合活动内容和时间安排,任意参加其中两项活动。这种安排方式不仅提高了教师专业发展的成效,也增加了教师的参与度和积极性。

（二）落后必修，先进选修

这种教师研修方案建立在一定评价基础之上,即在确定必修和选修之前,学校需要对教师的专业知识和能力进行综合考评。如果某位学科教师所教班级连续且普遍处于落后状态,且在综合考评中该教师的教学设计、教学方法等存在明显不足,他就需要进行某些教学项目的必修,如进行每周观课、写观课心得、做研修教学设计等。此类型的研修活动一直到教师所带的班级达到年级平均水平或者赶超其他班级为止。倘若某教师在各级各类考核中表现出色,所带班级名列前茅,便可以选修观课、读书会、研讨会等活动。

三、自学与群学结合：双层学习，凸显特色

学习需要独立思考和钻研,也需要相互启发和碰撞。正如学生学习讲究自主探究与合作探究并行,教师研修也需要自主学习与合作探究两种模式共存。为了更为有效地促进教师专业成长,学校对教师的培养设置了自学和群学两种学习方式。

（一）自学成常态

教师的自主学习是提升教师专业素养的重要手段。倘若教师能够将教师专业发展融入自己的工作和生活，把学习当成一种习惯，让自学成为教师的生活常态，教师的专业成长便会事半功倍。学校教师的自学活动一般包括读书活动、观课活动、论文案例写作、教学设计等。读书活动一般由学校制定书目，教师自主阅读，并写读书笔记，进行定期交流；观课活动贯穿始终，通常来说，每位教师的观课量每学期不少于20节；论文案例写作基本保持每学期一篇。在景芳中学，5年内新教师们往往都是研修加倍的任务，比如他们的观课量平均达到每人30节以上，读书笔记平均每人2000字以上，个别教师的论文案例多至4篇，并在区、市、省内多次获奖。

（二）群学成特色

景芳中学的群学模式独具特色，课例研究、读书沙龙、教学比赛、教研组研讨活动等都是群学模式的典型体现。跨学科赛课活动是景芳中学经典、有效的群学活动形式。教师们先在组内进行赛课，然后推出最优教师参与校级赛课，由学科带头人、骨干教师担任评委，对每一堂课进行点评。其中，跨学科主要表现为参与赛课活动的教师来自不同的学科，从而促成学科教学之间的相互借鉴。赛课活动不仅需要教师进行备课、磨课、研课，也要观察其他学科的教学设计、组织形式和教学方法，开阔眼界，改换视角，从跨学科中找到突破。学科带头人、骨干教师在评审过程中也可以发挥指导、引领作用，从而将群学效果最大化。群学最突出的特点是教师群体可以形成研修共同体，教师之间可以互相启发、互相帮助、互相支持、共同进步。

四、长时研修与短时研修结合：点面互补，凸显需求

教师专业成长非一日之功，需要经历一个漫长的过程。不同阶段、不同年龄、不同层次的教师需要不同时间长度的研修活动来提高自身专业素养。同时，由于教师的教学任务较为繁重，且教师们通常都承担着繁多的日常事务，教师培养工作的时间安排是一个难题。此外，不同的研修任务所需时间也有所不同。为了满足不同情况的教师需求，适应研修任务的特性，且保证研修时间与日常工作

的协调,学校采取长时研修与短时研修相结合的方式,确保教师培养工作的灵活调度。

(一) 长时研修梯级推进

长时型的研修活动需要按阶段、逐步推进,需要教师一步一个脚印,扎扎实实地把研修内容落实到位。例如,在班主任专业发展层面,长时型研修需要按照"自省、自修、自研、自强"阶梯推进,每学年经历一个轮回;在学科教师专业发展层面,长时型研修被分为三个阶段(每阶段历时一年):第一个阶段是"见习模仿"期,第二个阶段是"体验感悟"期,第三个阶段是"反思批判"期。如果认真按照菜单参加研修,三年完全可以成长为学校的骨干力量。一般新教师由于经验匮乏、视野狭隘,在日常教学管理中,难免会遇到很多问题,尤其在班级管理、师生沟通方面,故要通过长时研修提高教学基础。

(二) 短时研修聚焦问题

"不积跬步,无以至千里;不积小流,无以成江海。"除了长时推进,教师专业成长的过程同样需要细小时间的汇聚。短时研修活动的辅助可以从某种程度上加速教师专业素养的内化和吸收。在日常教学管理中,教师总是会遇到一些难题,如师生沟通不畅、家长无理取闹、班级扣分、班委成群辞职等,这些聚焦化、技巧化的问题并不需要长时间的钻研,可能同事间的短暂经验交流就能够使其得到解决。为此,学校专门收集教师所遇到的普遍性问题,根据问题开设短时研修活动。这不仅提高了教师解决问题的效率,同时减少了教师的研修压力。短时研修方式尤其适合班主任的专业发展,可以帮助班主任快速成长,处理好班级管理事务。

五、学科研修与德育研修结合:双标并举,凸显理念

学科素养和道德修养是教师专业发展的两大组成部分。但在长期的教师专业发展工作中,师德板块被学科板块远远甩在身后,以至于许多人过于重视教师的学科性发展,而忽略教师的道德发展。近年来,师德问题逐渐被重视,成为超越专业知识与专业能力的根本维度。然而,由于传统师德培训的操作性较差,培训形式较为局限,为了促进教师的全面发展,景芳中学将学科研修与德育研修进行了结合,二者相互渗透,你中有我,我中有你,共同推动教师专业成长。

（一）学科研修渗透道德内容

所谓"学科研修渗透道德内容"，即在进行学科知识和能力研修活动的时候，将道德内容作为素材编入活动，使教师达成学科发展目标的同时，也产生潜移默化的道德教育。为实现这种渗透效果，景芳中学设计了以"立德树人"为主题的教学比赛，即要求各学科教师通过自身学科内容传递德育知识或理念。不同学科对道德内容的融入程度也各不相同，如音乐教师可以运用歌曲传递师德意识，数学教师可以将师德内容编入应用题，语文教师可以借助阅读理解表现师德主题等等。

（二）德育研修渗透学科技能

谈及道德教育，大部分人会联想到道德说教的枯燥，教师甚至认为师德教育的无趣是高于专业知识学习的。其实不然，道德教育是否具有趣味性实际上取决于德育形式是否有趣，吸引眼球的形式势必会产生出乎意料的效果。为使教师在参与德育研修时保持高涨的热情，学校将不同学科的专业技能渗透到德育研修中，拓展了德育研修的形式，使其从单一的说教形式转变为歌曲、作文、英文情景剧、绘画等多形式协作并进。丰富多彩的德育研修活动在一定程度上也发展了景芳中学"一专多能"的教师培养理念，促进教师成长的全面化。

六、自评与他评结合：双向评价，凸显提升

自评和他评是两种常见的教育评价方式，可以应用于学生成长评价，也可以应用于教师成长评价。景芳中学就采用自评和他评相结合的教师研修考核方式，从网络研修、校本研修和教育科研三个维度开展评价考核工作。教师自评主要是教师自己按照道德、理念、知识、能力四方面进行赋分，它可以使教师保持良好的自我认知水平和反思习惯，是促进教师自我成长的重要途径。他评主要由校方承担，根据学校的教师研修考核制度进行量化赋分，对教师的周期性成长进行评价反馈。学校的教师研修考核制度如下。

景芳中学教师研修考核制度

景芳中学教师研修考核制度以学年为周期，从教师道德、专业理念、专业知识和专业技能四大评价维度出发，按照研修方式将研修考核划分为网络研修、校本

研修和自我研修三大板块。本考核共计100分。其中,网络研修部分为40分,校本研修部分为40分,自我研修部分为20分,每个评价维度各占25分,各部分分数权重如表4-8所示。总成绩计算公式:自评成绩的40%+他评成绩的60%=教师本学年的最终研修成绩(额外加分项直接算入本成绩)。其中,72分为合格线,研修分为在72—79分区间内为一般,80—85分区间内为良好,86分及以上为优秀。

表4-8 景芳中学教师研修考核分数权重表

方面	网络研修	校本研修	自我研修	合计
教师道德	10	12	3	25
专业理念	12	10	3	25
专业知识	10	6	9	25
专业能力	8	12	5	25
合计	40	40	20	100

一、网络研修(40分)

1. 全体教师必须按照学校要求进行网络选课,网络研修课程上限为40分,每研修一节网络研修课1分,高于40分的研修成绩以40分计算;

2. 网络研修分为必修课程和选修课程,必修课程(教师道德课占25%、专业理念课占30%、专业知识课占25%、专业能力课占20%)共计25个课时,25分;选修课最高可达15分,不得低于8分;

3. 每个维度的网络研修课程有最高分数限制,教师道德最高10分,专业理念最高12分,专业知识最高10分,专业能力最高8分,超过部分不计入成绩;

4. 网络研修项目中修课达到40分以上(不包括40分)的教师,且每个维度分数均超过本部分分数限定,可在最终考核成绩中加0.5分;

5. 新入职教师必须参加新教师见习期网络研修课程,为必修课,不计入考核成绩;

6. 所有网络研修课程,一经选上,必须完成,若未在规定时间内完成,年度绩效考核奖扣5%,本年度研修考核为不合格。

二、校本研修(40分)

1. 校本研修以活动为主,全体教师必须按照学校要求参与校本研修活动,研

修活动上限为 40 分,每参加一次校本研修得 1 分,高于 40 分的研修成绩以 40 分计算;

2. 校本研修活动分为全体教师型和部分教师型,全体教师型活动(教师道德活动占 30%、专业理念活动占 25%、专业知识活动占 15%、专业能力活动占 30%)与必修课程类似,为指定性活动,所有教师均需参加,共计 25 次,25 分;部分教师型活动类似于选修课程,可有选择地参加,最高可达 15 分,不得低于 8 分;

3. 每个维度的校本研修活动有最高分数限制,教师道德最高 12 分,专业理念最高 10 分,专业知识最高 6 分,专业能力最高 12 分,超过部分不计入成绩;

4. 在校本研修项目中参加活动次数达到 40 次以上(不包括 40 次)的教师,且各维度分数均超过本部分分数限定,可在最终考核成绩中加 0.5 分。

三、自主研修(20 分)

1. 撰写教育教学反思或教育故事随笔,每学期完成一篇 1 分;(专业理念/专业知识)

2. 积极撰写论文(课题)得 1 学分;科研成果获奖或发表,校级获奖得 1 分,区级以上获奖一篇 3 分,市级及以上获奖 5 分,同一篇论文不重复计入;(专业知识/专业能力)

3. 承担一次校级及以上专题内容主讲(专题报告、大会发言)1 分;(专业理念/专业知识)

4. 阅读专业书籍并撰写读书笔记和体会得 1 分;(专业知识)

5. 策划一次教师道德研修活动得 2 分;(教师道德)

6. 积极承担各类课堂教学研究展示课,校级每次 1 分,校际联盟 2 分,区级 3 分,市级及以上公开课得 5 分;(专业能力)

7. 形式教师共同体,举办教学研讨活动,共同体内教师每人 1 分,带头人 2 分;(专业理念/专业能力)

8. 其他与四个维度相关的活动、奖励,每次 1 分;

9. 每个维度的校本研修活动有最高分数限制,教师道德最高 3 分,专业理念最高 3 分,专业知识最高 9 分,专业能力最高 5 分,超过部分不计入成绩;

10. 若教师在自主研修项目中达到 20 分以上(不包括 20 分),且各维度分数均超过本部分分数限定,可在最终考核成绩中加 0.5 分。

表 4-9 教师评价表

姓名		学科		职称	
	网络研修		校本研修		自我研修	
	他评	他评	他评	自评
教师道德				
专业理念				
专业知识				
专业能力				
合计				
总分	自评		他评	
学年研修考核意见	本学年研修得分_____ 负责领导签字_____ 学校盖章 年 月 日			

第三节 三层架构，循序渐进

"三层架构"实际上表征了学校教师专业发展的三层策略，即"5 年—5 至 10 年—10 年以上"的教龄分层策略、"启航班—骨干训练营—引航班"的班型分层策略和"基础性（新教师）—提升型（骨干教师）—引领型（名师）"的业务分层策略。由于每层策略内部又被划分三个层次，如此便形成了立体化的"三层架构"模型。这种架构模式符合教师的阶段性发展规律，能够较好地对景芳中学教师进行"全职业生涯指导"，以满足教师在不同阶段的成长需要，循序渐进地促进教师的个性化、特色化发展。

一、面向全体，分层实施

景芳中学关于教师专业发展的探索以"校本研修"为抓手，以教龄、业务为分层依据，以强项、弱势切入点，通过"校本研修—团队研修—专家引领—同伴互助—课题引领—自我修炼—外出学习"的路径，引领与推动教师分层研修活动。学校根据教龄将教师分为三类，即 5 年内新教师、5—10 年青年教师和 10 年以上教师。除全体教师通识性研修项目之外,以上三类教师分别进入不同的研修班型,分别为新教师进入"启航班",青年教师进入"骨干训练营",10年以上教师进入"引航班"。其中,通识性研修项目通常以外聘专家讲座形式为主;"启航班"主要采用校内师徒结对、读书沙龙等研修模式,每月由校内导师进行指导;"骨干训练营"则以分学科聘请特级教师和教研员进课堂的形式,对教师进行教学指导和课题指导;"引航班"主要通过参加区内、集团、市内的各项名师培养活动,如"新锐培养工程""集团培养工程""精锐培养工程"等,促进名师内部的经验交流与学习。考虑到教师业务水平与教龄之间为相关关系,可能存在不匹配现象,景芳中学按照教师的业务水平将教师分为基础型、提升型和引领型三类。学校分析教龄分层和业务分层的相关性发现,5年内新教师和基础型教师队伍基本保持一致,5—10年青年教师则可能表现出超前发展的业务水平,而10年以上教师也会存在业务水平落后的情况。

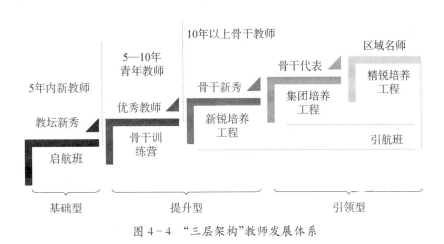

图4-4 "三层架构"教师发展体系

二、分层培养,建好三支队伍

学校在"三层架构"教师发展体系的基础上,推动"青蓝工程—新锐工程—名师工程"建设,抓好新教师、骨干教师、名师三支队伍,推动教师队伍协同发展。

(一) 抓新教师队伍,加速新教师的成熟

近年来,学校5年内新教师所占比例不断增大。为了让他们尽快适应教师工作岗位,承担起教育教学的重任,学校对新教师的业务水平进行了多模式培养。

景芳中学不仅有"启航班""景新杯"等形式多样的研修项目,还运用"青蓝结对"建立师徒关系,帮助新教师成长。师徒结对后,学校将举行"拜师结对"仪式,签订师徒责任书。校内导师将参与新教师的备课,且每周都要对新教师进行听课、评课,并给予指导。此外,学校也会举办"新教师成长沙龙""新教师读书分享会"、课例分析评比、新教师汇报课等基本功比赛,以促进新教师基本业务水平的发展。师徒结对、骨干指导、同伴互助、课例研修、跟岗锻炼等多种形式实现了教师个性化学习和交互式学习,极大地缩短了新教师成长的准备期和适应期。如今,新教师不管在学科教学方面,还是班主任工作方面,都能以较为从容的表现应对,个别教师甚至表现出超预期的业务能力。

图4-5 师徒结对

图4-6 新教师汇报课

(二) 抓骨干教师队伍,发掘骨干教师的无限可能

中青年骨干教师是学校教育教学工作的中坚力量,也是推动学校教育改革的主力军。学校对骨干教师采取压力式发展模式,即让其参加区和市级的各级优质课评比和竞赛活动、"景兰杯"骨干教师系列活动、凯旋教育集团的"凯旋杯"课堂展示节及课堂与教学研讨活动等。这些研修活动的重要程度、难度、强度都是顶级的,但为他们提供了充实自我、完善自我的机会。骨干教师们通过赛课,化压力为动力,充分展现自我,不断提高自身专业水平,为学校的长远发展注入活力。同时,学校组织"一课一名师,一师一优课"活动,鼓励骨干教师将优质课晒到网络评比平台上,既促进了骨干教师的成长,又对其他教师起示范作用。此外,景芳中学努力发展骨干教师的主动性,要求他们担任教研活动的主角,每学期开设一堂教研课,组织集体备课、说课、议课、上课、听课、评课。景芳中学还将"三层架构"的

思想渗透进具体的教师指导工作,对于不同类型的骨干教师,提出不同的要求。对于理论型的骨干教师,学校侧重指导其进行实践学习,将所学理论用于实践教学和管理;对于经验型的骨干教师,学校侧重引导其加强理论学习,用科学、先进的教育理论武装自己;对于对创造型的教师,学校则提出更高的要求,不仅让其向名优教师迈进,更要创造无限可能。

图4-7 "凯旋杯"课堂展示节

图4-8 课堂研讨活动

(三) 抓名师队伍,实现名师的自我超越

名师队伍已经积累了丰富的教育教学经验,且具备较高的教学和教研水平。学校对名师的培养以专题研修为主,侧重于加强其对先进教育思想和现代化教育理念的把握。通常根据每位教师特长和专业发展方向,确定研究专题,制定研究方案,开展深入持久的教育研究。同时,为了使名师收获多角度、多形式、多层次的经验与能力,景芳中学还派他们到上海、重庆、安徽等地学校参观学习、观摩交流、开阔眼界、增长才干、激发创造热情。例如,景芳中学高建锋、吴洁慧两位老师就曾外出交流,跟随浙江省特级教师易良斌老师学习。学校让名师担任青年教师研修班的主讲教师和新教师队伍的导师,开设示范课或专题讲座,以及参加"景竹杯"系列活动,充分发挥他们的引领作用。学校还充分利用校内名师资源,深入教研组、年级组,为各组把脉,寻求提升策略。为进一步带动校内、集团内、区域内教师的业务水平的发展,学校推动了以姜建平和冯辉两位名师为带头人的"名师工作室"项目,让其对本校教师进行全方位的指导。除此之外,名师队伍还经常参加"送教下乡"活动,推广景芳中学优秀的教育教学经验。这一系列活动也促使名师不断挑战自我、超越自我,向教育实践与理论研究紧密结合的专家型教师发展。

图4-9 名师团队赴安吉学习交流

图4-10 名师冯辉参加"送教下乡"

三、搭建平台,注重衔接

"三层架构"也体现在景芳中学对于教师专业发展平台的搭建上。为使教师在专业成长的道路上少走弯路、避免出现发展断层,学校根据教师成长的规律,搭建了融合校内外资源的三大平台,分别为"三杯"评比平台、网络交流平台和心理辅导平台。三大平台相互衔接,促进教师健康、全面地成长。

(一) 完善"三杯"评比平台,坚持校本特色

"三杯"评比项目是景芳中学一直以来的校本特色活动。所谓"三杯",主要指"景新杯""景兰杯"和"景竹杯"三项评比,它们分别面向不同层次的教师,即"景新杯"面向5年以内的新教师,"景兰杯"面向5—20年的青年骨干教师,"景竹杯"则面向45岁以上的老教师。事实上,较之以前,现在的"三杯"评比产生了巨大改变,内容更加充实、完善,涉及范围更为广泛。以前的"三杯"评比作为一种教师技能的培养方式,活动形式主要局限于评课、赛课;现在的"三杯"评比作为学校特有的教师研修平台,活动内容甚多,不仅有教学设计比赛、基本功比赛,还有成长规划、课题论文研讨、案例分析、经验讲座等。如今,"三杯"评比已经是学校必不可少的校本研修平台,是促进学校教师的业务能力发展的良好凭借。

第四章 一个标准,二元并举,三层架构,四方协作:景芳中学教师专业发展探索

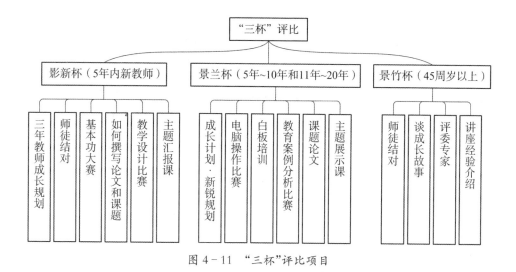

图4-11 "三杯"评比项目

图4-12 "景新杯"教学设计比赛

图4-13 "景兰杯"主题展示课

(二) 搭建网络交流平台,辐射更多教师

除了以"三杯"评比为代表的校本研修平台,学校还顺应现代信息技术的发展,搭建了一系列网络交流平台,用于校内外教师之间的互相学习和经验交流,从而形成"线下研修+线上交流"无缝衔接模式。网络交流平台主要有两条途径:一条借助于QQ、微信等社交软件,搭建学校课改群、学科群、教学研讨群等直接交流平台;另一条是建设公众号、官方网站等间接交流平台。这些线上交流平台不仅用于日常经验交流、讨论,也及时传递和更新教师们的学习、教学、科研情况;不仅加强了校内教师的交流,也促进了集团、区域、联盟乃至全国范围内的教师互动,真正实现教师间的资源共享、信息共享,促进教师成长。

(三) 搭建教师心理辅导平台，促进教师全面发展

教育时常以培养"全面发展的人"为己任，不仅要培养德、智、体、美、劳全面发展的学生，也要促进教师的全面发展。然而，推动教师的全面发展并不是一件简单的事情，尤其是德与心的发展。在教师教育中，专业知识和专业能力的培养一直都处于优先发展的地位，德育近年来也成为教师发展的重中之重，但关于教师的心理教育却始终空缺。事实上，教师的心理发展对教师整体的成长是至关重要的。因为教师属于成人，已经具备了成熟的世界观、人生观和价值观，短时间的培训和学习不但不会改变他们的思维方式，反而容易触发他们的戒备心和抵触感。尤其在面对新事物、新关系、新领域时，充满阅历的大脑会逼迫教师产生怀疑，并通过内心的抵制来捍卫自身的尊严，即表现为不想学、不想做、不想尝试。此外，教师们在面对重复的问题、情境，容易产生不良情绪，长期的负能量积压便容易产生倦怠感，从而对教师职业失去兴趣和热情。为了使学校教师拥有良好的心理和饱满的精神，景芳中学搭建起专门服务于教师的心理辅导平台，通过定期地组织心理咨询和心理趣味活动，及时排解教师的倦怠感、抵触感、自我怀疑等不良情绪。同时，学校根据教师的阶段性发展特点，结合"新教师—青年教师—骨干教师"的教师分层，统计、整理了不同阶段教师的常见心理问题，设计了教师心理自查手册。总之，教师心理辅导平台衔接了教师的"全职业生涯指导"，帮助教师树立认真、多趣、奋斗、热情的工作态度，对于促进教师的全面成长发挥了不可替代作用。

图4-14　班主任心理趣味活动

第四节　四方协作，共同发展

教师专业发展是教育事业的重要内容和环节，单依靠学校是难以实现尽善尽美的。为此，景芳中学推出了"学校—集团—区市—联盟"四方协作的发展道路，

通过为教师提供多方位、多角度、多层次、多形式的研修项目,促进教师的全面发展。同时,惠及更多教师,带动多校教师的共同发展。

一、学校研修,关注实效

学校是教师专业成长的主阵地,它能够准确地把握本校教师的关注点、疑惑点和增长点,并将其付诸研修实践,提高教师研修效果。景芳中学注重教师成长的实效性,改变传统、机械的培训模式,采用"CEC 研修模式",解决教师教学和管理工作中的疑难杂症。"CEC 研修模式"是"Conversation about Educational Case"的缩写,它是一种运用真实教育案例进行教育情境模拟,开展小组合作对话的教师研修模式。"CEC 研修模式"旨在引导教师深入实际教育问题,提升教师的问题解决能力和教育智慧。同时,它关注教师的感受性、体验性,重视教师在案例分析和小组对话过程中的主体作用,着重改教师的发展状态——由被动走向主动。"CEC 研修模式"由于其较高的体验性、仿真性和趣味性,被学校教师戏称为"最接地气的教师研修方式",深得教师群体的喜爱。下面是一则主题为"追寻教学的意义"的 CEC 研修活动片段。

案例 1

追问教学的意义之作业批改的困难

教育案例:小长假一过,检查完学生的假期作业后,一群老师在办公室讲起了检查作业的心酸过程。A 说:"我精心设计的作业,三天就 10 道题目,都是乱做的,我批了也白批。"B 安慰说:"我班里也这样,学生都不学,家长也不管,只能我们看开点儿,布置得那么认真干啥,差不多就行了,学校又不会天天来检查。"C 说:"你看××从来不批改作业,都是上课报答案的,学校又不能把他怎么样?"D 说:"我先前有精力时批改会比较及时、日日订正、纠错,成效还挺好的。"E 说:"这还不简单,少布置点儿笔头作业,口头作业回家叫父母监督一下好了。"

分析要求:针对作业布置、作业批改、跟进订正和二次批改出现的问题,上述材料中的 ABCDE 各有看法,你是否认同他们的观点?如果不认同,请分析案例并结合实际提出建议和看法。

分析过程:针对上述案例,许多教师(姓名首字母代替)提出了自己的看法。

Z教师：在批改作业中可以看出学生在学习过程中所遇到的问题，因此有效作业设计是有效作业批改的前提，认真的作业批改是作业有效性的保证。我们布置作业是为了学生的学习，又不是应付检查，如果学生认真写，老师不认真批改，那布置作业的意义又何在？

L教师：我觉得，布置作业本身就是有技巧的，作业批改的难度要从源头抓起，作业量要适量、难度要适中，作业反馈要及时，作业指导要精准。我觉得我们也应该体谅学生和家长，不能提出超出他们能力范围的作业数量和难度，但作为老师要做好自己的分内工作，及时给予学生反馈。

H教师：作业批改是教师的本职工作，作业批改不是为了应付检查，更不是应付学生，像我的数学学科面批过关、说题订正等都是有必要的教学手段，关键是要持之以恒，你要求学生按时做作业，那么你就必须得按时批改，你要求学生有十分的坚持，我们老师就要有二十分的坚持。

图4-15 CEC："追寻教学的意义"

图4-16 CEC："学风怎么抓"

除了关于教学方面的CEC研修，景芳中学还推出了以"学风怎么抓""班主任也有滋味"等为主题的CEC系列研修。不仅运用教育案例分析的常规模式，还采用了角色扮演、小组探究的方式，不断激发教师的潜力和可能，提升教师问题解决的能力。

二、集团研修，关注焦点

为开发创新机制，激发内生动力，整合教育资源，发挥整体优势，景芳中学本着"合作共建，互动共享"的发展理念，加入了凯旋教育集团，并充分利用集团作用力,促进我校教育教学发展。凯旋教育集团成立于2013年,是由杭州市江干区教育局与华师大基教所联手打造的新型教育联盟。如今,集团内共包括景芳中学和景华中学两所初中和茅以升实验小学、春芽实验小学、景华小学、南肖埠小学四所小学。集团成立以来,各学校之间相互依存、彼此扶持、共谋发展,形成了学生联招、教师联聘、活动联合、特色联建、成果联享的"五联"局面。

集团模式也为景芳中学的教师发展带来了机遇。借助集团中各个学校的教师力量,激发着学校教师的无限可能。不同学校、不同团队、不同视角、不同经验的教师,齐聚一堂,通过共同研讨、校际合作、互赛互研,展示不同的课堂风格和教研思路,协同促进集团内教师的成长。同时,由于教育问题的同质性,集团的作用进一步聚焦了教育发展中的重点问题,尤其是教师成长方面的难点问题,使各学校在一系列互动交流中找到解决方案。集团为促进教师专业发展,也开展了"凯旋杯"课堂节、集团研讨课、凯旋论坛等活动,下面是"凯旋杯"课堂教学评比活动片段。

案例2

"凯旋杯"课堂节之同课异构、切磋教艺、聚焦核心、提升素养

凯旋教育集团在景芳中学举行了"凯旋杯"科学组的教学评比活动,这次活动是通过对"日食和月食"的同课异构,进行教学切磋,促进景芳中学、夏衍初级中学、景华中学三校科学教师的共同进步。

第一堂课是由夏衍初级中学的Z老师组织,她用亲切、自然的语言拉近与学生的距离,表现出充沛的、富有感染力的教学激情,呈现了多彩的、富有实效的模拟实验,让课堂充满了浓浓的"趣"。

第二堂课由景芳中学的C老师组织,她呈现了一个自主开放、思维碰撞、贯穿"科学学习要以探究为核心"课改理念的课堂。C老师引领学生在模拟日食和月食的模拟实验的探究中感悟科学探究的乐趣与意义,让学生通过动手、动脑、亲自实践,实现了教学的实效性。

第三堂课由景华中学的X老师组织,她抓住教材的重难点,以生为本,以疑为线,以启发为主,以拓展为目标。通过开展小组活动、科学实验,X老师和她的学生们带给我们的是一个积极探索、合作交流的多元发展课堂。她把课堂还给了学生,让学生动起来,让课堂活起来。

三堂课结束后,区科学特聘教研员D老师与三位上课老师进行了研讨,针对课堂中"日食模拟实验观察者所处的位置""黄赤交角"等思维含量极高的问题展开激烈的讨论。

图4-17 "凯旋杯"教学评比活动

图4-18 凯旋论坛之教师风采展

三、区市研修,关注核心

区市研修活动主要依靠杭州市和江干区教育部门的拉动,利用区域资源,通过专家指导、教师互助、学校互持、小组研讨等方式,关注学科核心知识的课堂表现和教学模式。学校非常重视区内和市内的教研活动,鼓励教师积极参加江干区、杭州市的骨干教师研修组、青年教师核心研究组等教研组,并倡导教师走出学校、走出集团,参加各项课堂展示和教学比赛,力求用实践创造经验,促进教师发展。下面是江干区教师发展研究院在景芳中学指导教研组活动片段。

案例3

江干区教研团队进学校

为进一步提升课堂教学科学性、针对性、实效性,打造智慧课堂,聚焦意义教学,学校邀请江干区教育发展研究院的教研团队来到景芳中学指导教师工作,并结合第二学期抽测科目数据以及学校具体情况对学校各学科教学情况进行把脉。

社会学科教研员表扬了景芳中学七、八年级的社会成绩和各项指标均处于区前列,并指出景芳中学学生对"历史与社会"的知识点掌握得比较扎实,而"道德与法制"相对薄弱,希望老师们能发挥集体力量,强化主题知识教学,注重教师学生的常规以及各知识点均衡发展。

数学学科教研员表扬了八年级数学组期末抽测的增量很大,肯定了数学老师的付出,并希望他们能坚定信念,继续进步。同时,他认为教师在重点关注C等学生时,也要重视培养A等学生,发挥A等同学的引领示范作用,但也不可忽视D、E等学生的"后轮驱动效应"。他提出数学组教师加强对关键问题及教学评价的研究,成立"青年教师研究小组"等建议。

英语学科研修员首先肯定了景芳中学英语老师的较高专业素养,然后针对上学期的区测情况提出建议:希望教师对学生进行个体化分析,对题型得分情况进行重点分析;立足课堂,提高课堂实效性;关注课后辅导,帮助学生减少知识点盲区。

体育学科教研员肯定了学校在校园足球比赛中的优异表现,分析了景芳中学体质监测的数据,指出教师应该重视课堂教学方式的多样化,要抓好"体育课"和"大课间"的两块主阵地,提高学生的体质和素养。

图4-19 江干区教研团队指导

图4-20 江干区骨干教师研修小组

四、联盟研修,关注特色

联盟研修主要遵循两条线索:一条是在集团带领下,与高校结盟,借助高校专家的理论指导,创新教师发展模式,如景芳中学聘请了复旦大学徐冬青教授为学校教研副校长,并加入了华师大基教所推动的联盟项目;另一条是学校自发的,与不同省市的学校结盟,互通有无、教师互访、共谋发展,如景芳中学与江山市坛石初中结成"山海协作,教育同行"的伙伴。由于联盟研修打破了学校的局限性,使教师走出校门、走向不同省市、走向高校,故教师更加关注不同学校、不同地区的特色。特色成长也成为教师的发展方向。下面是景芳中学与江山市坛石初中结成友好合作伙伴的片段。

案例 4

景芳中学与坛石初中的教师进行签约、结对

"山海协作,教育同行",为积极落实"江干—江山"山海协作升级版协议的精神和要求,促进两校教育教学深度合作与交流,杭州市景芳中学与江山市坛石中学的"景坛虹"教师结对仪式在景芳中学举行。

本次教师结对仪式意在深化"景坛虹"教育合作内涵,驱动"以点对接,共谱师资成长新篇章"。两校希望结对的教师要做到"五个一":共同读一本书、共同设计一堂课、共同上好一堂课、共同出好一份试卷、一份科研总结或文章。同时,也希望他们能把握机会、快速成长;努力学习、虚心请教,尽快提升专业发展,形成自己的教学特色;勤奋务实,多学习、多实践、多思考,做既懂教育也懂业务,既会教书又会育人的综合型教师。

师傅们给徒弟赠送了精美的笔记本,还写上了自己的教育心得,并与徒弟一起在"拜师承诺书"上签字,承诺书上明确了师徒专业发展的奋斗目标,对师徒结对后的具体操作提出了明确要求。相信他们签下的不仅是一份承诺,也是一份沉甸甸的责任。随后,景芳中学的师傅代表和坛石初中的徒弟代表分别发言,表明态度和决心。

图 4-21 "景坛虹"教师结对仪式

图 4-22 师傅赠送徒弟笔记本

第五节 阶段成效与展望

经过为期 4 年的探索、改进、实践,景芳中学的教师专业发展模式经历了从以培训为主到以研修为主的重要转变,教师研修体系逐渐完善,阶段性成效也慢慢显现。学校教师也逐渐走向主动发展,对自身成长充满信心和热情。

一、教师专业发展体系的日渐完善

尽管以培训为主的教师专业发展体系在长期实践中产生了很大作用,也曾为教师的专业发展工作创造成效,但由于其形式的僵化和操作的机械化,集中培训活动逐渐沦为一种形式主义,而不能适应瞬息万变的新时代教师发展的需求。针对这种情况,研究者开发了教师发展的另一种方式——教师研修,即以教师为主体,发挥教师的学习、钻研、互动能力,形成动态发展过程,促使教师的道德、理念、知识、技能、心理等方面达到一种专业状态。为促进教师的专业成长,学校推出并逐步完善了以研修为主、培训为辅的"1·2·3·4"教师专业发展体系,即"一个标准,二元并举,三层架构,四方协作"的教师研修模式,体现了专业发展理念、形式和内容方面的变化。

(一) 专业发展理念

在以培训为主的教师专业发展模式中,培训者是活动的主体,对培训方向、过程、结果发挥着整体把控的作用,而教师则处于一种边缘化状态,听从培训者的安排。教师在这种外塑式的、集中化的培训模式下,逐渐变得被动,甚至被迫,以至于对教师发展产生了片面理解和抵触情绪。景芳中学也不例外,教师开始用各种理由逃避培训,即便在培训现场也很少将注意力放在培训内容上,培训作业更是敷衍了事。为改变教师专业发展的懈怠局面,景芳中学对教师专业发展的理念、形式、内容进行了反思和革新,打造了"1·2·3·4"教师研修体系。这个体系从根本上改变了教师专业发展的面貌,它以"学校本位、教师本位"为宗旨,以"内源式发动"为理念,旨在发挥教师在专业成长中主体作用,推动教师主动、自觉、自主地进行专业发展。事实上,教师群体内部蕴藏着无法想象的力量,它是教师专业发展的本源动力,也是学校教师培养必须掌控的巨大资源。

(二) 专业发展形式

如今,教师专业发展主要有两种模式:一种是培训,另一种是研修。传统的教师培训形式主要为讲座式的单向传递,注重主讲者的思想和观点的输出,但容易忽视教师对培训内容的接受度,效果较差。教师研修则与之不同,研修更加注重教师的参与性,强调对话、交流和分享,多站在教师的角度思考问题,关注教师的体验和感受,效果较好。二者相较之下,研修表现出更佳的时代适应性,但这并不意味着培训和研修的二元对立,也不意味着培训应该退出历史舞台,反而二者在教师发展方面具有极高的融合性,因为活动内容决定活动形式,培训和研修只是有各自的服务范围。为此,景芳中学采取以研修为主,培训为辅的教师发展形式,根据发展内容的特点、教师的发展规律以及学校教师培养工作的现状,设计了讲座、研讨会、读书会、竞赛等丰富多彩的活动形式。学习方式也采取理论与实践、必修与选修、自学与群学、长时与短时等相结合的方式。考虑到学校目前的教师专业发展模式仍处在探索阶段,学校也将采取过程性评价方式,将教师发展情况评估与活动形式测评相结合,最终保留最适合学校教师的发展形式。

(三) 专业发展内容

在教师专业发展的历史中,教师的知识和技能历来都是评价一个教师的主要标准,甚至成为狭义的教师专业发展指标,人们很少关注教学以外的其他方面,甚至忽略了教师的"育人"职能。原有的教师专业发展工作主要关注学科教学,尤其重视知识体系的完整性,强调理论框架和教学技能。随着社会对道德教育的呼吁,以"立德树人"理念的师德发展成为教师成长的根本。景芳中学教师发展的基本维度来源于《中学教师专业标准(试行)》和学校教师专业发展的现状,学校不仅重视专业知识和专业技能的发展,更加强调教师道德、专业理念、教师心理等方面的发展,关注教师捕捉、解决教育教学问题的能力。

二、教师研修的阶段性成效

(一) 教师角色的重塑

自"1·2·3·4"教师研修体系实施至今,学校教师专业发展已经初见成效,首先表现在教师角色的重塑方面。教师不再作为被动的客体和接受者,逐渐成为专业发展的主体和掌控者。教师对待专业发展活动的态度也发生了翻天覆地的变化,由拒绝、排斥、懈怠走向参与、支持、热情。学校教师不仅以极高的兴趣参与学校、集团、区市和联盟组织的各项研修活动,还主动寻求发展机会、组建教师共同体、策划活动内容、分享教学经验、提出问题和质疑。研修一体、分层研修有效地解决了教师研修中存在的"工"与"学"的矛盾,激发了老师的研修热情,提高了教师学习的针对性和实效性。教师的角色已经从本质上进行了重塑,教师成为工作的主人。为全面了解学校现行教师专业发展体系的应用情况,以及教师对校本研修的满意度,课题组对学校教师开展了关于2018年和2019年的校本研修活动满意率的问卷调查。结果表明,2018年教师满意率约为85.50%,2019年的教师满意率为94.20%,2019年的教师满意率比2018年高了8.70%(如图4-23所示)。

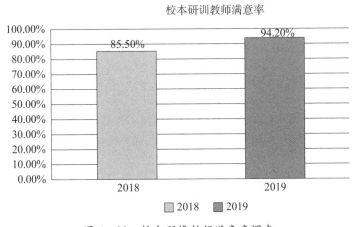

图4-23 校本研修教师满意度调查

(二) 研修活动的特色化

"1·2·3·4"教师研修体系的完善与实施,不仅推动了学校的教师专业发展,也促使景芳中学形成一系列独具特色的教师研修活动和模式。"三杯"评选是景芳中学教师专业发展的重要校本平台,也是学校一直以来的特色活动。早在进行教师研修改革之前,"三杯"就已经作为景芳中学促进教师教学技能发展的主要活动,"景新杯""景兰杯""景竹杯"以教学技能竞赛的形式面向不同教龄阶段的教师。教师专业发展改革以后,"三杯"评选被沿用,并被建构为校本研修平台,"三杯"之下的学科教学比赛也转变为成长规划、课题研讨、经验讲座、案例分析、小组讨论等多形式的研修活动。如今,"三杯评选"已然成为景芳中学的代表性、特色性教师研修活动。

(三) 实际教育问题的解决

为增加教师的参与度和积极性,"1·2·3·4"教师研修体系尽可能避免纯理论的、脱离教育实践的教师培训活动,主要聚焦学校实际教学与管理工作中遇到的问题,培养教师解决实际教育问题的能力。事实上,教师们在成长过程中遇到的问题一般具有共性或相似性,这是教师专业发展的阶段性规律所决定的,这意味着不同教龄的教师、不同业务水平的教师、不同学科的教师在面对同一问题时,会实施不一样的处理方案。这些方案汇集到一起便会碰撞出更加多样、完善、智慧的解决方式。例如,景芳中学推出的"CEC研修模式",通过对教育教学案例分析,开展教师间的合作对话,从而提高了教师的教育智慧和解决问题的能力。

三、打造"全职业生涯指导"路线

教育家杨贤江曾提出"全人生指导"的学生教育理念。[1] 事实上,不仅是学生需要"全人生指导",教师也需要,更确切地说,教师需要"全职业生涯指导"。未来,景芳中学将进一步完善"1·2·3·4"教师专业发展体系,打造教师的"全职业生涯指导"路线,关注教师的全面发展,重视教师发展的阶段衔接,促进教师的个性化发展。

(一) 关注教师的全面发展

尽管《中学教师专业标准(试行)》提供了教师的发展维度和行为规范,但教师专业发展的内容却不局限于此。《标准》所涉内容是对教师的最基本要求,即作为教师应该具备的素养。教师专业发展远比《标准》复杂得多,不只有道德、理念、知识和能力的发展,身体、心理、审美、劳动也是教师专业发展的重要内容,且对教师的教学与管理工作至关重要。教师承担着"教书育人"的职能,教师要促进学生的德、智、体、美、劳全面发展,首先要进行自我的全面发展,以身作则。此外,近年来

---

[1] 孙培青.中国教育史(第四版)[M].上海:华东师范大学出版社,2019:454.

青壮年教师猝死事件、教师自杀事件时有发生,教师的身心健康已经成为教师专业发展的重要内容,理应受到关注。为此,学校将以《标准》为基础,关注教师的道德、理念、知识、能力、身体、心理、审美、劳动等方面的全面发展,帮助教师树立正确、健康、全面的教育理念和发展理念。同时,学校将改革教师考核制度,将质性评价与量化评价相结合,将教师培养为"人"而不是"工具",多关注教师的价值性发展。

(二) 重视教师发展的阶段衔接

教师专业发展具有阶段性特点。一位教师在职业生涯中将经历很多发展阶段,不同阶段会面对不同的发展问题。不同阶段的衔接处往往是教师发展的瓶颈期。如果教师能够突破瓶颈期,便会顺利进入教师发展的下一阶段。瓶颈期的教师往往容易对未来的发展方向感到迷茫,失去奋斗的热情和动力,产生对教育教学工作的倦怠感,从而出现各种各样的心理问题。学校为减少教师在阶段衔接时的困顿,将进一步开发老教师帮扶新教师的活动,不仅保持"师徒结对"活动,也将进一步策划阶段衔接期的"一对一"帮扶,并为教师提供更多心理发展平台,及时解决教师的疑惑,排解他们的不良情绪,帮助教师顺利过渡到下一阶段。

(三) 促进教师的个性化发展

每个人都是独立的个体,拥有不同于他人的部分,擅长不同的领域,教师也不例外。在教师研修活动中,每次都会发现遗落的"珍珠",许多平时表现一般的教师会让人眼前一亮。很多人只为这华丽转身感到惊讶,殊不知这些华丽暗示了学校教师专业发展的漏洞:教师的个性化发展没有得到关注。为此,学校立志推动教师的个性化发展。为进一步了解每一位教师,学校将建立教师成长档案,定期填写《教师成长手册》,重新对教师各方面能力做全面评估,充分关注教师的优势和擅长领域,并在以后的各项分组中实现教师的混合编组,最大限度地发挥教师的个性和优势。同时,进一步丰富教师专业发展的活动形式,激发教师的无限潜力,促进教师的个性化发展。

第五章　互助·融合·创生：茅校教师工作坊

教师是教育的第一资源，教师是立教之本、兴教之源。教师的学科教学知识、课程实施能力、教育发展理念、专业价值追求等要素在教师的专业成长中起着至关重要的作用，甚至决定了教师的教育业务水平，影响教育教学质量。现实中教师专业发展活动多为外塑型而非内源型，其不足之处在于教师在专业发展活动中难以体现主体性，学习和发展过程中预设的程序强于甚至替代了自发秩序，以及操作过程中重教学实践环节、轻教师身心发展等。只有让教师成为专业发展的主体，才能将一切有利条件转化为教师进行自我发展的契机。教师发展工作坊是一种可以促进不同立场、族群的教师进行思考、探讨、交流、对话、合作的方式，也是一种鼓励参与、创新以及找出解决对策的教师发展途径。

第一节　工作坊研修模式初探

凯旋教育集团成立于2013年，是江干区重点打造的"区域教育共同体"。作为凯旋教育集团的成员学校，茅以升实验学校在华东师范大学专家团队引领下，探索了以教师发展工作坊为主导，促进教师共同探究、共同发展的教师专业成长新范式。

一、从培训到工作坊的过渡

随着我国教育事业的不断进步，各方对教师的专业性要求逐步提高。传统上以通识培训为主导、以学习任务为成效、以培训者为主体、以集体学习形式进行的教师专业发展模式逐渐陷入困顿。为此，茅以升实验学校进行了教师发展工作坊的新尝试，试图建立全新的教师专业发展模式，推动学校教师的成长。

（一） 传统教师培训模式的困顿

集中培训作为早期教师专业发展的主要形式，曾为我国的教师教育工作作出了突出贡献。然而，传统的教师培训模式由于原有的局限和操作的不规范，在教师教育工作中逐渐呈现僵化状态，甚至流于形式，陷入困顿。

1. 培训的实效性不强

传统的教师培训模式存在一些虚化现象，表现出形式主义和本本主义的倾向。教师培训主要以单向度的讲座、报告等形式展开，培训内容一般由培训者选择，培训主题时常脱离一线教育实践。这类培训活动不仅难以实现教师的自我发展，还给教师造成了一定程度的负担。因为很多培训内容过于理论化，甚至已经超出了一线教师的能力范畴；同时，培训活动通常伴有培训任务，教师要花费大量的时间去应对作业。久而久之，教师便疲于应付，听之任之。教师发展逐渐演化为"被培训"，培训也开始流于形式，功效甚微。

2. 教师的培训积极性较低

在校本培训中，教师缺乏主动参与学习的动机，大部分教师都是受到行政手段和职称晋升等压力，被迫卷入学习。教师群体中盛行一种观念："教书育人"才是教师的本职工作，教师培训是在浪费时间。许多教师日常工作忙碌，仅应对课堂教学和管理事务就已经在挑战极限，他们更加重视备课、上课、批改作业等环节，故只能在培训中处于游离状态，基本不会参与培训互动。有些教师对探讨的问题也不以为然，没有丝毫的兴趣和热情，培训场地不过是他们用以娱乐或办公的第二场所。教师就像一个"工具人"，按照固定的时间、地点，执行"被培训"的任务。

3. 培训内容脱离一线教育情境

传统集中培训的培训者主要包括专家、领导和名师三类，尤其以从事理论研究的专家型培训者为主力。培训主题的选择权掌握在培训者手中，不少培训者不清楚一线教育情境或试图弥补一线教师的理论缺失，故选择培训主题时往往侧重于专家从事的课程、教学研究，而较少涉及教师一线教育情境和实践问题。在培训过程中，培训者也容易忽略教师的接受能力和发展需求，培训内容按照培训者的意志排列，未能兼顾大多数教师的发展需要。此外，由于培训主题随培训者的意愿转变，培训活动的安排往往具有随意性，缺乏章法和全局统筹。

（二）教师工作坊的尝试

为了走出教师专业发展的困境，学校以教师面临的突出教育问题为出发点，以教师和学校的实际发展为目的，依托自身的资源优势和特色做出教师教育的新尝试——教师发展工作坊。教师发展工作坊是一种依靠教师同行和专家共同参与的研修形式，通过个人备课、集体讨论、教学实践、评点反思等，让教师对教育理念、教务管理、课程安排、教学内容、教学方法等都有全新的认识。教师发展工作坊旨在建立专业引领机制的基础上，充分发挥教师的主体作用，依据实际教育情境展开教师间的交流与对话，从而创设浓厚的研修氛围。

1. 建立专业引领机制

茅以升实验学校依托学校、集团、高校资源，充分发挥学校内部和外部的教育智慧，建立理论与实践相结合的专业引领制度。首先，学校鼓励有一定专业意识、专业水平、专业精神和专业威望的校内教师主持各种形式的研修活动，促进校内教师群体的交流、互动。其次，学校重视与集团内其他学校的对话与合作，以其他学校的教师专业发展机制为参考，借鉴他们的优秀做法，取长补短。最后，学校借助高校的专家资源，拓展学校教师的教育视野，邀请他们为教师答疑解惑，传递先进的教育理念和教学方法，为教师专业发展提供智力支持。

2. 创建多种研修组合方式

每一位教师都是一个独立个体，但是教师专业发展不是依靠个体的力量就能实现的，而是需要团队合作，需要各种研修组合方式的支撑。尽管教师之间可能存在年龄、职称、能力、特长、心理等方面的结构性差异，但研修组合可以弥补个人的不足，使个人优势成为一种集体资源，从而产生整体大于部分之和的效果。为促进教师间的交流互动，发挥教师团队的力量，学校利用任务型驱动机制，整合不同资源，创建多种研修组合方式，统筹策划梯队教师培养，形成教师互助团队。学校尤其考虑教师发展的阶段性差异，实行新老教师组合，为青年教师配备带教的骨干教师等，从而促进不同层级教师的发展。

3. 创设良好的研修氛围

良好的研修氛围是提高教师专业发展效益的助力。为创设优良的研修氛围，学校一改传统的教师培养模式，以教师对话、交流、互动为途径，以教师的实际需要为本，通过"发现问题、解决问题"持续不断地开展学习、实践、研究。同时，学校关注教师在研修活动中的兴趣和参与度，争取在充满欢乐、趣味的氛围中提高教师的专业水平和能力。

4. 关注教师与教育情境

学校没有以行政化的手段建立专门组织对教师进行说教,而是通过建立教师小组,观察教育情境和实践问题,分享教师的观点和经验。教师发展工作坊似乎是一种从混沌中产生秩序的组织,与试图施加秩序的传统组织形成反差和互补。在传统的学校教育教学管理中,管理者设定了严格的制度与程序,教师培训也有整齐划一的安排。教师的个性和成长需求没有得到充分尊重。教师发展工作坊的尝试赋予了教师发展更多的可能性、创造性和多样性,它以解决实际教育问题为导向,以教师参与为根本,促使教师成为专业发展的主人。下面是茅以升实验学校教师发展工作坊的第一次尝试。

工作坊1

与家长沟通不畅怎么办?

(1)案例呈现:一次不愉快的沟通

8月27日一年级新生来学校报到了,校园里到处是感到新鲜好奇、面带笑容的家长和孩子。我一直在忙碌中,一抬头,一对绷着脸的母女僵硬了我的笑容。

"你们是来报到的吗?小孩叫什么名字?"妈妈告诉了我。我低头在名单中找,妈妈一直在嘀咕,我一句也没听清,随后她询问关于孩子学籍的事,我请她们去教导处咨询。

大约一小时后,她悻悻地回来了,我问她考虑好了吗,她立刻回答:"那你是不想收我们喽!"我说:"我哪敢不收。"

之后,这位妈妈在网上发帖了,说开学报到老师不亲切,说学校各种凌乱没有充分准备,说自己各种矛盾挣扎,最后总结自己不如孩子,因为孩子说:"妈妈,别折腾了,就算老师不喜欢我,我也能忍。"

这句话刺痛了我的心,我很委屈。后来,我们与那位妈妈进行了沟通。她解释,自己来自农村,靠个人奋斗成为城市白领,吃了很多苦,希望孩子不再吃这样的苦。所以一直很重视孩子的教育,给孩子学了很多,也觉得孩子很优秀。为了孩子入学,她做了种种调查,当时因为心仪茅校是科技特色学校,选择了来茅校读书,而放弃了自家学区A校,现在发现自家学区A校是小班,且熟人的孩子在A校而后悔。可是询问教育局又无法重新选择,所以倍受煎熬。讲到伤心处,她泪水涟涟。

后来,她删了帖子,开始在微信、QQ群上发声。孩子作业没交,说忘带了,她发帖,"不知为什么老师没批,我看我闺女写得挺好""孩子排队被后面的同学踩了一脚,她告诉我要加强教育,当心发生踩踏事故"。

她关注班里的各种事情,常给我们提各种建议;她还给其他家长各种鼓励、劝慰、呼吁、建议,俨然是群里的灵魂人物。

我很忐忑,因为觉得生活在一个透明的环境中,有一双眼睛时刻盯着你。我不知道我的表现她会否满意。

(2) 互动研讨

新学期开学不足二十天,家长与老师的种种不愉快,也引发了学校诸多老师的议论,遇到这样的家长怎么办?为解决这个问题,教师们组建了讨论小组,用集体智慧来共同面对这个难题,展开了关于上述案例的小组研讨。

团队组建结束后,工作坊成员从文件栏中,取出代表自己团队的标志,贴在胸前。然后,每个组推选出一名组长,其他老师分别负责计时、讨论、记录、汇报等工作。讨论时间为15分钟。大家分工合作,组员间互动良好、分享踊跃,现场讨论热烈,组员间彼此认同,工作坊气氛轻松愉悦。

(3) 观点汇报

第一组:教师要学会悦纳家长,现在很多家长是高级知识分子,他们对教育存在理想,会对学校工作有不同的看法与想法,我们要学会悦纳这样的家长,他们也会悦纳我们的观点。

第二组:老师在与家长沟通时,要学会换位思考,交流就会顺畅一些。

第三组:请家委会与这些家长进行沟通,家长之间的交流会有助于我们的工作。

第四组:老师自身要做好工作,有透明、清晰的要求,与家长交流就会有理有据、不卑不亢。

第五组:和家长沟通时,要和家长有共同的目标,家长有"认同感",就会主动配合班级的工作。

名班主任薛老师:家长的期望与理想会有差异,我们要充满信心地面对每个孩子和家长,让班级的正确舆论引导大家。

(4) 活动总结

本次工作坊邀请了华师大基教所的鞠玉翠老师,她作为本次工作坊指导专家,对以"与家长沟通不畅怎么办?"为主题的工作坊活动进行总结,并对工作坊研修提出建议。鞠老师认为:"'工作坊'从老师的真实困惑出发,通过大家的研讨,群策群力,让每位老师的智慧都有机会展现,也让老师们互相支持、不再孤单;研讨开阔了每个人的视野,帮助我们多角度思考问题,体会和理解家长的苦衷,找到更多解决或化解问题的思路、观点、策略,让我们更有力量,更能够享受教育工作辛劳中的快乐。如果我们多一些这样的研讨,多一些未雨绸缪,我们的职业生涯将会有更多的惊喜。"经过一系列交流、对话,上述案例中的李老师也找到更多解决家长沟通问题的途径。

二、教师工作坊研修体系的形成

有效的教师研训涉及理念、载体、内容、形式等诸多内容。教师发展工作坊是一个能够推动教师及学校发展的平台。茅校依托工作坊模式建立起的研修体系能够充分激活教师发展的内驱力和创造力,促进教师的师德、理念、知识、能力、心理等的全方面发展。在全面育人观的浸润下,2015年学校调整内设机构,形成党支部校长室领导下的"一办四部"。调整教导处,成立专门负责教学常规和教师专业发展工作的教学部,内设教师发展中心,全面负责学校教师培养工作。此外,学校还与部分高校专家、教研员、名师等建立长期合作关系,成立了专家指导团队,促进教师科学、健康地成长。

(一) 一个保障中心

学校以教师工作坊为载体,坚持人本化培养方式——为教师提供指导、服务,提供平台、机遇,以建设一支具有高尚师德、先进理念、精湛技能、广博知识、强大心理的热爱茅校教育事业的教师队伍为己任。同时,学校坚持个性化培养方式——体现"全员参与,个性研修"的思想,给教师提供更多的时间、空间,为他们创造更多发展可能,实现不同层次的教师联动发展。学校将教导处和教科室功能合并,成立教学部。依托教师发展工作坊,改革教师研训机制和教研制度,改变价值指向。

(1) 形成合力。学校考虑到教师专业发展的综合性,将教学、教研、师训三大板块整合到一起,使原本割裂的教、科、研工作形成合力,发挥整体作用,聚焦新格局。

(2) 强化研究。在组织重建中,教师发展工作坊强化了研究、策划、实践、反思与重建,它聚焦问题、鼓励参与、力求创新,为不同立场、不同层级的教师提供了一种思考、探讨、交流、对话的方式。

(3) 提升能力。教师发展工作坊注重提升教师的问题解决能力,教师在工作坊中探讨和研究的问题均来自一线教育教学,是教师日常工作中的普遍性问题。同时,教师掌握着工作坊所探讨话题的选择权,这也体现了教师发展工作坊模式对于教师主体性的发挥,使教师在交流碰撞中,激发同伴的思维,共享彼此的经验。

(二) 两大内容指向

教师发展工作坊研修模式旨在培养专业与精神全面发展的教师,其两大内容指向分别为教师精神培养与教师专业培养。教师精神培养不仅在于培养教师的敬业、奉献、求真、创新、爱生等精神情怀,加强教师职业理想教育和师德规范教育;也聚焦教师的心理发展,为教师提供心理咨询,及时发现和排解教师的不良心理和情绪,提高教师人格素养。在传统的教师培训模式中,教师精神方面往往被置于末位,甚至被忽视。关注教师的精神发展是教师发展工作坊模式的进步和优势。

相较于集中培训式的教师专业发展,教师发展工作坊模式下的教师专业培养也采取了不同的方式。教师发展工作坊关注实际教育问题、学科研究和团队成长,从学校单向度地推动教师专业技能、知识的成长,到学校和教师双向度结合,发挥教师在自身专业发展中的主体作用,促进教师群体内部的交流、对话与协作,从而培养教师解决实际教育教学问题的能力,加强教师共同体建构,提高教师的职业理想和职业幸福感。

(三) 五大循环流程

教师发展工作坊注重教师之间的互动、交流,强调教师的全流程参与。尽管教师发展工作坊每次都有不同的议题,但其循环流程是不变的,一般经历"问题征集——案例呈现——互动研讨——观点汇报——专家引领"的过程,循环反复,注重研修模式的参与性和实践性。

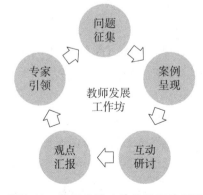

图 5-1 教师发展工作坊循环流程图

工作坊从问题出发，聚焦教育教学实际。工作坊中呈现的案例均来自茅校教育教学实践。为使教师发展工作坊充分满足教师的实际需要，茅校事先进行了教育教学问题的征集工作，让教师提出工作中遭遇的困惑和难题，由学校进行统一整理和筛选，挑选出具有共性和典型性的案例，以供教师交流、讨论。工作坊展示，只是一个中间过程，它不是结束，也不是开始，教师对教育教学案例的思考早已展开。在这个过程中，所有教师都能被调动起来，积极地分析教育情境，思考应对对策。教育教学案例绝对不是个案，而是反映了带有普遍性规律的教育问题。围绕这些真实具体的教育问题，教师展开讨论，进而引发更深层次的思考。

工作坊本着"教师为本"的发展理念，倡导全员参与，促进教师间的互助、交流。在互助研讨环节中，所有教师都参与研讨，自由、自主地发表自己的观点，根据自身经验提出解决对策。在这个过程中，每位教师既作为教育教学情境的亲身经历者，又能跳出自身局限审视教师工作，讨论也变得更加客观、理性。由于这些教育案例是征集而来，有些教育情境仅有部分教师经历过，因而更能促进教师间的思想碰撞，教师可能站在家长、学生、老师或者旁观者等多角度去看待问题，表达多元见解，提出多种建议。工作坊研修打破了个人视野的局限，促进了教师思想的交流与碰撞，使得教师的教育智慧得以更好地提升。

三、"一会一课堂"的常规研修

茅校早期的教师发展工作坊主要围绕班主任工作中的某些问题，展开班主任教师间的思考、探索、交流、互动。学校试图通过工作坊模式摆脱说教，在宽松、热烈的氛围中促进教师的互帮互助，建构起"班主任圆桌会"的常规研修活动。随着所探讨话题的日益多样，工作坊模式已经不局限于班主任工作，开始广泛地关注教育教学问题，开展学科类研修活动——"博师课堂"。工作坊成为教师专业发展的重要研修方式。

（一）班主任圆桌会

班级管理是一个动态协作的过程。班主任教师需要根据一定的教育目的，采取某些手段或措施，带领全班学生，对各项班级资源进行计划、组织、协调、控制，达成班级管理目标。在班级管理过程中，班主任总会面对各种各样的学生和家长，受家庭、社会、周边环境影响，学生的行为习惯呈现较大差异，家长的行为习惯更是令人难以捉摸。班主任难免被一些问题所困扰。为此,学校每月举行一次面向班主任的工作坊活动——班主任圆桌会,有计划、有针对、有重点地发展班主任思想,提高业务水平,促进班级管理难题的解决。茅校组织班主任学习教育理论和班级管理知识,促进班主任间的经验分享、交流与互助,使班主任们能取长补短,共同进步。

表5-1 班主任工作坊学期活动汇总表

月份	工作坊主题	坊主	指导专家	参加人员
九	活动策划	李学源	全晓兰	全体班主任
十	文化建设	薛焱	鲁聪	全体班主任、新教师
十一	师生沟通	申屠莉	鞠玉翠	全体班主任
十二	家校联合	王珏	胡优君	全体班主任、新教师

工作坊2

与"神兽"过招,教育人的智慧

(1)案例分享:与"神兽"过招,教育人的智慧

小李同学是一位五年级女生,家庭环境好,爸爸是某单位的领导,平时工作很忙,但很宠爱女儿,对女儿基本上是有求必应。妈妈是全职太太,本科学历,平时负责照顾女儿的饮食起居,经常开个小车,接送女儿,全身心投入到女儿的教育中。

【表现A】妈妈提倡"素质教育",排在第一位的是"快乐学习"。为了多元化培养孩子,每个周末给小李同学报了很多兴趣班,如拉丁舞、武术、书法、数学、写作等。在妈妈眼里,只有丰富的兴趣班,才能让孩子快乐学习。可是报了这么多班,兴趣没有凸显,反而顾此失彼,小李的作业常常不能按时完成、自理能力偏差、责任心不强。

【表现B】小李、小王、小张三个同学从一年级开始就是好朋友,可不知从什么时候开始,当小李同学看到小王和小张同学在一起玩的时候,心里就很不舒服,觉得是小张同学从中作梗,不让自己和小王同学好。她把满心的委屈写到了周记本上。

【表现C】小李同学在语文课上也会做数学作业,结果数学书被语文老师收走

了,数学老师让她去问语文老师要回。她一直拖着,而且说语文老师肯定不会还给她的,数学老师多次提醒后,仍然没有要回数学书,直到数学老师联系她妈妈,她才去向语文老师承认错误,把书要回来。

结合案例,请您试着从"家校联合""家庭教育""同伴交往""师生交流",提出您的观点以及解决的策略。

图 5-2 班主任圆桌会讨论

(2) 互动研讨

老师们根据常规分组规则,进行组队,以圆桌形式分设四组,每一组进行分工,根据上述案例中的不同表现,发表观点、参与讨论。班主任们逐渐在工作坊活动中找到了存在感,开始勇敢地表达自己的看法,同事之间的交流增多,实现了真正的经验共享。

(3) 观点汇报

第一组:教育让孩子获得更多方面的发展,让孩子幸福,给予孩子美好的未来,这是我们家校共同的追求。我们应该在理解的基础上,看到问题,并坦诚地跟家长进行沟通、交流。家长一般都会认真地对待老师的意见。家庭教育不仅要培养孩子兴趣,更要培养孩子情感意志、自理能力以及沟通能力等。素质教育的"素质"是一个整体,不仅是科学文化素质、各种技能和审美素质。自理能力、习惯、责任心、耐心、毅力等思想和心理因素也是素质的重要组成部分。人的各方面素质是互相制约、相互依存的。比如,孩子的思想素质、心理素质就会对孩子的学业水平产生重大影响。根据孩子现阶段的种种表现,也请这位家长能够反思一下,有没有偏重才艺、知识、技能学习而忽视思想、心理素质的培养?另一方面即使孩子自己有兴趣,也应权衡利弊,合理分配时间,不能顾此失彼,忽视了孩子的主动性,是不是孩子参加了太多兴趣班却没了兴趣的原因?

第二组：同伴交往中，孩子有困惑，我们应该指导学生进行人际交往。老师要和孩子深入谈话。这个谈话不应该在办公室进行，应选择一个合适的地点，在一个能彻底放开心灵的、能模糊老师与同学这种上下级关系的地点，针对这个问题与孩子进行一次深入对话。在对话中老师要扮演好倾听者的角色，鼓励孩子倾诉自己的苦恼，不批评、不指责，像个大朋友一样认真地倾听。然后，老师也要适度引导孩子换位思考，理解其他两个孩子的做法和想法，理解她们的需要。我们觉得或许可以用更加委婉的方式去帮助孩子，如给她推荐阳光姐姐伍美珍的《我的朋友是铁三角》，书中就有很多两个朋友争一个朋友的例子，向书中人物取取经。

第三组：师生相处，教师要有一颗包容的心。宽容是教育的最高境界。学生还是孩子，出现过失往往是出于无知或自控能力弱。面对小李这样的孩子，需要有更多的宽容与耐心。面对学生的错误，我们要冷静处理。因为当学生犯错时，教师居高临下的指责往往会把学生从愧疚感中解脱出来，反而使其失去了自我教育、自我反思的机会。

第四组：第一，教师应感谢孩子对老师的信任，愿意吐露出自己的苦恼。在表示了同情和理解之后，教师应尝试让小李学会尊重好朋友的选择，并不能因为是朋友，而进行友情绑架；第二，如果孩子心里难过，问问孩子是否需要告诉家长，得到家长的帮助。如果孩子同意的话，那么我们的帮助形式又多了一条。比如从组织两户或者三户人家的家庭活动入手，为学生创造结交朋友的机会，学习交朋友，从这些事上增加学生对人的了解，并且知道友情的维系需要什么。

（4）活动总结

此次论坛，从研讨成员来看，全体老师参与，大家畅所欲言发表自己的观点，有从自身角度思考的，有从职业之外来审视自己工作的。不同的角度对同样一个问题提出了多元的看法，关注教育中的细节。教师发展工作坊，打破了个人视野的局限，带来的是碰撞，是提升教育智慧，体现了一种融合、共进和引领。从研讨成效来看，班主任圆桌会体现了"集体智慧、抱团发展"的理念。教育面对的是活生生的人，它不同于任何一项研究，对于教育问题，如果处理得不慎重，会打击、影响孩子很久，甚至严重的会留下心理阴影。单打独斗、单兵作战的方式已经不适应今天教育发展的需求，教师需要在一次次思考、探索、交流、互动中得到成长与发展。

（二）博师课堂

教师发展工作坊不仅聚焦班级管理问题，也关注学科教学情境。为提高教师教学水平,学校以工作坊模式开展"博师课堂"。

博采他山之石,成就攻玉之路。博师课堂,注重教师对课例的研讨交流,在互动的交流中积累教学经验,教师在集思广益中将课堂打磨得更加纯熟。在高频互动的探讨交流中,让老师有交流的舞台、表现的舞台。从语文的识字教学、作文教学,到数学的生活化、项目化教学,再到音、体、美的全面素质教学,所有的课堂教学研究都充满了参与和互动。与同行交流,可以及时捕捉一些教学上的信息,给自己以启示,让自己的优势得到良好的发挥,同时又可以追求知识的强化和灵活的教学思维或设想,在相互学习、相互交流、相互借鉴中让教学水平共同提高。

学校数学组老师开展数学拓展实践课研究,深入挖掘知识点与学生的心理与知识点的有机结合,让学生在生活情境中自主学习、交流。课堂中学生学习兴趣浓郁,积极思考解决问题的办法。数学组老师以教师发展工作坊形式开展实践课研究,分成三个团队,区内名师、校内导师、研修教师,在教育教学上有崭新的突破,并在区域内推进他们感悟到的教育理念,引领其他学校教师共同参与研究。

工作坊3

数学拓展课课例研究

(1)课例展示:一卷胶带有多长?

表5-2 一卷胶带有多长?——数学拓展课例研讨活动

教学过程　　执教者:张莹莹			
教学环节	教师活动	学生活动	设计意图
明确任务激发兴趣	1. 引入+谈话 2. 互动交流	思考一卷胶带有多长	借助身边常见现象引出课题,抛出挑战性的问题吸引学生,激发学生探究兴趣,让学生体会数学源于生活、高于生活。
谈话交流探讨方法	1. 引入探讨,怎样才能知道一卷胶带有多长 2. 引导学生分享自己的方法 3. 小结:胶带长度和体积以及横截面、质量有关系	1. 分享计算一卷胶带有多长的方法 2. 思考胶带长度和横截面积、体积、质量的关系 3. 同学交流、汇报	通过谈话,让学生交流所思、所想、所感、鼓励学生发现问题、解决问题,引导学生逐步明确胶带长度和体积、横截面积有直接关系。

续表

教学环节	教师活动	学生活动	设计意图
提出设计思路、完成设计方案	1. 讨论：记录单都有哪些内容？标题、方法和步骤、选择工具、计算过程，但还有一个地方是空白的？你觉得这里需要填什么？ 2. 指导填写记录单、完成方案设计 3. 小结	1. 学生思考、发表观点 方案①转化，求出横截面面积 方案②排水法测体积 方案③以小估大估算长度 方案④读取信息 2. 学生先小组讨论，再动手完成设计方案	引导学生以小组合作形式，经历自主探究，提出合理设计思路，运用已有知识和经验寻找解决问题策略，最后设计出活动方案，并在交流中不断完善方案，积累活动经验，提升解决问题能力。
实践操作交流反思	1. 教师巡视并重点关注一些小组，发现问题并及时指导 2. 肯定学生经历的过程 3. 如果再让你选择一次，你会选择哪个方案 4. 今天的研究有什么意义	1. 学生根据设计方案边操作边记录，通过实践操作求出胶带长度 2. 评价自己和他人方案的优劣性 3. 提出优化改进建议	各组根据已有设计方案开展量、称、剪、算等实践活动，体会实践探究乐趣，每个学生都能参与其中，在活动积累实践活动经验，提升核心素养。

（2）互动研讨

学校数学组团队老师以"一卷胶带有多长"为例，开展课例研讨活动。大家在听完课后，基于数学学科认识，从教材解读、教学活动整合、数据分析、沟通方法等方面各抒己见，认真探究教什么、怎么教、教到什么程度，开展评课议课活动，同时一致认为本课以项目式学习方式，紧紧围绕求圆环面积这一知识点，帮助学生进一步巩固圆的特征、圆周长和圆环面积的计算等数学知识，提升了学生综合运用知识的能力。

（3）观点汇报

研修组一：立足教材、夯实知识点。通过这样一节拓展实践课把学生以往知识薄弱点和困惑的地方巧妙借助解决具体问题，在具体生动有趣教学情境中激发生活经验，唤起学生知识积累，通过独立思考，在与他人合作交流中，经历发现问题、提出问题、分析问题、解决问题的全过程，体验解决问题的策略，掌握解决问题的方法，促进学生数学综合素养的提高。

研修组二：沟通方法之间联系、挖掘方法共性。本节课数学方法具体应用有：计算、测量（排水法测无规则物体体积）、估算（以小估大），这些知识点分布在不同年级,可以在一节课中把这些数学方法反复应用,足以见本节拓展实践的实效性和高度整合性;而这些方法之间又存在共同的数学思想——转化,发现知识串联性,实现知识串联性,让学生真正学有所获,经历在活动中学习数学,在"做"中"学",在"学"中"做",体会新样态下数学课堂,提升学生数学核心素养。

校内导师:教学活动整合化、教学任务高级化。在本节课教学活动设计,每一环节承载的都不是单一、低级任务,而是整合、高级任务,比如设计实践方案,学生需要在本环节中进行小组讨论、研究、比较、回顾、还要从实际出发考虑方案的可行性等,在各个环节中提供学生更多挑战和思考空间,经历自主探究,提出合理设计思路,运用已有知识和经验寻找解决问题策略,最后设计出活动方案,并在交流中不断完善方案,积累活动经验,提升学生解决问题能力,提升学生核心素养。如何设计一堂承载更多高级任务的拓展实践课更是今后要研究的方向。

区内名师:读懂数据、分析数据。在本节课中让学生解读数据背后的原因,让学生运用已有的知识与经验。正是通过对数据的收集、整理、分析,为更好地制定决策、解决问题提供依据。引导学生善于借助数据分析的策略方法,从复杂的信息中收集、处理数据,并做出恰当的选择、判断的能力,进一步发展数据分析观念。

(4) 活动总结

本次数学组开展的拓展实践课课例研讨活动,学生从传统的被动学习方式走向PBL学习(问题式学习)方式。2015年《浙江省新课程改革发展纲要》中指出:学生学习方式要发生根本性变革。茅校课堂教学发生了翻天覆地的变化:从教师讲授发问式教学——引导启发式教学——PBL学习方式,指导学生以问题为载体,以项目式学习为方式,综合运用学科知识和方法来解决实际问题;提高学生小组合作、研究问题、解决问题的能力。与此同时教师适时适度引导学生发现数学源于生活,用灵活的转化思想、严谨的科学态度来解决实际问题,提升学生核心素养。

博师课堂运用教师发展工作坊的形式,让更多的教师参与课堂研究,共同成长。研修过程中,教师们反思自己是否做到了脑中有"标"(课标)、腹中有书(教材)、目中有人(学生)、心中有法(教学法),积极与同伴交流,集思广益,取长补短。教师教学水平与能力也不再仅仅停留在经验上,备课、上课乃至听评课都有了理论的高度。

第二节　工作坊研修的融合性发展

《国家中长期教育改革和发展规划纲要(2010—2020年)》要求各级单位，完善培训体系，做好培养规划，提高教师专业水平和能力。《教育部关于大力加强中小学教师培训工作的意见》指出，应创新培训模式，增强培训的针对性和实效性。随着新课程改革的不断深入，新时代教育对教师提出了更高的发展要求，使得教师角色从原来的知识传授者逐步向教育问题的分析者、教学的设计者、教学策略的决策者、教学过程的组织者转变。教师发展工作坊研修体系逐渐深化，依托校际融合、家校融合、学科融合三条路径，拓宽教育的宽度、广度、维度，走向融合性发展道路。

一、校际融合

学校校本研修积极发挥教师发展工作坊的引领作用，通过校际合作，与集团其他成员学校联动，组建跨校学习共同体，引领教师开展研修活动，促进集团内教师共同发展。校际融合路径打破各学校各自为战、不相往来的局面，实行集团连片教学研讨机制，能够实现区域教师发展工作的整体推进，充分发挥跨校团队协作优势，提高集团学校教学研究与校本研修整体质量。集团联动研修机制，以教师专业发展为目标，以教育问题为导向，整合发挥专家、伙伴的智力资源，融合共研，助推教师专业成长及集团建设。各校教师在融合研修中，展开共享、交流，实现异校伙伴互助、合作，更新教育理念，启迪教育智慧。

工作坊4

校际融合——走出视觉读图的困境

(1) 案例呈现：如何走出视觉读图的困境？

美术教材很厚，里面有丰富多彩的图例，然而，这些图片对学生来说就像过眼烟云，只停留在视觉的读图状态。尽管美术教材中的图片对于培养学生的审美能力、提高美术课堂质量具有重要作用，但很少被应用于美术教学实践。如何走出视觉读图的困境,赋予学生一个更加鲜活的美术课堂?

结合上述案例,分享优秀经验、做法,提出解决对策或建议。

(2) 互动研讨

集团美术工作坊由凯旋集团五所学校的美术教师组建而成。本次活动首先由各校派一位代表上台随机收取教材图片;然后,以学校为单位,进行组内讨论,组内教师针对案例反映问题,对照教材图例,围绕课程目标,进行交流对话,形成一种合作性的参与式研究;最后,每组派一位代表进行观点汇报。本次活动还邀请了区教研员和理事长进行点评,形成有效的专业引领。

(3) 观点汇报

随后,几位老师分别代表小组进行了观点汇报。

A老师:结合低段儿童的年龄特征,运用游戏的形式,从感受出发,解读图例。

B老师:以问题为引导,将教材中的图例以教师示范的方式呈现,加深学生的印象。

C老师:课本中的有些图例展示了制作的步骤,我们可以将这个步骤制作成微课视频,利于学生清晰地观看。

D老师:在步骤解析图的运用中,要多询问学生教材之外的做法,注重拓展学生思维。

(4) 活动总结

本次工作坊论坛活动,邀请了区美术教研员和集团张理事长全程参与。美术教研员从学科专业角度出发,对图例的解读与运用进行了高屋建瓴的专业引领,特别肯定解读图例要从美术本体、作者信息、历史背景、文化角度以及儿童的认知

图5-3 集团美术工作坊研讨

图5-4 集团美术教师论坛

规律出发,从感受入手,深入解读图片。张理事对本次活动给予了高度的评价,认为集团运用工作坊模式开展美术教研不仅能够促进教师成长,还能提高教学质量,不仅是美术学科,各个学科都可以采取这种发展模式。

二、家校融合

苏联著名教育家苏霍姆林斯基曾说:"若只有学校而没有家庭,若只有家庭而没有学校,都不能单独承担起塑造人的细微、复杂的任务。"一个孩子的健康成长需要学校教育和家庭教育之间的沟通配合、融合协作。家庭教育的不确定性是学校教育教学工作的一大难题。学校努力促进家校融合,力求学校与家庭在教育方向上的统一,在教育时空上的衔接,在教育作用上的互补,提升学校和家庭的教育合力。家校融合可以使家长和教师成为"教育合伙人",使家长走进学校,参与学校活动,也使教师走进家庭,为家庭教育出谋划策。家校融合不仅能够促进学校教育与家庭教育的协同进步,拓展教育的广度,也间接地促进了教师成长,解决了教师工作中的难题。

学校主要采用"习学讲堂"的工作坊活动推进家校融合。习学讲堂邀请学校骨干教师、名班主任、青年教师担任坊主,邀请家委会成员参与,通过共读一本教育书籍的形式,并结合自身经历,开展智慧分享和经验交流。家校共读有助于丰富双方的教育理念,协调统一教育方向,提升教育智慧,让教师具备家庭教育的专业观察力和实践指导力,让更多孩子在健康的教育生态中成长。

工作坊5

家校融合——"赢得"孩子 VS "赢了"孩子

正面管教已经成为管教孩子的"黄金准则"。怎样的教育才能真正获得孩子的尊重?"赢得"孩子和"赢了"孩子有什么不一样?怎样才能"赢得"孩子?在教育孩子的过程中,表扬、赞美与鼓励有不同吗?你能够有效地运用鼓励吗?如果既不能严厉,也不能娇纵,那应该怎样教育孩子?围绕这些话题,教师共读《正面管教》,并尝试将书中理念运用于分析实际问题。

(1)教师领读

青年教师成为学校领读"专家"。读书会分享活动前期,青年教师联合家长自愿组合成七个领读小组。每小组负责深入研读一个章节的内容,用思维导图梳理主要内容。学校教师带领家长,结合实例,认真仔细地阅读《正面管教》。

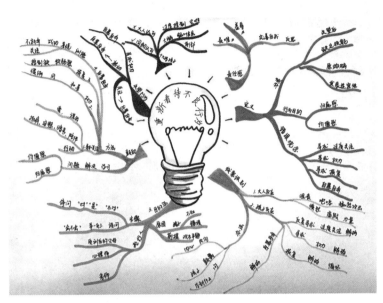

图 5-5 小组思维导图(1)

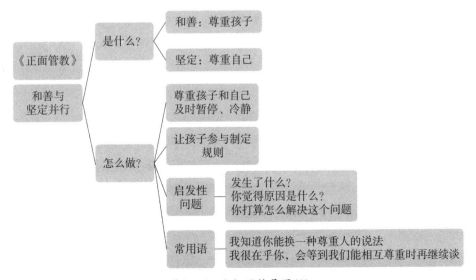

图 5-6 小组思维导图(2)

（2）案例呈现

老师不仅是育人专家和教学专家，还是表演专家。周老师、李老师和方老师在互动分享环节为大家带来了一则情景剧——《在反思中前行》。情景剧将一个实际教育问题表现得活灵活现：当面对孩子在校被老师批评这一问题时，不同的家长采用不同的方式处理，结果是截然相反的。

通过这个情景剧，坊主提出了本次读书会需要共同探讨话题："赢得"孩子和"赢了"孩子有什么不一样？怎样才能"赢得"孩子？

（3）互动研讨

针对上述问题，现场进行分组讨论。他们分析案例，并结合自身成长经验、学习经验、育儿经验等各抒己见，提出了理解、克制、尊重、倾听、合作等系列关键词，讨论现场十分激烈。

（4）观点汇报

第一组：用控制、惩罚的手段战胜孩子，只是一时在气势上"赢了"孩子，容易使他们自尊心、自信心受挫，不利于孩子的成长。心灵的伤害通常会导致孩子的反叛或者盲目顺从。这两种品格都非我们所愿。其实，我们希望的是"赢得"孩子。

第二组：要想"赢得"孩子，我们首先要学会维护孩子的尊严，尊重孩子的行为，也需要请孩子懂得尊重他人，让他们置身于一种彼此平等、相互尊重的环境。

第三组：我们要给予孩子大量的鼓励，并要花时间训练孩子的基本人生技能，尤其是与人的相处能力，我们必须担当起孩子的引路人，在适当的时候给予孩子指导和鼓励，但不能过分干预。

第四组：每天中午班主任都要给学生盛饭菜，会有个别学生不小心把饭菜洒在地上，以前的我总会不由自主地指责他们，但现在我已经意识到我这一行为的严重影响。所以，现在碰到同样情况的时候，我会控制住自己的情绪，运用赢得合作的四个步骤来处理，即理解、同情、感受、解决问题。我发现一个有趣的现象，我的态度越是和善，学生就会越不好意思，会自觉地将地面打扫干净。尊重永远是相互的，其实孩子犯错很多都是无心之举，我们应该学会包容。

第五组：作为一个家长，我觉得我是不称职的，我以前认为孩子听我的是应该的，孩子做错事时我总是以"吼""凶"的方式去处理，以至于孩子有什么心事从来都不跟我说，这次学习让我真真正正地意识到这个问题，我也会反思并改正自己的行为。

第六组：我与学生一直都是亦师亦友的关系，每次出现学生问题，我的第一要务不是追究他们的错误，我习惯以私下谈话的形式展开，和学生展开平等对话，让学生自己解释原因和想法，我相信每个孩子做一件事情肯定有他们的理由，而且我很注重保护他们的隐私，不会公开批评。我想这也是很多孩子喜欢我的原因。

第七组：《正面管教》一书确实教会了我们很多，"赢得"孩子说起来可能很简单，但做起来很难，需要老师和家长的共同努力，也希望我们合作愉快。

(5) 活动总结

《正面管教》阅读分享，是通过个人研修、青年教师领读、思维导图提领、情景剧、案例呈现、小组讨论、名班主任点评等形式，分享教育观点，提升教育理念。从一本书入手，从共读分享到共鸣，引发了教师和家长的思考，"和善而坚定"的教育理念引起老师和家长的共鸣，也引发了双方的教育理念和行为的改变。学校把阅读和教师的专业发展实践结合起来，不仅解决了现实教育难题，还促进教师的知行合一，从多方面促进教师成长。

三、学科融合

教师发展工作坊可以基于单一学科或领域开展研修活动，以学科为界限，遵循"志同道合"和"兴趣所向"遴选原则，按照"坊主＋指导专家＋坊员"的模式，建立了"学科工作坊""育人工作坊"。经过一段时间发展，学科工作坊发展陷入瓶颈，活动模式和思维方式的定势化使学科创新发展变得艰难。为了激发学校课程活力和创造力，促进教师综合发展，学校引进了"STEM＋"教育理念，开发"大课时"式学习项目，从单学科教学转变为多学科融合的新样态课程实践。"STEM＋"课程的开发和实施必须依赖一支扎根于学校、立足于学生的教师团队，这是教师专业发展的机遇。"STEM＋"并不隶属于某个具体学科，而是运用一种跨学科的思路，实现课程开发和课堂实践中的学科融合与碰撞。"STEM＋"课程模式下的学科融合，不是学科体系的简单叠加，而是根据实际需求，实现有机互补、相得益彰。"STEM＋"与工作坊模式的结合，打破了以往同学科、同年级进行教学研讨的形式，增加了跨学科、跨年级、跨领域、跨群体的横向互补、纵向贯通的新方式，其核心是用教师的智慧解决共同的实践难题。如此，不同学科的教师同伴之间构成了最近发展区，在专家的引领下协同互助，教师凝聚各学科的背景和知识，在多维、多层、多向、多群的互动中生成出更多创新能力和发展可能。

工作坊 6

学科整合我们可以怎么做?

(1) 课例分享:STEM+纸的认识

表 5-3 STEM+纸的认识教育课例研讨活动

《纸的认识》教学过程		执教者:翁乐	
教学环节	教师活动	学生活动	设计意图
纸的认识	1. 播放宣纸制作视频,引出主题 2. 交流:对纸的已有认识	自由表达对纸的已有认识	通过视频回顾对纸的认识,知道已有经验是零散的,激发探究兴趣。
纸的发展	1. 前测进行分组小组分工阅读资料 2. 各组制作"纸"的海报 3. 交流、分享、评价 4. 满意度小结	1. iPad 阅读资料,整理、归纳信息 2. 拼图式合作完成海报,拍照上传 3. 小组交流,班级汇报	促使学生能够有效对组内进行分工合作,在浏览信息的过程中运用概括能力,协作完成汇报。
纸的污染	1. 讨论:纸在文明发展中起着至关重要的作用,它只存在有利的一面吗? 2. 学生举例阐述观点 3. 图示引导学生了解造纸过程对环境的威胁 4. 小结	1. 学生思考、发表观点 2. 根据图片信息较全面地认识造纸对的环境威胁 3. 满意度评价	知道纸在文明发展中至关重要,但也引发许多环境问题,建立辩证关系的意识。
纸的再利用	1. 思考:随着环保意识的加强,人们采取了哪些环保方式保障对纸的需求? 2. 小组讨论,对主题模块排序 3. 分享、评价 4. 播放视频 5. 满意度小结 6. 思考:你能为身边的废纸找到哪些好的处理方法?	1. 学生思考,简单交流 2. 小组讨论,对主题模块进行排序,拍照上传 3. 小组汇报	小组成员在思维的碰撞中形成逻辑的初步统一,并尝试按顺序介绍。能够在全班的信息组合中捕捉信息,为制作防水纸作铺垫。

(2) 互动研讨

学校"STEM+"团队教师以"纸的认识"课程为例,根据学习方式、教学方式、现代技术运用三个侧重方面,组建三个小组。教师们自主选组后,围绕三大主题对 STEM+《纸的认识》的课堂转变进行研讨。

(3) 观点汇报

学习方式组:从传统的被动学习到小组自主合作学习、展示汇报,这一学习方式的变化促进了学生学习力的提升。

教学方式组:教师从传统的课堂主导者,变成引导者。在角色转变中,教师努力作两种"专家":敢于退出,作一个隐忍的"旁观专家",即在学生遇到难题的时候,教师不急于给出解决方案,而是鼓励他们在观察、思考、试错的过程中提升解决问题的能力;适当融入,作一个恰当的"干预专家",并非所有的问题都适合交予学生自行解决,教师需要找准契机,予以适当的干预,合理提高学习效率。

技术运用组:借助现代教育技术进行纸项目的探索与实践,有利于学生实践能力、创新能力以及社会适应能力的培养。

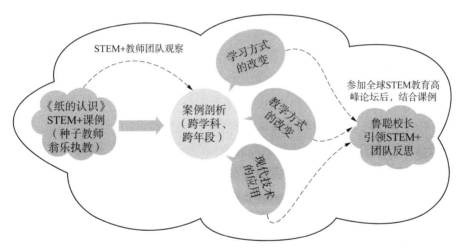

图 5-7　学科融合之"纸的认识"STEM+课例团队研讨

(4) 活动总结

各小组通过头脑风暴,用"关键词+海报"的形式呈现自己对课例的看法和建议。学科工作坊形式,既提升了教师案例开发与教学组织能力,又让更多老师参与到"STEM+"团队建设中,促进教师的跨学科合作。鲁聪校长结合参加多伦多全球 STEM 高峰论坛的体会和教师们共同探讨了作为"方式"存在的"STEM+"教育,引领全体老师反思,"STEM+"不仅是跨越四门学科的整合行动,也是要付出长期努力、培养人才的过程,它带来的是学习内容的更新、学习过程的重构、思维能力的重塑和教师发展的创造。

第三节 工作坊研修的成效与未来

教师发展工作坊作为一种新的教师研修模式,在促进教师终身学习、提升其综合素质等方面发挥着重要作用。工作坊研修不仅提高了教师的团队合作性和自主参与性,也使教师专业发展的灵活性和多样性得到提升。在未来,学校将进一步完善教师发展工作坊研修体系,实现教师专业发展的内化和深化。

一、工作坊研修体系的完善

教师发展工作坊研修方式的出现,改进了传统教师培训。工作坊研修活动将现代教育理念和原则贯彻始终,不仅融合了个性、宽容、开放、创造、平等的现代教育理念,也运用了循序渐进、理论联系实际、智力因素与非智力因素相结合、科学性与艺术性相结合的教育原则。工作坊研修不仅改变了教师的专业发展面貌,还给学校带来了一系列制度性成效。教师发展工作坊研修体系成为学校的创新性实践和特色项目。

(一) 多效的研修制度

为促进教师专业发展的规范性,学校在发展工作坊研修体系时,相应地制定了研修制度,确立了教师发展工作坊的研修目标。学校不仅考虑了工作坊的发展近景,也考虑了发展远景;不仅有宏观目标,也有微观目标;不仅丰富活动,也升华制度。工作坊研修创造了一些多效的研修制度,如下。

1. 坊主负责制

茅校的教师发展工作坊实行坊主负责制,即坊主在专家的指导和成员的协助下,带领工作坊全体开展活动。坊主不是固定的,而实行轮流制,不管是名师、骨干教师还是青年教师,都可以担任坊主。坊主要根据工作坊成员教师的实际教学科研能力,结合工作坊现有教育资源,制定每次工作坊活动的目标和计划,组织工作坊成员研讨活动方案,并带领成员进行活动实施。

2. 自主研修制

教师发展工作坊向全体教师开放,活动不是强制性的,需要教师结合自身需要进行选择。学校推出的活动形式也十分丰富,有面向全体教师的读书沙龙,有面向班主任的班级管理论坛,有面向新教师的成长论坛,还有面向学科教师"STEM+"的课例讲堂。教师可以自主学习教育理论,深入课堂教学,展开课题研究,定期汇报交流自主研修成果。

3. 同伴互助制

教师发展工作坊会定期举行例会,以促进教师之间互动、探讨、交流,实现同伴互助。学校不仅采取新老教师结对互助的形式,还倡导教师们在工作坊论坛里自主交流、相互探讨,促进智慧的碰撞,让教师在探讨中提升自身的教育智慧。

4. 专家辐射制

茅校的教师发展工作坊聘请了许多教授、名师作为专家顾问,辐射引领全校教师扎实、有效地开展教育教学研究和教育科研探讨,为教师的可持续发展指引方向。此外,为使新教师迅速成长,学校让骨干教师成为"专家",充分发挥骨干教师的辐射引领作用。这种方式也给骨干教师提供了自主发展的空间。

(二) 共享的教师共同体

学校在发展工作坊研修时,既强调行政上的策划有序,也鼓励和尊重非行政力量的介入及草根式创造。学校利用多方力量,扩大优质资源的辐射与引领,提升研修的实效,促进教师的特色化发展。教师发展工作坊不仅建立了以坊主为引领、以核心成员为主导、以普通成员为主体的学习共同体,还以非行政性组织把教师和资源聚合起来,促成了以学术交流和共享为主要目的的教师共同体的诞生。

1. 工作坊学习共同体

在工作坊学习共同体中,坊主负责统筹协调,核心成员则负责各自所擅长的部分。每期活动,坊主和成员共同商定研修计划,并将任务分派给核心成员,核心成员将任务进一步分派给执行成员,其他成员则自然而然地成为执行成员的帮助者、促进者和观察者。学习共同体内部分工明确、各司其职。成员之间互相尊重,互相帮助,互相学习,彼此信任,共同协商,共同参与活动的策划、组织和管理。坊主和成员之间彼此承认并维护个体的自由和权利,尊重各自的独特性和差异性,实现教师自主、自由、全面、有差异的发展。

2. 茅校学术委员会

2012年起始,茅校的校园里有了一个新兴的教师组织——茅校学术委员会。茅校学术委员会是茅校教师在参与校本研训时自发组织起来的教师共同体,由区

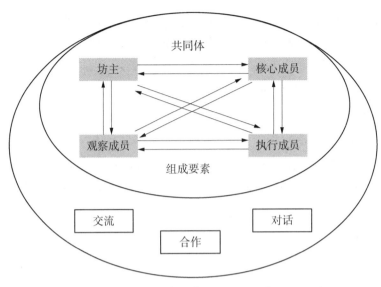

图 5-8 工作坊学习共同体示意图

骨干教师薛老师带头,15位成员教师协作。该共同体成立的主要目的在于改变学校保守、僵化、单一的教学和管理工作。茅校学术委员会成立以来,共同体对学校的教学和管理工作进行了全面评估,带头人组织成员开拓创新、团结进取、服务教师。在学校的鼓励和支持下,茅校学术委员会成为学校改革工作的技术支持小组,为学校的教学、管理和教师发展等方面的改革作出卓越贡献,使学校校本研训变"推"为"引",教学评价变"检查"为"指导",课堂教学变"监督"为"服务"。

3. "五彩课程"中心

"五彩课程"是一种结合地域特点、校本特色、学生兴趣、教师特长、教学资源的综合型课程模式。为促进学校课程发展,提高教师的课堂教学能力,学校部分教师引进"五彩课程"理念,结合学校特点和资源,开展学科融合的创新发展课程,建立了"五彩课堂"中心。他们根据"五彩理念"将教学内容进行归类整理,对课程进行重新设计,从分科教学到融合教学,从基础课程到基础、拓展、创新课程协同,从单一评价到多元评价方案。最终,中心成员将实践经验汇编成书籍,实现自下而上的课程开发。"五彩课程"中心也成为推动茅校校本课程的开发中坚力量。

4. 教育技术爱好者

现代社会是一个技术时代、数据时代,各行各业都被高端、先进的技术笼罩着,教育领域也不例外。这些年,教育技术一直在不断更新:从黑板到投影,再到白板;从文字到图片,再到影像。教育技术作为教师专业发展的重要方面,它的快速发展给教师带来巨大挑战。许多老教师对新媒体技术接触甚少,难以熟练地将技术应用于课堂教学;很多年轻教师对新媒体技术接触较多,能够熟练且有创新性将其应用于工作。为了促进新老教师的互帮互助,提高学校教师运用教育技术的整体水平,一些教师组建了名为"教育技术爱好者"的教师共同体。这是一个兼容并包的共同体,既有精通各项教育技术的"技术发烧友",也有完全的"技术小白",他们定期组织教育技术学习活动,引领着茅校教师的教育技术技能的发展。

(三) 立体的评价体系

工作坊研修体系的发展需要学校一系列制度的配合,尤其是考核评价体系。为使教师发展工作坊真正促进教师的专业发展,学校构建了立体的评价体系,注重评价方式的多元化、评价内容的全面化和评价过程的系统化。

1. 评价方式多元化

教师发展工作坊研修体系以促进教师自主、自由、自觉发展为基本目标,在评价方式中发挥教师的主体性,采用自我评价、同伴评价、专家评价多元方式结合的评价方式。自我评价是教师进行自我反思的过程,可以发展教师的主动性、自觉性,使教师养成主动反思的习惯。同伴评价涉及广泛,主要由坊主和成员、成员与成员之间进行相互评价,是一个共同学习、共同进步的过程。专家评价由高校教师、名师等专家承担,评价以建议为主,多建立在某些科学的评价指标体系或理论基础上,以旁观者的姿态来考察工作坊活动的有效性。另外,学校在具体评价中选用了定性和定量相结合的方式,根据评价内容的特点确定评价方式。

2. 评价内容全面化

良好的评价体系要有明确、全面的评价内容。评价工作坊研修体系的成效首先要检验教师的专业发展水平。教师专业发展是一个复杂的过程,涉及专业理念、教师道德、专业知识、专业技能、教师心理等多方面内容。这意味着教师理念、道德、知识、技能、心理等也是评价内容的重要组成。除此之外,由于教师发展工作坊体系不仅承担着教师培养的任务,还关乎学校的教学和管理工作,评价内容不能只依靠教师的发展成效,工作坊活动的准备过程、开展过程、筹备计划、成员表现、活动环境、活动反响等都是不可忽略的评价内容。

3. 评价过程系统化

教师的发展是有规律可循的,评价体系也应有规章可循。茅校注重评价过程的系统性,对工作坊活动和教师的专业发展都采取分阶段评价的方式,根据阶段的具体情况,确定评价方式。在活动实施前,学校会对教师已有的知识、能力、情感等进行诊断性评价,为计划的有效实施提供可靠的信息,也为后期评价提供基准水平;在活动开展过程中采用形成性评价,及时、具体地反馈活动中存在的问题,并对活动计划进行修改、补充和完善,做到循序渐进、逐步优化;终结性评价是活动之后的评价,主要检验活动是否实现了预期目标,教育案例中的问题是否得到高效解决等,这类评价的内容更多,范围更广,概括水平也更高。

二、工作坊研修的教师发展成效

学校以教师发展工作坊为载体,构建了三级教师研修体系,为教师搭建起交流平台和实践舞台,聚焦一线教育问题,开展各项活动,并聘请专家为教师指点迷津,帮助教师制定、完善成长规划,引领教师快速成长。在长期实践中,教师发展工作坊研训体系日益完善,形成了"全员参与、责任分层、差异发展"的校本研修制度,保障了工作坊研修的有效进行。工作坊研修模式改变了教师发展环境,开拓了多条研修路径,开阔了教师的视野,使教师逐渐成长为发展的主动者。在自由、宽容、自觉、自信、有趣的研修氛围中,教师的教育理念逐渐深化,教学能力日益提升,科研能力不断进步,职业幸福感、认同感悄然地在教师心中埋下种子。

(一) 教育理念的深化

教师发展工作坊研修体系不仅改变了教师发展的方式,也深化了学校教师的教育理念。工作坊研修模式将师德作为教师专业发展的重要议题,秉承"立德树人"的教育理念,开展师德教育活动。这首先从观念改变了教师对专业发展的认识,使教师认识到道德教育的重要性。"师德为先,学生为本,能力为重,终身学习"的教育理念也被贯彻于教师的教学和管理工作中,成为教师开展教育活动的根本指导。教师对专业发展的认识也有了改观,不再局限于传统、被动的集中培训,走向灵活、主动的教师研修。教师的专业发展理念变得开放、丰富、自由、包容,教师的职业幸福感也逐渐增强。

凭借教师发展工作坊研修体系,学校引进了许多先进的教育或课程理念,如"STEM+"教育理念、"五彩课程"、拓展性课程理念等,不断丰富教师的教育理念。由于教师发展工作坊研修模式主要依赖于教师群体的交流、对话、合作和共享展开,教师的对话、共享、合作理念逐渐被建立,并逐渐转化为教育实践,广泛应用于课堂教学与管理。例如,由骨干教师与年轻教师形成的科学四人组,在教学过程中边习边学,成功研发了课堂助学本、假期 UMU 在线智慧答题模式,同时还开发了小学拓展性课程项目,其中"江干区小学拓展性课程开发与实施20学分培训"被选为浙江省中小学教师专业发展集中培训项目。学校将共享教育理念进一步深化,将工作坊研修的辐射面扩大,实行联盟共建、区域共享,即与联盟内各校合作,充分完善教师发展工作坊研修体系,并在区域内共享工作坊活动,实现教师专业发展的共享化。茅校连续办了三年全区性的教师培训项目,项目全称:1.[初级]江干区小学 STEM 项目开发和实践16学分培训;2.[高级]江干区小学 STEM 项目开发和实践16学分培训;3.江干区小学拓展性课程开发与实施20学分培训。

(二) 专业能力的提升

在日常教育中,一种关于教师专业能力的认识误区时常存在于教师群体之间:专业能力等同于教学能力。这只是一种片面理解,事实上,教师的专业能力并不局限于教学能力,而是包括教学能力、班级管理能力、评价能力、沟通与合作能力、反思与发展能力等多个方面。教师发展工作坊研修模式旨在促进学校教师专业能力的全面提升,而非单方面发展。在工作坊研修中,坊主和成员教师共同探讨、研究每个人的特长和优势,帮助教师充分挖掘自身潜力,找准专业发展的生长点,确定职业发展方向,创出特色,形成了富有个性的教学风格。学校依托"博师课堂"平台,通过"STEM+"课程、"五彩课程""同课异构"等形式,开展课例活动,使教师在备课、讲课、听课、评课活动中实现教学能力提升。例如,茅校曾在香港大学的技术支持下,与香港保良局雨川小学开展"同课异构"网络研训活动。两校教师用不同的教学风格、教学方法、教学流程诠释了数学课"三的整除性"。通过远程观摩,两校老师互相学习、共同切磋、共同进步,共享经验与成果。

教师发展工作坊还聚焦教师的班级管理能力,开展"班主任圆桌会",共同探讨班级管理难题,寻求解决对策,使教师的班级管理能力和问题解决能力得到提升。教师发展工作坊支持鼓励沟通、交流与合作,主张诉说教育疑惑,分享教育经验,解决教育难题,学习教育智慧,寻得教育启示。这种"教师为本"的研修方式不仅改变了教师的发展面貌,使教师充满活力、自信和热情,也提升了教师的沟通、合作、反思与评价能力,促进教师各项能力的同步进步。例如,茅校在开展工作坊研修之前,教师通常各自为伍,教学与管理工作往往处于一种闭塞状态,许多教师在遇到难题之后便陷入自我困顿和迷茫,更不会在教师培训活动中主动提出问题和疑惑。如今,教师专业能力的提升已经在学校各项工作中有了明显的体现:教师间的沟通、合作变多,教师不再畏惧提问与发言,教师开始自发地组建学习共同体……

(三) 教师角色的转变

相较于传统的集中培训模式,工作坊研修模式下的教师角色已经发生了转变。教师不再是专业发展的游离者,而是教师专业发展的主人和掌控者。我校在实行教师发展工作坊研修模式之前,教师们对专业发展的认识主要停留在单一的培训上,面对枯燥、无趣且理论性强的培训,时常表现出抵触、回避的态度,几乎处在一种"无所谓"的游离状态。工作坊研修模式是一种由学校发起、教师策划、组织、参与、评价的教师发展方式,活动全过程都要通过教师团队的努力去完成,这种模式迫使教师主动参与、发挥主体作用,成为主动发展者,从而摆脱被动接受者的身份。通过工作坊活动,教师的主动性被调动起来,头脑中有了问题意识,参加研修活动时不再是被动接受,而是主动将研修内容与工作坊中讨论的问题和自身经历紧密联系起来。在教师发展工作坊中,教师不仅作为教育者而存在,也扮演着学习者的角色,承担着终身学习的任务。

工作坊研修模式使教师从参与者转变为组织者,从客人转变为主人。传统的教师培训是单向度的,培训的主题、形式、内容都由培训者负责,教师仅作为培训活动的参与者,是观看培训者表演的客人。工作坊一改旧模式,让教师成为工作坊的组织者,不管是坊主、核心成员、执行成员、普通成员都有组织、策划活动的权力,不管是新教师、青年教师、骨干教师、名师,都有成为坊主的可能。而且,所有的工作坊研修都要经过一系列的互动、研讨、协商、合作,教师可以充分发挥主人和组织者的身份作用,表达自己的疑惑和观点,分享经验和教训,寻求帮助和指导。另外,工作坊研修体系催生的配套评价机制,也使教师从被评价者转变为评价者,成为教师专业发展的反思者。

(四) 科研能力的进步

教师发展工作坊不仅是一个具有较高研究价值的教师发展主题,它的开展也可以引领教师共同研究、探讨、实践、解决教育问题。教师发展工作坊关于课程、教学、管理话题的主题研修活动启迪了教师的科研意识,提高了教师的科研能力,使教学型教师逐渐转变为研究型教师,使骨干型教师向专家型教师提升。教师发展工作坊是以问题为导向的研修模式,它遵循一个发现问题、分析问题、解决问题的动态学习过程。工作坊的学习过程实际上也是一个教育研究过程,它训练了教师从事科学研究的学术思维,使教师从研究和学习的视角,审视、反思、分析和解决教育实践中遇到的问题。以前对于许多中小学教师来说,教育研究是非常遥远的,而现在工作坊将教育研究变成了教师的普遍工作方式。

在工作坊研修环境下,我校教师的教学设计、教学语言、课堂组织和信息技术应用能力的优秀率达到90%以上,科研成果数量、科研意识也有了显著提高。这说明教师发展工作坊不仅促进了教师业务能力的成长,也提升了教师的科研能力。在老师们的努力下,优秀的科研成果不断涌现。例如,《让每一个孩子从小亲近科学——"茅以升少年科学院"科学教育实践模式的研究》被评为浙江省教育学会科学教育科研成果一等奖;《茅校范式:提升小学生实践创新素养的综合项目设计与操作》被立为浙江省规划课题;茅校教师撰写的论文在省市区的评比中获奖,在国家核心期刊上发表。仅2019年,茅校就有57人、58项科研成果在全国、省、市、区各级各类比赛中获奖。

三、工作坊研修的未来方向

尽管教师发展工作坊研修体系已经取得了阶段性成效,展示出一些闪光点,也为教师专业发展工作增添了许多色彩,但其仍然存在点小面窄、方向不明、认识不清、学术水平有限等问题和局限。为进一步发展和完善教师发展工作坊研修体系,充分发挥工作坊的辐射作用,促进研修活动的多样化、特色化、典型化发展,从教师专业发展的几枝独秀过渡到遍地开花的局面,工作坊研修模式的未来发展可以着眼于以下几个方面。

(一) 建立健全的制度保障机制

教师发展工作坊是一种新型的教师研修模式,以其形式多样、灵活快捷、多元多能、轻松愉悦等特色,在教师发展工作中发挥着不可替代的作用。然而,工作坊研修模式才刚刚起步,需要悉心扶植与呵护,需要良好的发展环境,需要给予勇气和信心。在"摸着石头过河"没有先进经验可供借鉴的背景下,规章制度的引领是关键,可以为教师发展工作坊的长足发展指明方向,并提供制度保障。此外,教师发展工作坊研修活动的系统性、功能性强,效果显著,但参照较少,急需摸索、制定出一整套健全、务实的规章体系来进一步完善工作坊研修体系。教师工作坊的发展也需要相关部门的支持,帮忙营造良好的教师发展氛围,解决制度保障、活动资金、人员组成和配套设施等相关问题。

(二) 强化专业的学术指导

为了促进教师发展工作坊研修体系的长期、科学、有效的发展,必须强化学术指导,加强与高校教师、中小学名师的联系,推动教育理论与实践的结合。一方面,学校要与高校专业团队合作,吸收先进、科学的教育理论,不仅探索工作坊高效运行的理论基础,还要探究中国本土教师研训的特色及不足。另一方面,学校要组织教师进行实践探究,既检验理论构建的活动体系的有效性,又能在实践中发现问题,为下一步的理论研究提供一手资料。如此,理论指导实践,实践检验理论,两者相互影响、相互促进、循环往复,不断完善教师发展工作坊研修体系。

(三) 转变教师的认识和心态

工作坊研修与其他教师培训模式相比,是新生事物,无论是教育管理者,还是普通教师,都或多或少地抱着试试看的心态,大家与这种新型研修方式似乎也保持着若即若离的关系。因为不了解,很多学校和教师不敢轻易冒进,也不敢投入太多。此外,教师本身就承担着较为繁重的教学任务,倘若教师发展工作坊的时间安排不合理,势必会影响教师的正常工作和生活。因此,学校需要调整好教师的心态,协调好常规工作与工作坊活动的时间、任务安排。无论资深教师,还是年轻教师,都非常需要在民主、平等的学习共同体中,互相帮助、互相促进、互为彼此的发展创设条件。教师发展工作坊是一种观点、心态、情感的对话和交流,是老、中、青三代教师思想的交锋和碰撞。学校应该努力丰富教师对工作坊研修模式的认识,让教师放下戒备心,爱上工作坊活动,实现专业成长。

(四) 构建科学的评估体系

目前,教师发展工作坊研修体系还不完善,尤其是评估体系,尚没有现成的、科学的评估结构和指标可供借鉴。工作坊研修活动的评估是一项开创性的工作,须与专业团队合作完成,用科学的测量手段,进行长期的跟踪式调研,确定评估维度、评估内容、评估对象、评估方式等,建构科学、适宜的评估体系。

(五) 培育创生的协作文化

学者哈格瑞夫斯曾将教师文化分为四种：一是教师间彼此孤立的个人主义文化；二是资源争夺、恶性竞争的分化文化；三是行政命令式的人造合作文化；四是真诚信任、坦诚开放并有共同发展欲望的协作文化。教师发展工作坊需要的不是"孤芳自赏"的文化，而是需要一种具有思想的融合、智慧的碰撞以及思维的启迪的创生协作型教师文化。教师只有在创生的协作文化氛围中，才能有平等的话语权，从而建立起彼此信赖的心理关系，促进教师的深度合作。目前，工作坊研修中的教师协作多停留于表层和形式，教师协作效果不明显，活动成效欠佳。在工作坊研修模式的未来发展中，学校应继续增强教师的合作意识，深化合作层次，鼓励教师平等、互助，倡导良性竞争，培育创生的协作文化，以增强共同体凝聚力。

第六章 亲和·智慧·静雅：做有思想的关爱者
——景华小学的教师发展活动与机制

杭州市景华小学创建于2000年,是伴随素质教育改革成长起来的新兴学校。多年来,景华小学一直致力于"童趣、精致、和谐"的"关爱校园"建设,紧紧围绕"恬静善思,关爱景行"为学校发展的核心理念,努力打造独树一帜的校园关爱文化。所谓"恬静善思",主要指教师和学生能够在复杂多变、困难重重的教育生活中宠辱不惊、从容不迫、乐于思考;所谓"关爱景行",主要指教师和学生能够在学校生活中学会关爱,具有高尚德行,行为光明磊落。学校以"微笑,是成长的底色"为办学口号,以"为孩子的终身幸福奠定基础"为办学宗旨,以"在关爱中幸福成长"为办学愿景,追求"有思想的关爱",倡导每一个景华人做一个有思想的关爱者,力争把学校建设成为一所具有教学品位、课程品牌、文化品质,促进师生生命成长的现代化学校。在关爱文化引领下,学校以关爱文化日、悦动成长季、关爱课堂、关爱故事等为载体,将关爱文化拓展为关怀自我、关爱他人、关心社群、关切自然四个维度,努力让师生在活动中体验、感悟,真正领悟学校关爱文化的真谛,并将这种关爱以自觉的行动传递给身边的人。在教育生活过程中,学校聚焦核心素养,引导师生学会关爱、感受关爱,促进师生共同发展成长,从而营造一种充实的、积极的、快乐的双赢式氛围。教师专业发展作为学校关爱文化体系建设的保障环节,是景华小学的重点发展项目。学校倡导全体教师做有思想的关爱者,通过从引领职业价值取向、服务专业成长需要和创新教师评价体系三条路径,做一名"亲和、智慧、静雅"的关爱型教师。

第一节 关爱理念下的教师专业发展

在关爱理念的指导下,学校上下齐心协力,营造"温暖的育人环境"、构建"快乐的学习生活"、筑起"七彩的成长梦想"、向着"小校大爱"努力,共同体验着"在关爱中幸福成长"。学校不仅用关爱理念指导学生发展,更用其指导教师专业发展,努力使教师成长为"有思想的关爱者"。

一、关爱是教育发展的重要因素

关爱与被关爱是人类的基本需要。在人生的任何一个阶段,人们都需要被关爱、被理解、被接受、被认同。教育是关爱的过程,关爱是重要的教育力量。关爱是责任、关爱是奉献;关爱是唤醒、关爱是鼓舞;关爱是智慧、关爱是温暖。美国教育学家内尔·诺丁斯(Nel Noddings)提出关怀教育模式,她认为,"教育最好围绕关心来组织:关心自己,关心身边最亲近的人,关心动物、植物和自然环境,关心人类制造出来的物品,以及关心知识和学问"[①],并表示"教育的目的应该是鼓励有能力、关心他人、懂得爱人、也值得别人爱的人的健康成长"[②]。这种教育模式肯定了人的智力因素、个人情况的差异性,认为每个孩子的独特天赋、能力和兴趣都需要教师给予充分的注意,都值得学校为之提供发展的机会。关爱理念指导下的教育实践关注每一位学生,也关注每一位教师。教师像学生一样,也需要广泛的、与生活密切相关的、符合自身兴趣点的成长课程。教师专业发展应该帮助每一位教师以智慧的方法和理性的知识满足学生的需要,解决他们提出的各种问题。学校需要帮助教师去探索,帮助他们放弃各自为营的传统工作观念;帮助他们改变传统的课程与教学观念;帮助他们理解教师职业在人类生活中的地位。

学校将关爱理念作为凝聚师生的共同价值,在教育实践中以构建"关爱共同体"为学校变革的重要路径。通常来说,共同体建立的基础在于成员之间拥有共同的价值观念。学校作为"关爱共同体"意味着关爱理念成为学校师生广泛认同的价值秩序和分享要素,简单地说,就是以关爱为核心的价值体系构成了学校运作和成员互动的基础。景华小学将关爱理念整合进学校的核心理念——"恬静善思、关爱景行",倡导师生在恬静中实现善思,在关爱中实现景行。关爱理念引领下的学校教育大致形成了三个基本的变革方向和主要的实践领域:第一,学校以关爱为教育目的,通过课程建设直接培育学生关爱品格;第二,学校以关爱为教育手段,主要是在教学、管理、指导、训练等学校工作中体现关爱的原则或方式;第三,学校以关爱为教育环境,主要是以学校制度、物化空间、人际氛围中蕴涵关爱

---

① [美]诺丁斯.学会关心:教育的另一种模式[M].于天龙,译.北京:教育科学出版社,2003:3.
② [美]诺丁斯.学会关心:教育的另一种模式[M].于天龙,译.北京:教育科学出版社,2003:5.

的精神与价值。作为一种价值秩序,关爱理念不仅要教师接受和认同,而且要让学生形成内化,并使其成为学生的一种习惯和行为方式。关爱共同体的学校建设旨在将关爱理念变成自身的文化血脉,践行有思想的关爱。

二、关爱理念在教师成长中的缺位

关爱是教育发展的重要因素,但也是教学实践容易缺失的东西。从客观上看,学校教师总体年龄偏大,年轻教师在教学经验和教育智慧上相对比较欠缺。随着义务教育改革的深入和现代化教育技术的普及,教师的教育理念需更新,智慧教育技术素养需提升,课堂的问题意识和研究意识需加强。从特色发展来看,教师认同"关爱"理念,认为关爱的要素包含尊重、认同、为学生提供帮助,然而,对于如何"有思想地关爱",没有明确的设想和计划。

学校的教育教学工作中,经常出现以生为本、尊重、包容等关键词,但在现实中,仍然面临一些问题:学生在日常学习和生活中更多表现出以自我为中心;课堂中,由于生生缺乏交流,学生对于学习内容兴趣不足,缺乏主动学习意识;学生的创新性和批判性思维不够等。这就需要学校教师进行加强教育教学能力,以关爱教育载体来进行关怀性互动,为他们提供情感支持,满足归属感和自我认同感。

三、关爱理念下的三大教师发展素养

基于关爱文化引领下的"亲和、智慧、静雅"教师的专业成长项目,是基于学校文化特色积淀、师生面临的问题和对教育改进的把握上综合设计的。"亲和、智慧、静雅"三个素养分别对应于关爱共同体中"态度、能力和气质"三个维度,三个素养不是简单的物理聚合,而是能产生新要素、新变化的化学反应。

(一) 亲和的教师态度

亲和,指教师能倾听到学生的心声,乐于亲近学生,善于亲近学生的气度表征,是"恬静善思"理念下的教师主动践行关爱的行为。具体表现为教师"思想随和""关系亲切"和"行为温和"三个方面。

(二) 智慧的教师能力

智慧,是对教育的理解与解决教育问题的一种内在能力,既是在驾驭教育教学过程中的能力,也是运用现代化教育信息技术的能力,具体表现在教师的"课堂智慧""技术智慧"和"德育智慧"等方面。

(三) 静雅的教师气质

静雅,是一种从容、优雅的教学状态,是达成"恬静善思"理念的教师气质追求,具体表现为"姿态从容""思考精深"和"专业沉稳"。

第二节 "关爱"教师研修模式的建构

研修模式是助推教师向"关爱"转型的平台保证,一项研修讲堂、两个展示平台、三条研修制度和四个共同体的"一二三四"模式作为推进关爱教师成长项目的活动载体,从"亲和""智慧"和"静雅"三个维度来推动教师自主向关爱型教师发展。

学校的整体研修模式为"一二三四"体系:一项研修讲堂、两个展示平台、三条研修制度和四个共同体。

一、一个研修讲堂

学校致力于做精一项研修平台:"启慧专家讲堂"。平台主要的主题内容选择来源于教师的内生需求,进行价值引领、理论讲座、名师论教和技能学习,明确目标和任务,真正为更新教师教育思想观念、更新知识能力结构服务,引领教师对关爱教育中的热点、难点和重点问题进行深度思考。

二、两项展示平台

学校做实两个展示平台:"绿叶杯"和"新绿杯",为教师课堂教学展示平台,不断创新活动形式,聚焦主题,优化活动内容,引领不同层次教师寻求专业发展,探索关爱课堂。

三、三条研修制度

(一)"校内+校外"的双导师制

采用双导师制,"校内+校外"形式,青年教师开展每月一次的导师听课指导活动,提升自身的专业能力;一月一主题活动,以案例分享、沙龙交流、读书交流等形式开展,答疑解惑,分享收获;"新绿杯"活动聚焦学科素养,青年教师在践行中,看到自身在教学上的差距,向骨干教师看齐,随着职业道德和专业素养的修炼沉淀,逐步达成"专业沉稳"。

(二)"个人+集体"的学习制度

关爱研修模式也融合了个体研修与集体研修。在个体研修方面,教师根据自我需求,进行个人规划;立足本职岗位,通过案例反思,提高常态实效;精致优化教学,完成"六个一"教学任务。在集体研修方面,教师主要依托于学校的主题研训体系。通过这样个体自主和集体研修相结合,开展基于问题解决的活动,解决实际教学问题或获得新知,不断激发教师的内驱力,提升岗位胜任力。

(三)"自评+他评"的评价制度

在评价中采用自我评价和他人评价相结合的方式。在自我研修过程中,经常性安排用描述性语言进行自我定性评价,肯定优点、反思不足。同时通过评课表、家长开放日及家长会调查、线上问卷等形式进行教师教育教学方面的评价。通过评价激发教师的主动性,获得同伴的认同感,提升自信心和工作能力。

四、四个共同体

架构四个共同体:以教龄和经验分层,教龄10年内为青年教师,搭建"青年教师联盟",教龄11年以上为骨干教师,打造"骨干教师俱乐部"活动平台;以业务和活动内容分类,开展"学科工作坊"活动,组建"课题科研项目组"。四个"共同体"立体推进,从不同角度探索"关爱型教师"的意蕴和维度。

四个"共同体"以"启慧专家讲堂"为目标引领,"骨干教师俱乐部"以"绿叶杯"为教学展示平台,发挥自身师范引领作用;"青年教师联盟"以"新绿杯"为教学展示平台,实践思考改进自身教学,积累经验收获;"学科工作坊"和"课题科研项目组"基于自身需求,进行实训指导和运用。

第三节 "关爱"研修模式的实施与发展

一、教师研修的多维路径

(一) 关爱课堂

1. 基于需求,问题导向,推动课堂转型

作为关爱特色系列之一,如何创造关爱课堂氛围,这一问题引发了教师们的思考。因此,学校组织了"骨干俱乐部"教师的专项讨论:先进行了圆桌会交流,随后进行了问卷调查。在参与的40位教师中,32位教师认为"教学设计应该关注学习的需要、注重学习的乐趣";30位教师提到了教师的课堂语言与肢体行为,特别是"倾听、理解、鼓励、激发"这四个词,出现的频率很高;25位教师提出了"个体关爱、因材施教",甚至有两位教师建议"尊重学生的主张,调节课堂节奏";18位教师认为"应该搭设平台、参与合作,让孩子有更多的表现机会",学生的课堂主人地位还要强化。

上述结果表明,老师们心目中的"关爱课堂"是"教师尊重学生的学习状况,唤醒学生的学习需要,尊重学习规律,提倡民主对话,注重自主建构,助力于学生的自主学习,鼓励学习成功"。教师对"关爱课堂"理解的调查结果为学校针对性地打造"关爱课堂"初步明确了方向。

2. 课题引领,分步推进,探索关爱课堂

根据上述问题,学校形成课题"关爱课堂:关心视野下的小学课堂转型的研究与实践",并成功在区里规划课题立项。学校依据调查得出的教师理解的"关爱课堂"特征,有针对性地确定了"学科工作坊"的主题,进行"关爱课堂打造"的工作坊系列活动。

工作坊确立了层次性和结构性的活动主题:"三主视野下的关爱型课堂打造之学习主题构建""三主视野下的关爱课堂打造之课堂教学方式探究"和"三主视野下的关爱型课堂打造之'三度练习'设计"等。"三主",即课堂中要解决一个基于学情的主问题,开展一场民主、充分的师生、生生对话,进行一次有深度的自主学习。"三度",即练习设计有温度,贴近学生的需求;有宽度,拓展学生的思维;有深度,加深学生的理解。学科工作坊根据学科特点,制定计划,每月一次大主题教研,每周一次常态教研,推进工作坊活动。

学习主题、课堂教学方式探究和"三度"练习,分别对应于主问题、民主对话和自主学习,即"三主",这是关爱课堂的具体表现。对于普通老师来说,"三主"需要作进一步解释和分析,如何实践操作,遇到的问题如何解决。因此,"青年教师联盟"走在前面,深入对"三主"进行聚焦式地研讨,剖析关爱课堂。

案例 1

青年教师共同体"三主"研讨工作坊

背景:寒假中进行"三主"备课。

工作坊流程:

(1) 作业反馈,有效指导。青年联盟会导师郑丽敏老师对检查青年教师的备课中出现的问题进行了反馈且对备课进行了指导,帮助青年教师更好地进步。

(2) 案例分析,交流想法。林天慧老师拿出了自己以围绕"三主"撰写的教学设计,分享了她对课堂"三主"的理解。

(3) 头脑风暴,解读"三主"。根据"三主",每个小组都用小报的形式展现了自己的理解与想法并由代表向大家阐述想法。

(4) 研究"三主",申领项目。戚震华校长提出青年教师继续研究课堂"三主",申领"落实课堂三主,打造关爱课堂"小探究项目。(小探究项目见附件一)

四个小组的感悟:

第一小组认为主问题是一堂课的核心所在,教师要通过与学生的民主对话去解决主问题。在实际教学过程中,要引导学生将学到的知识与生活中的实际相结合,能够在生活中进行拓展延伸。

第二小组认为在开展民主对话时,一定要对提问进行精心设计,设法激发学生的思维。但这需要教师充分了解学生的学习基础,这样才能摒弃无效提问。同时,教师要鼓励孩子自由表达,并且建立"容错"环境。

第三小组认为一堂课的"主问题"必须是经过提炼概括的指向解决主目标的问题,这个问题要贯穿整个教学过程。他们认为民主对话首先从教师上课时的小细节着手,比如充满鼓励的目光,亲切的提问语气,连手势也要注意尊重学生。

第四小组认为课堂"三主"应该注重对孩子学习能力的提升,因此在自主学习环节要以练习为载体,主动内化所学的知识,并且延伸到课后的探究学习。

附件一

申领"落实课堂三主　打造关爱课堂"小探究项目

一、个人重点关注的课题:在关爱文化背景下的"关爱"课堂探究项目:

1. 了解学生的需求,把握学习起点
2. 设计主问题,开展问题导向学习
3. 编制主项目,进行项目式学习
4. 整合大主题,开展主题课程学习
5. 搭建分享交流平台,促进学习深入
6. 运用解决问题,促进意义建构
7. 鼓励自由表达,建立"容错"环境
8. 尊重学生,让错误成为学习的资源
9. 加强课堂非规范随行评价话语研究
10. 以"三主"为落点的关爱型课堂的评价标准的研究
11. 智慧教育技术的运用,促进学习效率的提高
12. 预设课堂留白空间,助力个性发展
13. 哪些小举措,让我们的孩子课堂参与更幸福?

从上述案例中可以发现,青年教师联盟的"三主"研讨,以"真实情境、共同体组建和交流总结"带动课题研究,用"个人思考和群体智慧"来加深对"三主"特征的理解、解释和重构,从概念内涵上实现共生共长。

3. 利用量表,观察诊断,改进课堂教学

通过华师大基教所教授的全程指导,从关爱课堂的提出到课堂"三主"的表征提炼,全体老师们经过多次工作坊的探讨,确定评价指标以及相应的评价标准,制定了"杭州市景华小学关爱课堂'三主'观察表"详见下表。

表6-1 杭州市景华小学关爱课堂"三主"观察表

观察项目	主要指标		等第				亮点与建议
			n/a	A	B	C	D	
教学设计	目标适切	学习目标清晰、具体、可达成						
	内容合理	围绕重难点设计1—2个主问题/任务						
	方法得当	选择可激发学生参与的教学方法						
	过程有序	教学环节清楚、循序渐进						
教学过程	主问题呈现	创设情境,能引出主问题/任务						
		主问题/任务的分解清晰、有梯度						
		引入学生的生活经验和社会经验						
		让学生围绕主问题/任务进行合作和探究						
		围绕主问题/任务布置适量的作业						
	民主对话	导入开放,能引导学生的学习						
		互动有序,有思维的碰撞						
		反馈及时,对学生表现的评价客观						
		氛围融洽,对学生给予鼓励和帮助						
	自主学习	为学生留有思考的时间和空间						
		学生主动提出质疑或问题						
		让学生自己动手操作或练习						
		让学生对这堂课的学习进行总结						
教学效果	预期的学习目标基本达成							
	课堂上学生的参与度高							
	课堂上教师的投入度高							
综合等级								
评价与建议								

在主题教研活动中,工作坊利用观察表,对课堂观察进行对照记录,通过牵引式的研讨,帮助授课教师驱动式地改进主问题和教学环节等。

案例2

利用"三主"观察表改进课堂教学

本节课的课型是语音课。刘秋瑶老师在解读教材后,以"or"在单词中的两种发音规律为主问题,设计了循序渐进的教学环节。第一步,用看图填空的方式,导入呈现带"or"的三个例词;第二步,学生读一读例词,并小组讨论,引导学生自己总结"or"在单词中的第一种发音规律;第三步,进行自主操练,尝试拼读更多单词;第四步,以咏唱(chant)为载体,呈现"wor"例词,学生通过比较发现第二种规律;最后,呈现混合了两种类型的生词,学生进行组内合作拼读。

学科工作坊进行讨论后,结合校本"三主"课堂评价表,发现这样的设计主问题清晰、重难点突出,但warm-up热身环节,例词的导入比较生硬、缺乏情境性,学生没有warm起来;整个过程以教师单向输出为主,学生的自主学习时间不足且形式单一;缺少检测学生是否掌握两种规则的环节。

刘老师根据组内老师的建议,对教学设计进行了如下修改:1.由判断教师基本信息正误进行导入,在游戏中呈现例词,激发学生学习兴趣;2.加入fun with phonics视频,学生在跟唱后,自主将例词改编为chant,进一步巩固第一种发音规则;3."or"在"w"后的发音,引导学生之间民主对话,讨论发现规律,并链接已有的学习经验("ir","ur"在单词中的发音);4.增加单词分类环节,让学生拼读生词后,按照发音规则进行分类;5.补充绘本阅读材料,学生在新的情境中,自主运用所学语音规则,读出语音小故事,并进行小组展示。

通过试教,工作坊发现,学生的自主学习时间和形式丰富了,整堂课的重难点有效突破;用语音绘本作为最后的检测,让学生真正做到学以致用。在修改了"主问题""自主学习"两个环节后,教研组的老师们又对整堂课的民主对话环节进行了完善:同一个单词让多个同学进行尝试拼音,学生进行比较,选择正确的发音,教师及时反馈;词卡分类让学生充分讨论之后,让学生上来板贴并当小老师领读;绘本故事让学生先自己独立感知之后,再进行组内合作朗读。

从上述案例中可以发现,评课教师通过关爱课堂"三主"评价表,对教学过程进行监控,有目的、有任务地进行观察和评价,能清晰地指出课堂的优点和不足,提出建设性的改进意见;授课老师,通过工作坊的研讨和评价表,有依据、有方向地进行反思和修改,对课堂"三主"把握更加准确。从刘老师的反思中可以发现刘老师的思路转变过程。

案例 3

刘秋瑶老师的教学反思

语音课是英语所有课型中,比较容易把握的一种。它的主问题清晰,重难点明确。本节课就是围绕"让学生掌握 or 在单词中的两种不同发音规则,做到见词能读"这一主问题开展的。主问题明确之后,就要精心设计教学环节,让学生在教师的引导下进行民主对话和自主学习,突破重难点,达成教学目标。

结合学校的"三主"观察表,在教研组老师们的共同探讨下,整堂课由一个小游戏"判断关于我的基本信息正误"导入。课件上的一些包含例词但又明显失实的句子,既活跃了课堂气氛、激发了学生的学习兴趣,又自然呈现了例词,为接下来的学习做好了铺垫。学生通过同伴间对例词的讨论、分析,发现了本课时的主问题:or 在单词中的发音。

"三主"课堂很大一个特点就是把时间还给学生,把课堂留给学生。整堂课,教师起到的是引导学生思维的作用,而不是知识的单向传递。整堂课,主问题由学生观察、讨论提出,在比较、分析中得出 or 的两种发音规则;通过师生和生生之间的民主对话,交流自己的结论,在小组活动中互相纠音、合作学习;通过自编chant,朗读全新绘本故事等自主学习环节,在新的情境中检验自己的学习成果,学以致用。整堂课,环节清晰、循序渐进,学生参与度高,更乐于表达。学生在"三主"课堂中,学到的不仅是知识,还有自主学习、合作探究的学习策略,提升了学习能力,对今后的学习大有裨益。

诺丁斯认为,在学会与周围的人建立一种富于关心的关系这一过程中,对话扮演着重要的角色。从上述案例中可以发现,在课例实践、工作坊研讨、再课例改进这样的线性过程中,"主问题"从一开始的教师主要设计到后来的课堂上学生观察、讨论得出,"民主对话"环节占据课堂很大一个比例,"自主学习"环节既有巩固又有提升。刘老师认为"三主"课堂主要是"引导学生思维的作用",说明她的课堂"智慧"在显著提升。

(二) 关爱故事

教育需要师生的情感沟通,在日常教育教学中,教师践行"行为温和",同时撰写"关爱小故事",将具体行为沉淀成文字,转换成教育叙事,进行反思和内化,促进经验化的内隐教育教学观念与科学化的教育教学理论相融合。

案例 4

静待花开　蝴蝶自来

新叶茂盛　光合作用

由于我的表扬，T同学科学课听得越来越投入，基本上每个问题都在举手回答，虽然正确率还不是那么高，字迹也在慢慢端正。过了一个星期，我请他管理教室的电灯和电脑节能情况，让他不断有"小事"可做，接着依然大声地表扬他为班级做出的贡献，让同学们关注到他的努力，认同他的行为是为了大家做出的努力，渐渐地认可他和接纳他。慢慢地，这个孩子的注意力转移到为他人和班级的服务中，而且越做越好。同时，因为"小事"岗位管理员，他也没有时间去捣乱，同学之间的关系越来越好，他们开始经常友好地玩在一起，他脸上的笑容在慢慢变多而且灿烂。

后来T同学的姐姐高考完，六月有一段假期，也经常在关注他的回家作业，同时不断地和我交流T同学的学习方法，不断地进行优化。我也将T同学慢慢变好的现象与他姐姐描述，这是良好的行为幼苗在不断进行光合作用的过程。

花蕾已结　静候蝴蝶

T同学现在每次看见我都会热情地和我打招呼，看见地上有纸屑，他是那个主动捡起来扔进垃圾桶的同学。哪怕没有听到我的表扬声，他也自觉地去做这些"小事"。而这些，正是让他一步一步转变的"关键小事"。他的成绩也在慢慢地进步，不懂的问题也经常会来问我。我知道，幼苗的生长期正慢慢进入花蕾期，蝴蝶自会来。

作为一名教师，我们应该引导学生向善、向美、向好发展，信任和尊重孩子，不给孩子贴标签，找到孩子行为"特殊"的根源，积极去发现每个孩子身上的闪光点，然后放大其光芒，有思想的关爱，从而正向促进其向上发展。

从上述的"关爱小故事"中可以看到，该教师的教育行为中，有"温和"素养的渗透和外显，不断朝着"有思想的关爱"的方向前进。

(三) 关爱主题活动

学校里的教师身份有班主任、学科教师等，"德育智慧"也是关爱教师的"金名片"。学校的班主任管理素养的涵养，以名班主任的专题讲座和示范上课，班主任智囊团以及"草根论坛"（一个主题，每个年级一个班主任代表主讲分享）等为载体，以班主任在日常工作中的实际问题为出发点，以"案例剖析＋经验分享"形式进行观点交流和碰撞。

案例 5

草根论坛，你来我往促收获

学校德育工作，基于雏鹰争章开展行规训练与主题活动，逐渐形成"争章有依据，考章有过程，颁章有仪式"的景小雏鹰争章评价机制。其中，2016 学年，学校重点以"善行章"的争章作为学生个体评价手段，经过一学年的实践，学校开展"草根论坛"活动，让班主任分享"善行章"评价中的经验和收获。

四年级的管玲老师分享了"善行章"的评比项目，根据班级学生个性特点，重点放在"课间活动"上。管老师认为每个孩子都是有着一颗向上向善的心，老师应善于捕捉并给予孩子这样的机会。在班级相关政策制定的时候，要让孩子不断充满希望并为之努力，对于班级中比较调皮的孩子来说尤是如此。"善行章"的评比规定实行以来，班里在楼道里奔跑打闹的孩子人数明显减少了，偶有奔跑的孩子在值日同学的提醒下，也能马上改正。

一年级的夏若文老师将一年级学生日常行为规范编制成儿歌诵读，分为"排队歌""上课歌""眼操歌"和"升旗歌"等，通过细化行为，让学生自主管理，进而养成习惯和落实常规。

"草根论坛"中，班主任既有以儿童化的歌谣落实常规，也有以班级荣誉护照的形式落实规范，各有特色和亮点。

从上述案例中可以发现，在"草根论坛"中，工作坊教师通过"实践操作—观点提炼—观点评议"等环节，通过自评和他评等方式，对班级管理进行反思和总结，沉淀了"德育智慧"。

二、教师研修的融合性发展

（一）素养的融合（亲和、智慧、静雅）

学校将"亲和"作为"关爱型教师"的首要特征，教师从"思想随和""关系亲切"和"行为温和"三个方面，进行研究和成长。

"智慧"是"关爱型教师"的第二个特征，教师从"课堂智慧""技术智慧"和"德育智慧"三项内容，分步进行实践和思考。

"静雅"是"关爱型教师"的第三个特征,教师从"姿态从容""思考静深"和"专业沉稳"三个维度,进行思考。以青年教师培养为例,以"青年教师联盟"为载体,以"教师师德素养、专业技能、管理能力"的三轨并行为关键能力,以"一学期一关键词"为推进方向,共同助力教师成长。

(二) 载体的融合(融合技术智慧)

学校依托"杭州市智慧示范建设校",搭建智慧研修平台,利用"凯旋云视"智慧教学平台,基于互联网的直录播功能,实现多方互动教学、教学科研、资源应用等工作。教师们可以通过"凯旋云视"在PC端或者移动端随时随地观看实时上课实景,随时参与课堂交流与评价,还可以开展校内、校外网络听课、评课、教研等互动交流活动。

利用智慧研修平台,针对课堂中的学生评价如何及时有效生成和呈现、教师研修如何打破空间和时间的条件限制等难题,教师进行了探索和反思。

案例6

智慧云助力学生评价和教师研修

林天慧老师执教的劳技课"沙漏的制作",教学目标聚焦在沙漏制作的合理性上,利用希沃授课助手展示学生的制作过程,通过"沙漏产品发布会"活动介绍自己的沙漏产品,利用T-model设备中的投票器,从"计时准确、外形美观和沙子流动顺畅"等角度进行投票和评价。林老师通过智慧技术,让每个学生的成果得到展示和反馈。

研训小组成员现场听课以外,青年教师联盟的老师们通过"凯旋云视"的直录播功能,观看上课过程,开展教研和评课过程。

通过信息技术与课堂教学的深度融合,老师们不断探讨常态化的智慧课堂教学模式。林老师在自我反思中写道:"本节课的实际教学中,结合投票器和希沃教学助手等智慧教育的手段促进课堂的教学,及时了解学生在制作过程中的完成情况。学生因为自己的制作过程会被展示,也都非常认真地参与制作,充分调动学生的积极性。最后展示的环节,有着投票器的帮助,可以充分看出"民意",能反映出所有学生的喜好,也让每一个学生参与其中。"

从上述案例可以发现,融入智慧教育,学生的个性化学习得到充足发展,教师研训的场地和时间更加自由,执教教师受到的帮助和收获更多,随时参与课堂的交流和评价,技术"智慧"的融入,教师能更好地进行实践和思考。

(三) 目标的融合(清晰目标,成长规划)

青年教师联盟成员通过制定三年规划,诊断专业能力和素养起点,明晰总体目标和分项成长规划。学校根据老师的教学特点、规划目标和成长需求,进行个性化培养。

表6-2 杭州市景华小学青年教师联盟个人三年成长总体目标

教育理念	关爱在细微处,推动学生科学素养的光合作用
总体目标	1. 精通技能,推动学生学习的学科素养发展。 2. 进取向上,不断自我充电与成长。 3. 静心思考,努力沉淀反思感悟。

表6-3 杭州市景华小学青年教师联盟个人三年分项成长规划

一、政治思想方面成长规划

年份	目标
第一年	严格遵守教师职业道德规范,爱岗敬业、热爱学生,上好每一节课,关爱每一个孩子;立足支委工作,策划好固定主题党日活动的方案,让主题党日成为自己政治学习的载体、党性锻炼的熔炉、思想进步的平台。
第二年	教研并进,思考并进,加强相关书籍的阅读,用政治理论知识武装自己,努力向身边优秀教师取经,争取政治思想稳步提高。
第三年	加强学习,将党的思想方法指导日常工作,践行党的十九大精神,通过"两学一做",提升党性修养,以优秀党员的标准严格要求。

二、教学能力方面成长规划

目标	有特色、有风格的研究型教师
阶段及措施	1. 沉浸:在学科课堂教学中,要努力"以生为本",不断钻研课标,严格落实"四为"课堂理念,精细备课,了解学生的前科学概念,不断调整优化教学,作业批改仔细,复批督促及时。 2. 思考:目前的教学中,是新课更顺手,还是复习课?课堂中学生主讲的时间是多长,自己讲的时间可以再压缩吗?学生的前科学概念转变有效吗? 3. 研究:在课堂教学中融入建模法、论证法等教学方法,去提升教学的有效性。

三、科研能力方面成长规划

目标	每学期撰写一篇教学论文,并争取在评比中获奖
阶段及措施	1. 每天及时记录感受、案例和小片段,将学生的作业及时记录、留档、分析原因。争取每学期写一篇高质量的教学论文。 2. 每学年去申报课题,按照课题方案认真做课题,以教科研促进课堂教学的成长。

四、管理能力方面成长规划

目标	立足岗位,有思考有方法有进步
阶段及措施	1. 角色和心态转变阶段:从目前的做事阶段,逐步转换到谋划阶段,以部门工作主人翁的心态去运转日常工作,而不是做事情的机器。 2. 部门业务精通阶段:对日常工作,多问问为什么这么做,有没有更优化的方案,这样做的依据是什么。同时将部门工作流程和注意事项记录下来,以便下一次操作时有据可依。

五、技术职称成长规划

目标	努力向上一级职称奋斗
阶段及措施	1. 提升自己的专业能力,抓住每一次教学评比、公开课等专业技能比赛,有沉淀、有收获。 2. 每学期撰写论文的同时,向杂志投稿发表。

六、教师阅读成长规划

目标	每个月看1本专业书籍,并做一篇读书笔记
阶段及措施	1. 规划好学期中每个月的专业书籍目录,教育学类和科学类专业书籍数量均衡,例如教育学类的《教有所思》《有效教学》,科学类的《人类简史》《科学史》和《植物知道生命的答案》等。 2. 每天晚上看半个小时的书,并在Kindle上打卡。 3. 将书籍中的有意义部分摘抄到豆瓣专用帖子中,看完后在豆瓣上做一篇读书笔记。

七、个人成长需要学校的帮助

本人个人才能尚未充分发挥的方面	无。
希望学校提供发挥个人才能的平台	能和别的学校有互动交流的机会。

由规划表中可以发现,规划表中有总体目标和分项目标,涵盖教师师德、专业

技能和管理能力等方面,让青年教师在制定时,容易从实际出发制定措施,更具操作意义。目标的细化是基于学校总的发展理念基础之上的,是融合了教师的育人理念的。

制定该规划表的周淑婷老师认为,学校倡导的"追求有思想的关爱",提出课堂"三主":主问题、民主对话和自主练习,让她在设计常态课时更有方向;参与片区公开课和教学评比等活动,学校领导和学科团队一遍遍地帮助磨课。她将这些思考和经验积累下来,开始撰写论文和课题,五年间在省、市和区级各类论文评比中拿到获奖证书17张,其中有浙江省小学科学论文评比三等奖1张和杭州市一等奖3张,以及1项课题省级立项,2项课题市级立项。

周老师表示在这个过程中看到了孩子的成长和自身的变化,把它比喻成"光合作用",慢慢地挖掘和积攒"二氧化碳""叶绿体"和"水分",外界再给予"阳光",便能沉淀下"养料"茁壮成长,并释放"氧气"去帮助同伴共同学习。集团和学校给了她很多的"阳光",她也希望能以从容的姿态,成为孩子们科学学习的那抹阳光。

第四节 "关爱"研修模式的效果与反思

在"关爱"探索中,学校的教师成长体系逐渐完善,教师角色定位重新建构,教科研能力得到长足发展,学生品质和能力增强,学校整体往高位发展。

一、"关爱"教师成长体系的形成

通过一段时间的"亲和、智慧、静雅"教师成长项目的推行,学校教师作为主体,主动学习、探索和分享,形成"融合共生"的向上发展循环,一项研修平台、两个展示平台、三条研修制度和四个共同体的"一二三四"模式,作为活动平台和组织,既有专家的理论和观点引领,也有教师主动探索职业道德、教育教学理论和行为语言等,更有探索如何和学生建立"关爱共同体",进行课堂和活动等场合的交往互动,在自我调节和情感支持中,进行"内需生长",逐渐达成"亲和、智慧、静雅"等维度的关爱素养。

在研修形式上,根据教师发展特点和学校关爱特色,通过制定关爱条约、关爱项目申领、撰写关爱小故事、打造关爱课堂、主题研讨、成果物化等形式,"关爱"的三个维度"亲和、智慧、静雅"又具体分解为九个可量化而清晰的目标,培训效果易评价、可测量。

2013年以来,学校校本研修在江干区校本研训考核获得优秀6次,获得"江干区教学质量一类学校"2次,在分层次有结构的主题研训中,逐渐形成了指向"关爱"素养的教师培训范式。

二、教师研修成果的呈现与物化

通过主题研修,学校全力打造"亲和、智慧、静雅"的景华教师,积极倡导"上课时对学生亲和温暖的关爱;批改时对学生严格细致的关爱;个别辅导时对学生耐心无私的关爱;学生犯错时对学生充满智慧的关爱"。教师发展的内驱力不断提升,积极性不断增强。学校教师的核心能力在稳步提升,收获感强,积极参与其中,课堂教学行为转变明显,从以前关注"教",到现在从关系角度建构,更关注学生的"学",呈现热情、积极、善思等特点,受到专家好评。

2020年,学校林天慧、李雅静和赵世伟等老师,积极探索"有思想的线上关爱课堂",开展项目综合性学习、线上武林大会和广场舞大赛等。

案例7

有思想的线上关爱课堂

2020年,学校教师积极转变心态,互相传授线上教学的技巧和经验,同时,深入思考,线上学习这样的模式,以电脑、iPad、手机等电子产品作为学习载体,如何让课堂既能适应线上学习特点,又能激发学生的学习主动性呢,学校老师们进行了探索。

一、"云"上武林大会,趣味横生

2020年3月15日,杭州市景华小学举行了一场别开生面的"云"上武林大会。学生们纷纷自主报名,登上擂台,使出绝招,一较高下。原来,学校体育老师李雅静和赵世伟,在居家学习期间,积极思考创新教学措施,赵老师和学生们一起跳广场舞,李老师亲自示范武术动作。

为什么选择这样的方式?两位老师说,基于特殊时期,很多孩子的活动范围是在家里,因此需要设计一些孩子们既感兴趣,家里又可以开展的体育课堂内容。

赵老师表示，初心是为了培养孩子们积极向上的生活状态，锻炼身体的同时也娱乐身心。孩子们自主练习，没有严格的标准衡量，是不希望让孩子有"作业式"的心理负担。李老师谈到，最初采用武术内容教学，是为了和江干区的教学内容相一致，但为了方便学生们观看学习，还是决定自己进行动作示范，加上声音、字幕等形式，后期进行制作。"作为新教师，希望能采取一些新鲜的教学内容和教学方式来吸引孩子们的注意力。"

二、项目式学习，让数学更"好玩"

2020年3月，为了让孩子们在家上网课也能掌握"平方米"的面积单位，林老师灵光一闪，将数学与生活完美融合，循序渐进，教授新知识。

"我先给孩子们布置了'寻找一平方米物体'的任务，希望他们在寻找的过程中对这个概念有初步了解。"不仅如此，林老师还要求孩子们全家总动员，一起参与，"让家人一起站上这个一平方米的物体，让孩子们对一平方米的大小有个更直观的认识。"

当孩子们对"平方米"有了概念后，林老师又产生出了新的奇思妙想，她介绍说，"我又给孩子布置了'我的家有多大'的实践任务，希望他们能在实际操作的过程中巩固'平方米'的概念。"

而正是这项实践作业，给了林老师不小的"惊喜"。"孩子们都很积极地去完成这项作业，也达到了我预期的效果。"林老师说。大多数孩子选择徒步丈量长度、宽度再计算面积，有的孩子则另辟蹊径，先数一数家里地砖的块数，再通过相加地砖的面积大小算出"家"的面积。

对孩子们而言，能够测量出房子的面积大小算是跨过一道"小坎儿"，真的很棒，可却没想到，有些孩子在画图时"翻了船"。"有的孩子因为单位的转化、计算的错误，在他的作业上呈现出了一幢'豪宅'，把原本的房子面积放大了很多；有的孩子因为单位使用错误，全家人都变身成了'拇指姑娘'。"回想起批改作业时看到的一幅幅"大作"，林老师禁不住笑了。"刚接触面积这个概念，难免没有准确的感受，但这些富有'童真'的错误，也给我在批改作业时带来了不少欢乐。"

尽管整个过程是比较欢乐的，但孩子们的错误是必须要纠正的。怎么做呢？林老师说："我把孩子们的作品展示在网课的课件上，不评价对错，让孩子们通过对照其他同学的作业发现其中的错误，并且反思自己是不是有同样的问题。"如此一来，不仅能帮助林老师发现同学们在初学过程中容易出现的错误，也让孩子们在寻找问题的过程中巩固了新知识。

从上述案例中可以发现,学校老师在云上学习中,在常用的直播上课、微课等形式以外,从学生的实际情况和需求出发,积极追求课堂的深度和广度,精心设计学习方式,采用"云"上武林大会比拼、项目式学习等形式,关怀孩子们疫情期间的学习兴趣。学生在居家学习期间,对学科怀有浓厚的好奇心。案例中所提及的三位老师的举措,《钱江晚报》"杭州网""中国教育在线浙江站"和"浙江电视台教育科技频道"等新闻媒体进行了相关报道。

每学年,学校将青年教师联盟的老师成果出版专集,将"思考"往"静""深"的角度推进,作为教育教学收获、经验和智慧物化成果,生动形象地展示教师在日常工作中碰到的问题、思考方式和解决措施,展示一学年来教师的思维过程和主要脉络。

图 6-1　2017 学年青年教师联盟成果集

图 6-2　2018 学年青年教师联盟成果集

三、反思"关爱"研修模式的不足

(一) 学校的关爱特色系列需深入推进

学校在"关爱教育"方面已开展初步探索,立足学校办学理念,充分挖掘学校的关爱文化:建立"关爱课程"体系,促进每个学生在关怀自我中学会自主行动,在关爱他人中学会与人交往,在关心社群中学会参与社群,在关切自然中学会保护环境;打造"关爱课堂",作为积极落实"四为"课堂理念的重要途径,不断增强学生自我学习、自我发展的内在动力;实施"关爱主题日"作为德育活动载体,需要逐渐形成关爱意义指向明确、内容层次丰盈、实施途径多样的关爱系列主题活动。

学校的关爱特色系列项目中,教师作为关爱者,通过具体行为来落实关爱课程、课堂和主题日活动,在与学生交往活动中建立关爱、信任和支持等关系。因此,教师是否具备关爱素养,是学校关爱特色系列能否深入推进的关键。

(二) 教师的关爱能力有待进一步完善和优化

从客观上看,学校教师总体年龄偏大,年轻教师在教学经验和教育智慧上相对比较欠缺。随着义务教育改革的深入和现代化教育技术的普及,教师的教育理念需更新,智慧教育技术素养需提升,课堂的问题意识和研究意识需加强。从特色发展来看,教师认同"关爱"理念,认为关爱的要素包含尊重、认同、为学生提供帮助,然而,对于如何"有思想地关爱",没有明确的设想和计划。

(三) 学生在关爱中幸福成长的需求

学校的教育教学工作中,经常出现以生为本、尊重、包容等关键词,但在现实中,仍然面临一些问题:学生在日常学习和生活中更多表现出以自我为中心;课堂中,由于生生缺乏交流,学生对于学习内容兴趣不足,缺乏主动学习意识;学生的创新性和批判性思维不够等。这就需要学校教师进行提升教育教学能力,以关爱教育载体来进行关怀性互动,为他们提供情感支持,满足归属感和自我认同感。

四、关注"关爱"研修模式的品质性发展

基于关爱文化的教师成长项目,关注教师的主观能动性,教师整体专业能力得到充足发展。教师团队更加有层次和梯度:2020年,学校现有杭州市教坛新秀5人、二层次骨干3人、三层次骨干14人,骨干教师人数比例为35.42%。值得一提的是,通过转变研修方式,教师的科研能力得到极大发展。从2013年至今,学

校共承担浙江省课题2项,杭州市课题6项,江干区课题18项。教师的课堂教学能力也得到较大提升。

在教育教学主阵地中,教师注重培养"善良、乐学、向上"的景华少年,逐步具有自主行动、友善交往、融洽社群、和谐自然的能力,从而凸显"善良"的品德、"乐学"的情趣、"向上"的追求。在杭州市金奖挑战营和江干区银奖挑战营,学校少先队员的上线率位于全区前茅。

基于关爱文化引领下的"亲和、智慧、静雅"教师的专业成长项目,是对学校教师发展状态给予原点的系统思考、深度回归、高度提炼和理性认知。这一项目坚持求真、求实、求质、求效的原则,时刻关注"内生式发展"与"整体建构"两个关键点,用心用力做好全面规划,促进教师转型发展,从而进一步提升办学品质的提升。

第七章　基于"互联网+"的春芽绿校本研修模式

互联网的快速发展给教师研修提供了新的技术和方法。春芽实验学校针对学校原有校本研修主要存在的中年教师学习欲望偏低、校本研修模式单一且受时空的限制及专家讲座的效果不佳等问题,构建和实施了基于"互联网+"校本研修模式。在模式的构建上,学校首先确立了研修的五大原则;其次,学校利用多种网络平台,如 UMU 互动平台、网络直播平台、弹幕、FTP 空间和微信等,多方位地推进研修活动。在研修活动的开展上,学校设计了具体的研修流程,并通过开展全员校本研修、加强教研组建设、开展分层研修任务、整合信息技术和学科知识及借力区域联研等策略将校本研修模式落地。通过开展这样的研修活动,学校的教师研修制度、教师的科研能力不断提高和完善,教师的职业发展路径也不断呈现多样化发展样态。

第一节　学校既有师训基础和问题

一、杭州春芽实验学校的简介

杭州春芽实验学校创建于 1995 年,是江干区教育局举办的国有民办寄宿制小学,2010 学年转为公办学校,2013 学年成为杭州凯旋教育集团成员校。学校占地面积 8 346 平方米,绿化面积近 4 000 平方米。学校现有教学班 18 个,学生 603 人,在职教师 47 人。学校秉承"快乐学习、健康成长"的办学理念,把握课改契机,以"悦"为关键词,着力于培养"悦品有爱、悦学乐行、悦身健体、悦取美心"的春芽悦少年。

正逢江干教育均衡、优质、快速发展时期,从"名校集团化"到"新教育共同体",办学模式的创新,区域品牌建设和名校集团化战略的实施,使全区教育初步实现从扩大覆盖向优质均衡、从规范办学向品牌办学、从区域影响向中心辐射的三大跨越。杭州春芽实验学校借着区域教育发展时机,尤其是 2013 年凯旋教育集团成立,学校成为华师大基教所实验学校、凯旋教育集团成员校后,在校园文化建设、区域课程建设、师资全力打造、资源整合共享等方面得到进一步的指导和实践,学校综合实力得到大幅提升。

图 7-1　校本研修模式

二、学校校本研修模式的发展

"春芽·绿"是学校教师培养的品牌和载体。以"春芽·绿"为教师研修平台,分为"新绿"、骨干"盛绿"、名师"晶绿"三个层级。通过为不同发展层次、不同发展需求的教师提供更具个性化的成长平台,实现教师队伍的高位发展。随着教师队伍年龄结构的变化,我们发现仅仅基于已有的教学评定认定的层级已经不能激励教师的适性发展。中间的断层迫切需要我们关注青年教师的成长。因此,重组学校的层级,以"儿童哲学+"研究为范例,构建"核心研究小组——春芽新绿——全体教师"三层级教师工作坊,拟建以点带面,分层推进的研修模式。实现核心组成员通过学科组、年级组等多种途径相互作用带动"新绿"教师成长,并向全体教师辐射的新共同体学习模式。这也是创新打造高质量的"春芽·绿"教师研修课程体系的新途径。

在教师发展、分层培养的运行机制中,春芽教师"一个都没有少"——"新绿"崭露头角,"盛绿"勇挑重担,"晶绿"身先士卒,我们的队伍充满活力。不断扩展的"牵手工程"也极大地增加了教师区域间交流的机会,如今已惠及"春芽·绿"全体教师,教师在这个多元平台上亮相、展示、示范,斩获的不仅是奖牌和荣誉,更多的是教学思想的碰撞、教育视野的开阔、专业自信的提升、学校理念的传播。不同教师极具个性化的教学加上众志成城的默契合作,完美地诠释了"1+1>2"。几年来,无论是学科教学质量还是教科研成果,春芽都创造了新的辉煌成绩。如今,借助华师大基教所实验学校的优势,学校又主推研究型教师培养,进一步加快国际教育交流合作步伐,最大程度地为教师提供实现自身价值的舞台,力求把春芽教师队伍打造成博爱、敬业、智慧、卓越的专业化教师团队,让有志于教育事业的老师都能"幸福地行走在能力极限的边缘"。

三、学校校本研修存在的问题

2010学年开始,学校一直积极推动并着力打造"春芽·绿"校本研修品牌:春芽晶绿,品牌教师,魅力引航;春芽盛绿,骨干教师,激情扬帆;春芽新绿,年轻教师,活力起航。学校已连续多年在区教科研考核、区校本研修项目考核中获得优秀。可以说,"春芽·绿"教师研修已形成体系,获得全体教师的高度认可。然而,在校本研修实施过程中,还存在以下问题。

(一) 教师发展进入瓶颈期,中年教师学习欲望偏低

学校现有教师47人,平均年龄35.7岁,全部具有大专及以上学历,结构合理,业务精良。教师获省、市、区以上荣誉的占专任教师数的80%。高级教师2人、一级教师28人。区一层次骨干教师1人,区二层次骨干教师6人,区名班主任3人。

表7-1 教师学历、职称、荣誉统计表

在编在岗教师	学历			职称				综合荣誉							
								省级		市级		区级			
	研究生	本科	大专	高级教师	一级教师	二级教师	未定等级	省春蚕奖	教坛新秀	优秀教师(优秀班主任)	教坛新秀	一层次骨干教师	二层次骨干教师	三层次骨干教师	名班主任	优秀教师(教坛中坚、优秀班主任)
47	2	38	7	2	28	16	1	2	11	5	15	1	6	11	3	16
所占比例	4.3%	80.9%	14.9%	4.3%	59.6%	34.0%	2.1%	4.3%	23.4%	10.6%	31.9%	2.1%	12.8%	23.4%	6.4%	34.0%

然而,由于学校编制趋于饱和,年轻教师无法充实,有很大一部分35周岁以上的成熟型教师存在职业倦怠感。这些教师工作责任心强、教学能力强、能做好本职工作,对于学生的管理与教学都有自己的一套方法,但是思想上因循守旧,比较懈怠,写论文、研究课题的人不多,缺少成长内驱力。可以说,大部分35岁以上的中年教师都进入了教育生命的瓶颈期。因此,如何提高这部分教师的学习欲望也是学校师训部门需要考虑的问题。

表7-2 教师年龄结构与学历构成统计表

在职在编	性别		政治面貌		年龄			
	男	女	党员	团员	35周岁以下	36—45周岁	46—54周岁	平均年龄
47	6	41	22	7	23	20	3	35.7
所占比例	12.8%	87.2%	46.8%	14.9%	48.9%	42.6%	6.4%	

(二) 校本研修活动模式单一，研修受到时空的限制

杭州春芽实验学校的校本研修活动，都在固定的时间和地点举行。部分教师由于各种原因未能参加，而参加研修的教师由于受到时间的限制，活动后难以展开自主讨论和学习。这种传统的研修模式，已经不能满足教师的学习需求。因此，迫切需要建立一种跨时间、跨空间的研修平台作为补充，以加强教师间的交流研讨。

(三) 校本研修活动实效不大，专家讲座的效果不佳

杭州春芽实验学校近两年的校本研修邀请了诸多专家举办讲座，既有课程建设类的，也有智慧教育类的，如微课制作、电子白板运用、移动终端运用等。然而，老师们并不是"听了就能懂，懂了就会用"的，大部分教师在参与了讲授为主的培训时，听的时候很是激动，过后由于工作繁忙，就将研修内容抛之脑后，于是，很少有老师能把听来的理论和技能运用到日常教学上，校本研修活动的实效并不大。

因此，如何在原有"春芽·绿"校本研修体系基础上构建新模式，实现教师队伍的高位发展，成了学校迫切需要解决的问题。

第二节 基于"互联网+"的春芽绿校本研修模式构建

2015年，国务院颁布了《国务院关于积极推进"互联网+"行动的指导意见》，明确指出"互联网＋教育"的重点行动是探索新型教育服务供给方式，推动教育服务模式的变革。基于学校既有研修存在的问题，杭州春芽实验学校结合学校自身的发展要求，在原有春芽绿校本研修体系基础上借力"互联网＋"，探索研修新模式，力图走出一条破解教师职业倦怠感的新路径，通过为不同发展层次、不同发展需求的教师提供更具个性化的成长平台，实现学校教师队伍的持续高位发展，打

造一支智慧型的教师团队。

一、完善顶层设计，制定研修原则

　　一种研修模式取得成效的基础和源头在于顶层设计的科学性和合理性。基于"互联网＋"的研修模式，作为传统校本研修活动的有效补充和延伸，让每一位教师都能不受时间和空间的限制参与到研修中，与专家、教师在网络平台上交流、探讨；让教师能够充分利用平台上的课程资源，信息容量巨大，拓展了研修活动的时空。因此，我们在设计研修活动的时候，遵循了以下原则。

　　（1）合作性。以科研为统领，师训部门同各教研组、备课组之间互相合作，形成研修一体路径，促成校本研修工作科学、规范、有序。

　　（2）互动性。"互联网＋"下的研修活动打破了时间和空间的限制，让每位老师都能线上研讨，互相交流，实现教师与教师之间、教师与专家之间的互动，成为教师学习的新形式。

　　（3）丰富性。建设学校信息化教学在线课程，组织教师开发、搜集资源，建立各学科资源库，实现教育资源的共享。

　　（4）实用性。网络平台的设计使用要尽量便捷。让教师利用"碎片化"的时间，"处处能学、时时可学"的在线研修活动、教学实践支持成为可能，逐步形成能够满足春芽绿教师培养需求的智慧化校本研修体系。

　　（5）层次性。研修设计时应关注"晶绿""盛绿""新绿"三个层次教师不同的需要，探索分层研修方式，满足教师专业发展的个性化需求。

二、利用网络平台，开展研修活动

　　在"互联网＋"校本研修模式进行具体的实践中，学校主要设计并利用以下几个网络平台，从不同角度开展不同形式的校本研修活动。

（一）UMU互动平台，让思考学习更深入

　　传统的研修活动，都是专家在上面讲，老师们在下面记。由于时间的限制，专家讲完后，很少有面对面的互动时间，留给老师们思考的时间就更少了。针对这样的情况，我们借助UMU平台来解决这个问题。UMU是知识分享与传播的学

习平台,支持图文、音频、视频、微课、直播、付费问答等多种知识呈现形式。在研修时,我们就可以利用平台各项功能让校本研修更加深入。

UMU作为一种学习方式,在现场活动时通过"互动环节"连结台上和台下,在线上授课时通过简单的录制和分享即可创建、组织微课的移动互联网产品,适用于微课、培训、教学、演讲、讲座、会议等多种场合,让每位参与者融入、分享、收获。

案例1

UMU平台用于校本教研

2017学年,杭州春芽实验学校借助每月一次春芽绿大讲堂活动,以外聘专家讲座为主,自我修炼完成作业为辅,在全校展开课程建设的集中培训。在一次研修前,师训部门提前利用UMU的问卷功能让老师做课程建设能力的前测,了解到老师们对开发周期长、内容多、结构繁的拓展性课程十分畏难。于是,我们邀请了杭州师范大学教育学院王凯教授给全体教师开展了主题为"教师如何编写拓展性课程纲要"的讲座。在讲座前,我们和王凯教授进行了沟通,确定了讲座内容,并将本次活动的授课课件放入UMU平台中。这样,研修时老师们就无需花大量的时间在记录PPT内容上,而是可以将更多的时间用在思考上。王教授从课程的概念、拓展性课程的重要性、省拓展性课程的参评要件、拓展性课程纲要的编制方法等方面进行了翔实的阐述。王教授还通过平台列举了很多优秀拓展性课程,让老师们现场互动参与,尝试编制拓展性课程纲要,指导具体形象,引导老师们正确把握课程纲要的各项要求。研修结束时,我们利用UMU中的检测功能检测老师们当天的培训效果;用讨论功能让老师们交流学习心得;用提问功能搜集老师们没有搞清楚的课程建设上的问题。这样的研修形式,老师们收获很大,认为春芽绿大讲堂的线上线下结合的培训形式,高效、有序!

将UMU网络平台作为校本教研平台,既实现教师的资源共享,也让校本教学的过程更为开放。UMU网络平台让知识的呈现更加立体,它连接人与知识,加速知识的流动,搭建起教师与管理者、教师与教师之间沟通的桥梁,让每个人融入、分享、收获,促进教育教学水平的不断提高。

(二) 网络直播,让参与范围更广泛

基于互联网的直录播互动系统,能够实现区域智慧互动课堂。利用直播设备,通过360水滴直播平台、麦濑直播平台等实时直播研修活动,老师们可以通过手机或电脑点击观看直播,打破了教研活动的时空限制,提高了教研活动的参与度,实现了教学资源的共享。

2018年4月,学校承办了江干区第十七届钱塘之春教育高峰论坛儿童哲学专场。本次活动邀请了来自台湾、上海、云南、重庆、新疆等全国各地致力于儿童哲学研究的专家、老师们。台湾嘉义大学王清思教授、春芽实验学校的陈霞老师、景华小学郑丽敏老师给孩子们上儿童哲学课;上海、杭州、昆明的几位老师做了观点交流。活动利用网络平台进行直播,吸引了1841人在线观看、583人留言发表观点。下图为学校举办儿童哲学专场活动网络视频。

图7-2 儿童哲学专场活动网络视频

此类活动,如果不借助互联网平台,在学校中需要一个很大的场地才能举办。然而网络直播使得这样大型的教学研讨实现了异地交流,这是传统研修时代所无法想象的。网络听课的老师在平台上进行留言,通过一个个回帖,重温课堂,并从别人的回帖中感受不一样的观点。而执教老师也能从这里得到反馈,剖析自己的教学行为,得到专业成长。大家虽然不在同一个地方,却可以共同参与研讨,实现了跨区域的共享,影响面比较大,指导面也更加广泛。

(三) 弹幕软件,让思维碰撞更及时

弹幕是如今网络上风行的一种视频社交方式,人们一边看网络视频,一边评论,发表的评论在视频上实时滚动,评论不断从屏幕横向飘过,看上去就像一张由密集飞行的子弹形成的幕布,因此被称为"弹幕"。这种新媒体时代新的视频体验方式,增加了娱乐性和交流性。我们也可以把它运用到校本研修中,让弹幕成为一道亮丽的风景线。

在一次"春芽绿大讲堂"的活动中，师训部门邀请了童承基老师进行专题讲座《如何撰写论文》，就用上了这种弹幕软件。活动前，我们在网络上设置了专门的"春芽绿大讲堂"房间，让老师们用手机扫二维码进入。童老师问道："你觉得写好论文最关键的是什么？"老师们纷纷在微弹幕的微信对话框中输入自己认为的答案。这时，大屏幕中出现了大家的回答。有的老师认为是选题，有的老师认为是结构，还有的老师认为论文要关注实践性。童老师看到大家的答案，一一进行了点评。

用弹幕进行互动这样的研修形式，让老师与专家的对话交流变得更及时，将"听课"与"参与互动"两种状态无缝融合，老师随时可以在 PPT 中插入讨论题目，让交流面更广泛。大屏幕也可以实时统计大家参与互动的情况，我们可以从屏幕中看到所有参训老师的回答，讲座专家更可以对这些弹幕回答有针对性地进行反馈，让讲座的效率更高效。

（四） FTP 空间，让资料整理更有序

FTP 是 File Transfer Protocol（文件传输协议）的英文简称，而中文简称为"文传协议"，用于因特网（Internet）上的控制文件的双向传输。同时，它也是一个应用程序。在 FTP 的使用当中，经常遇到两个概念："下载"和"上传"。下载文件就是从远程主机拷贝文件至自己的计算机上；上传文件就是将文件从自己的计算机中拷贝至远程主机上。用 Internet 语言来说，用户可通过客户机程序在远程主机上传和下载文件。FTP 的这个功能，让我们可以很方便地整理搜集一些研修资料。

每一次的研修活动后，都要对本次活动做整理。内容有：专家的讲座资料、老师们的活动反馈、现场照片、通讯报道等。一次一个文件包，放入学校 FTP 研修文件夹内。后期，老师们如果想再重温某次研修内容的时候，即使在家中，也能远程访问 FTP 下载并学习。

（五） 微信功能，让日常交流更便捷

微信是进行网络研讨活动重要的工具之一。作为时下最热门的社交信息平台，它支持发送语音短信、视频、图片和文字，还可以群聊，已经成为人们生活的一种方式。用微信进行日常研讨活动，不仅便捷，而且高效。老师们可以利用碎片时间，把自己的想法发送到微信群，与其他老师进行交流，让教研活动融入生活空间。

案例 2

微信群交流

2016 学年第二学期，学校有 5 项课题分别被立项为市基础教育教研课题、市课程专项课题、市教师小课题、市教师教育课题。7 月 2 日，学校开展了"春芽绿大讲堂"之市级课题开题活动，邀请了《教学月刊》杂志社主编陈永华教授、杭州师范大学教育学院王凯教授莅临指导。开题活动结束后，老师们纷纷在微信群留言。

戚敏婷老师：曹校长的课题是基于我校的课程问题提出的。目前我校存在学校较小，教师数量少，课程建设能力不强的问题。另外，课程门数少，跨度长，学生选择机会不多，课程未能满足学生的个性化需求也阻碍了我校的课程发展。为了解决这些问题，发展学生的核心素养，丰富现有课程体系，提高教师课程能力，我校利用长短课结合，开展了丰富多彩的课程。曹校长为学生的课程做了一个顶层设计，着眼于学生的核心素养，整合学校的"悦文化"，培养全面发展的"悦少年"。

周圣龙老师：聆听了校长关于"'微频化'分类校本培训模式的实践研究"的开题报告，我收获颇丰。无论是课题内容还是设计逻辑方面，楼校都作出了详细报告。楼校从"缘由""内容""思路方法"和"困惑"四个方面阐述本次开题报告。首先，楼校分析了缘由——校本培训现状：宏大化、精英化、"陪训"化、半途而废和虎头蛇尾现象，同时对关键词——"微""频"进行了简析。然后用三"变"细致地描述了本课题研究意义，用两个结构——"内容结构""时间结构"梳理了研究内容，简单阐述了本文的研究思路和方法，最后抛出了本课题研究中遇到的困惑。

言劼老师说：倪老师的课题《音乐+：小学音乐课堂学习载体的设计与实践》以核心素养、义务教育课程的整合以及 STEAM 课程的兴起为背景，设计了二维学习载体和三维学习载体。二维学习载体包括学习单、四格图和点赞评价法。三维载体包括学科趣配音、音乐制作坊和儿童音乐剧。从而改变音乐课程单一的知识结构，改变音乐课堂学生的学习方式，促进音乐学科多元的评价体系。

如此一来，老师们的即时感想都发表在微信群中，老师之间的思维得到了碰撞，在交流中巩固了培训所得，又会引发新的思考。教师研修的氛围也逐渐浓厚！

除了可以在微信群中让老师们发表即时感想以搜集材料以外，还能利用微信公众号的留言功能进行收集。

案例 3

公众号留言

2017年12月8日,杭州春芽实验学校再一次邀请了《教学月刊》杂志社的主编陈永华教授来校为大家讲座《例谈教学论文撰写要领》。陈主编鼓励老师们从教学实践中寻找论文的选题,提出"研究始于问题、载于问题、为了问题"。一针见血地指出了老师们在撰写论文时常见的毛病,老师们都有一种豁然开朗的感觉。活动后,师训部门利用微信公众号给老师们布置了"作业",把本次活动的感想回复到学校微信公众号中。于是,收集到了很多老师的回复。

图 7-3 学校微信公众号中老师们的回复

微信功能让老师们把日常教学工作与教学研究融为一体,通过网络实现教师间的互相学习和专业切磋,共同分享经验。

第三节 "互联网+"的春芽绿校本研修实践操作

总的原则和具体实施平台的制定与构建,为研修活动的开展提供了制度和技术保障,具体到校本研修的实践操作上,学校也规划了细致的实施流程和策略。

一、保障研修流畅,制定研修流程

每学年的研修活动都要确定主题,让老师们提前知晓,以便参与每一次主题研讨,让知识达到共享。具体的学年校本研修开展流程如下图所示。

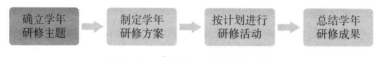

图7-4 学年校本研修开展流程

(一) 确立学年研修主题

在一学年校本研修结束后,学校会下发个人研修小结。在小结中,老师们要回顾一学年的收获,并对下一学年希望开设的项目提出建议。综合老师们的建议,学校利用"问卷星"APP调查教师研修需求,选出人气最高的研修项目作为下一学年的研修主题。以2017学年为例,学校制定主题为"春芽·绿"校本研修之基于悦少年素养的微课程的设计与开发。这既是基于当前课改的需要,也是基于提升学校教师课程能力的需要。

(二) 制定学年研修方案

每学年结合区校本研修要求,制定学校校本研修方案,主要内容包括:研修目标、研修对象、研修内容与培训形式、研修考核方式、研修经费预算、成果预设等等。研修方案一旦确定,就放入FTP供老师们下载查阅。如2015学年学校根据老师们提出的信息技术应用能力还需提高的建议,制定了"'春芽·绿'校本研修之基于小班化教育理念的'微课'的设计与开发"方案。一学年下来,老师们的微课制作水平提升很快,人人都制作了微课,师训部门进行分学科整理后,上传至

FTP,供老师们下载使用。

(三) 按计划进行研修活动

每次的研修活动,都需师训部门制定活动方案,事先联系主讲人,将"晶绿、盛绿、新绿"三个层次教师的研修需求与主讲人沟通,并将讲座PPT放入UMU互动平台中,供老师们提前预习使用,以期在正式讲座中能够和主讲人更好地互动交流。活动后师训部门分层布置作业,并通过各种网络形式搜集整理教师研修感悟和反思,收集教师对本次活动的意见和建议,并运用网络平台技术对老师们的意见进行数据分析,让今后的活动得以借鉴。最后,将本次活动进行整理,打包放入FTP。

(四) 总结学年研修成果

每学年的8月份,是师训工作的总结时间。利用FTP上的活动资料,对本学年的校本研修进行总结梳理,对教师所取得的成果进行汇总,并将成果进行物化。比如2017学年学校将老师们的论文整理,和江干区教育发展研究院合作出版了《江干教育》春芽特刊。

二、保障研修落地,制定实施策略

(一) 全员校本研修,提升教师信息素养

全员培训以外聘专家讲座为主,自我修炼完成作业为辅,借助"春芽绿大讲堂",在全校展开网络研修形式下的研修指导、微课设计与制作等现代技术相关运用、电子白板等信息技术的集中培训,并通过与课堂教学相结合的方式,提高学校教师的信息技术水平。

表7-3 学校教师信息技术全员培训课程系列

课程名称	主要内容	任务
微课的设计与应用	什么是微课;微课的特点;微课的设计步骤;微课视频的录制方法;视频文件的格式转换;视频文件的剪辑;微课的使用与设置;优秀微课范例	选择本学期内容制作一节微课

续 表

课程名称	主要内容	任务
电子表格与数据处理	Excel电子表格的基本操作；用公式和函数计算的操作；对数据进行排序和筛选；制作统计图表	制作一个数据表并进行统计
移动终端及应用	移动终端的基本知识；网络时代的智能生活；手机APP应用操作	选择感兴趣的手机APP并尝试应用
电子白板的使用	电子白板的硬件结构与使用；电子白板的软件操作；电子白板的课件制作；电子白板在教学中的应用	制作一个完整的电子白板课件
UMU互动平台的应用	UMU互动平台的构成；问卷调查的设计与实用；签到功能；视频、PPT、图片、声音插入方法；留言功能；课程的设置	选择本学期内容制作一节课程

案例4

微课的设计与应用

2017年2月，学校连续邀请两位专家做客"春芽绿大讲堂"，为老师们培训怎样制作微课，让大家知道了微课是指以微视频为主要载体，记录教师在课堂内外教育教学过程中围绕某个知识点或教学环节而展开的精彩教与学活动的全过程。同年3月，老师们以教研组活动的方式，尝试制作微课，并充分利用了课件和道具录制微课，并在教研组中进行初评。经过大胆探索、精心选题、科学设计、方法创新，语文、数学、综合三个教研组共推选出15节微课参加校微课设计和制作评比。15件作品的作者经过1个月时间的反复修改，有8件作品脱颖而出，分获校微课制作比赛一二三等奖。4月，学校进行了微课展评，邀请获奖教师介绍微课，全体教师观摩学习。

案例5

电子白板的使用

2016年暑假里，学校邀请了采荷第一小学陈庆橹老师进行电子白板操作培训。第一天理论，第二天实践，全体老师分教研组进行电子白板课件制作和模拟上课。通过培训，老师们深刻体会到了电子白板技术能够切实提高小班的课堂教学效率。在第一阶段理论培训结束之后,学校又将"电子白板"实践培训与校第六届"新绿杯"青年教师说课比赛结合起来。邀请了特级教师童承基老师对全体教师进行说课理论培训。然后,组织5年内的新绿教师进行说课比赛。将"突出小班特点""白板使用熟练"作为评估的两个重要指标,并邀请童承基和田小勤两位专家分别担任文科、理科两个场次的主评委,全体教师担任大众评审。专家评委们对选手的表现进行了点评,同时也对学校的"春芽·绿"校本研修给予了充分的肯定,认为"有序、有效、做得真扎实"。

像这样将信息技术教研活动与校本研修相整合,利用现代信息技术手段,通过和学科课程的融合,让老师们在实际应用中提升了信息技术能力,也提高了课堂效率,最终受益的是学生。

(二) 加强教研组建设,重构教研流程和方法

教研组是各学科教师进行教学研究和学科管理的组织。通过教研组的建设,鼓励教研组长带领组员在课堂教学、家庭作业的布置等方面利用云服务、大数据等技术展开,实现学校教学、管理、科研和服务等的智能化。

案例6

运用小程序积累备课数据

学校语文组在三年级进行试点,推进群文阅读课程的实施,尝试采用"6+1"的方式,每周用1课时进行语文课程的校本化实施。当每周的群文阅读完成后,就会在家长微信中,利用"小打卡"程序布置相关作业。该程序可以建立圈子,老师将要求设置在上面,把链接放到微信群中,孩子们就可以到"小打卡"中用拍摄图片、录制音频等方式去完成老师布置的任务。这个小程序还可以统计每个孩子的打卡次数、坚持天数,也可以让孩子们之间互相督促、学习,可以说省心省力。该程序提供的这些数据可以让教研组的老师们在进行下一轮备课时使用。

案例7

数字赋能资源共享

为了规范老师们的备课,师训部门在FTP上开辟备课板块,内容有"学情调

查""目标问题""交流展示""学情监测""拓展提高""反思评价"等,教研组各老师之间还可以互相借鉴、学习,同时也方便师傅的点拨、指导和师训部门的检查、反馈。学校也依托校园网、微信公众平台等网络平台,建设学校信息化教学在线课程,建立各学科资源库,实现教育资源的共享,让教师利用"碎片化"的时间,"处处能学、时时可学"的在线研修活动、教学实践支持成为可能,逐步形成能够满足"春芽·绿"教师培养需求的智慧化校本研修体系。

利用信息化平台将学科教学信息、资源信息、科研信息等进行开放共享,使各类信息透明呈现和流转。围绕各学科课程标准和教师日常的工作需要,研发和推广比较前沿、先进的教育信息。与此同时,鼓励教师通过开发、交流和共享的方式,建立富有特色的大容量、开放性的学习资源库,用文本、微课的方式组织有关内容,以非线性形式呈现知识,并适时动态地更换内容,构建运用多媒体培养学生创新能力的资源环境。

(三) 分层研修任务,满足不同层次发展需求

师训部门根据一定的认定标准,将学校教师分层评定为"新绿教师、盛绿教师、晶绿教师"三个层次,2017年9月,建立了"一室、一中心、一站",即新绿教室、盛绿教学研究中心、晶绿工作站,并聘请相关教师为新绿教室一星级组长和二星级组长、盛绿研究中心德育组组长和教学组组长、晶绿工作站站长。针对每一层次的教师,分别设计不同的研修任务。

表7-4 "春芽·绿"教师层级认定标准(参考)

"春芽·绿"教师		认定标准(有多项条件的满足一项即可)
晶绿		区名校长、名师、名班主任 区金奖荣誉班主任 区二层次骨干教师 高级职称(小中高)
盛绿		区三层次骨干教师 区银奖荣誉班主任 中级职称(小高) 市区级综合荣誉获得者 省市教改之星
新绿	二星级	工作满三年以上,但未达到盛绿教师标准的教师
	一星级	工作三年内新教师

案例 8

读书会中的分层研修

2017学年,"春芽·绿"教师研修品牌建立了以杭师大教育学院王凯教授为导师的悦课程小组,结合"悦·览"读书会活动,开展多元的特色模块课程实践,创新课程实施方式,促进教师成长。悦课程组的教师分为两个小组,分别由晶绿教师楼惠英和胡旭东领衔,盛绿教师为主组成,每次活动均邀请新绿教师观摩学习。

第1次活动,课程组的老师们一起阅读了王教授推荐的《杜威学校》。在前期自主阅读的过程中,老师们利用微信进行日常研讨、相互交流、分享体会,并推选出盛绿教师宋师慧和杨蔚作为代表进行汇报。第2次活动,悦课程小组的教师和新绿教师们一起在会议室进行微课程方案的交流,各位特色模块课程项目组的老师对自己的课程进行了汇报。晶绿教师和盛绿教师分别汇报了"职来职往"课程、"博物馆探秘"课程、"悦少年"课程、"群文阅读"课程和"亲情活动实践营"课程。杭师大教育学院王凯教授在活动中对老师们的课程设计与开展中遇到的困难进行了点评与指导,新绿教师撰写了活动感悟。第3次活动,则是针对学校2017年新立项的五个市级课题展开。活动邀请到了《教学月刊》杂志主编陈永华和杭师大教育学院王凯教授。晶绿教师曹京蓉校长、楼惠英副校长、杨蔚老师,盛绿教师倪婷老师依次对课题《基于悦少年素养的学校微课程开发与研究》《"微频化"分类校本培训模式的实践研究》《音乐+:小学音乐课堂学习载体的设计与实践》《基于原版视听材料的小学英语网络平台作业实践研究》进行了开题论证。陈永华、王凯教授分别对四个课题给予了积极评价,并提出了宝贵的建议,使得每一位老师对自己的课题有了更明确的方向,为接下去课题和课程的开展打下了良好的基础。

每一次的"悦·览"读书会活动,信息组的老师都会拍摄录像上传校园网,供其他老师下载学习。而老师们也是分工合作、分层学习,形成了良好的科研氛围,同时也切实提升了春芽教师的课程能力,使得研修一体,构建了"互联网+"春芽绿分层研修新模式。

(四) 促进"信息技术+学科",探索新型教育模式

"互联网+"的环境下,信息技术给教育带来了很大的冲击。信息技术与学科整合是社会发展必然结果,是时代的需要,是新形势下新课堂有效生成的主要手段。教师应积极探索基于现代教育技术和网络教育资源的新型教学模式,创设有利于学生个性化学习的开放性学习环境,促进信息技术和教育教学的深度融合。

案例9

信息技术＋音乐

在音乐学科中,信息技术的整合主要有网络资源、技术软件的获取、开发、利用与音乐课程的整合,并基于"互联网＋"的交互功能,实现音乐学习方式的转变。例如,平板电脑已经是普通家庭都能拥有的数码产品,即使低段的学生,也对iPad青睐有加,能在iPad上进行简单的操作。我们可以尝试将iPad合理有效地运用到音乐课程中,改变常规的课堂模式。

表7-5 音乐制作坊各年段学生的学习项目及常用的软件

年段	学习项目	适用软件
低年级	歌曲录制	
中年级	音频剪辑	
高年级	音乐微课	

- **低年级：歌曲录制**

低年级的学生学习能力相对较弱,但是他们爱唱爱表现,因此我们可以从歌曲录制软件入手。比如在课堂上,老师教唱完歌曲之后,可以让孩子拿着手机帮全班同学录制表演唱,放到班级微信群供家长或者孩子们自己回家欣赏;也可以在课后,布置学生利用手机中的全民K歌等软件回家录制歌曲,传给老师,供上课时全班欣赏;又或者在期末展示时,每个小组用手机、iPad中等设备中的摄像、录音软件拍摄、录制小组合作表演的歌曲,上传到平台,让老师、同学、家长进行评价。

- **中年级：音频剪辑**

中年级的学生经过两三年的学习,已经明白音乐聆听中音乐要素的重要性。

他们能根据音乐要素的变化来分析音乐结构。因此,教师可以鼓励孩子利用iPad、MacOS电脑系统中的GarageBand等软件和Windows系统电脑中的格式工厂、Cool Edit软件学会简单的截取、录制、合成音频。在教五年级合唱歌曲《小白船》时,学生两个声部合起来音总是不准。于是,老师分别教了高低声部,并把孩子们的两个声部用手机录制下来。接着,在第二课时的时候,老师借用了电脑教室。让孩子们分小组,将高低声部的音频用软件合成二声部的《小白船》,并用耳机反复聆听和声效果,小组分高低声部对着合成的音频进行跟唱。第三课时回到音乐教室再次合作演唱这首合唱曲时,和声效果十分明显,音准度显著提高。

- **高年级:微课课件**

高年级的学生已经不再满足于日常的音乐制作了。我们可以结合音乐教材的内容,让学生以小组为单位制作PPT,对音乐内容在全班进行分析、展示。也可以激励学生用简单的录屏软件制作音乐知识的微课。比如六年级的学生已经不再满足于教材中的歌曲,他们有的喜欢流行音乐,有的对外国的音乐文化比较感兴趣,有的对动漫音乐情有独钟……因此,老师会每隔一段时间拿出一节音乐课,专门"让"给学生,让他们以小组的形式自主选择音乐作品,孩子们会在课余时间将他们想介绍的音乐作品制作成PPT或者微课在课堂上展示。

像这样利用iPad、手机和电脑等设备,将信息技术与音乐学科教学深度融合的做法可以让每个学生都能有个性化的展示空间和合作性的体验,实现跨学科的整合,培养学生多方面的能力。可见,学生的发展是教师发展的结果,而学生发展也推动教师进一步的研修与发展。

案例 10

信息技术+书法

书法艺术,一直是学校的特色课程。春芽书苑,成果丰硕。在全国、省市区各类比赛中频频获奖。现在,学校已经成为浙江省书法教育研究会实验基地学校、西泠印社中国印学博物馆杭州市中小学生第二课堂基地学校,江干区艺术教育(书法)特色学校。二十多年的坚持,让学校的书法教育之路走得更加坚定,也让学校不断反思教育的方式和方法。

随着计算机技术,多媒体技术,网络技术,以及智能化技术的迅猛发展,数字校园已成为21世纪学校建设发展的趋势。随着第一个五年计划三通二平台的推进,在全国范围内学校信息化设备诸如大屏、移动终端、教学应用逐渐成为教师教学的重要组成部分。北京北大方正电子有限公司推出了专门针对中小学书法教育的方案——方正书法,与在书法出版领域具有领先优势的西泠出版社在内容方面进行深度合作。以专项进阶课程构建趣味专业化的学习路径。学校紧抓契机,与北大方正书法牵手合作,尝试将特色书法课程向数字化转型。

通过引入方正书法硬件与APP软件,借助iPad载体,在软笔和硬笔两方面做到覆盖学校全体学生的数字化书法教学。并基于人工智能技术,利用大数据对比,方正书法在软笔书写方面借助软笔支架将iPad固定并拍照,在硬笔书写方面借助手写板记录并保存书写结果,最终的书写成果都将上传至云端,通过大数据进行精准测评,对比原碑帖细致分析问题所在,出具详尽测评报告,并根据测评数据推荐针对性练习内容。方正书法智慧教学的运用能解决老师课上无法全面评价所有学生书写问题的难点,为学生搭建学习、练习、测评、有针对性练习的自适应学习路径。

通过"书法+信息"的教学形式,学校特色书法课程将上升新高度,实现数字化,借助基于移动终端配套的硬件利用大数据和人工智能技术实现书写技法的实时语音指导,同时基于方正字库多年积累的技术,结合书法教学特点,形成方正书法独特的科学书法测评模型与关键评测技术,让专业书法教师和相对非专业书法教师都能有趣科学地开展书法教学,解决学校书法师资力量不足的问题。

信息技术与学科课程整合应根据课程的特点、内容的要求、地域的特点、学校的特点、学生的特点进行,并注重创新性,注重整合的实际效果,而非模式化。

(五) 借力区域联研,促进学科协同教研

在"彰显学校特色,聚焦集团发展"的背景下,利用网络模式,加强区域联研,克服学校综合学科单个学科专职教师人数少,难以深入开展教师培训的弊端,共同促进教师教育课程、实施方案、培训模式的有效协同,课程共享,区域合作,从而打破学科研修单一、封闭的格局,推动学校教师智慧发展。

案例 11

书法共享课程

杭州春芽实验学校的书法课是凯旋教育集团的"共享课程",根据不同学生的

成长需要,把课程分为书法普及课程和书法提高课程。每周五下午 2 节课为书法共享课程时间。基于互联网的直录播互动课堂,实现区域智慧互动课堂,同时接入集团内其他三所学校的远程听课教室进行互动听课功能,主讲教师可通过专用遥控进行课堂模式控制和录播控制,与三间辅教室进行远程互动,实现了共享课程的网络 O2O 模式。

杭州春芽实验学校的这一系统还可以实现多方互动教学、教学科研、资源应用等工作需求。该系统的教育云平台是多级站群门户形式,支持提供区级校级多级分布互联互通的教育资源云服务体系,为学校、教师、学生和家长提供在线管理、在线教学、在线学习、在线教研和在线培训等音视频服务,并支持多终端接入和第三方平台对接。

第四节 "春芽·绿"教师研修的成效

"互联网+"春芽·绿教师研修模式的转变,使各层级老师都在研修中发展了自我,提高了研修的主动性积极性,促进了研修的良性循环。

一、教师研修制度不断完善,保障研修规范运行

在不断完善"互联网+"春芽·绿教师研修模式的过程中,教师的研修制度也逐渐完善。为了激发教师的研修热情,保障教师研修的可持续性发展,学校制定了关于"春芽·绿"层次认定方案,以发挥研修的激励和发展作用。具体认定措施包括组内认定和公示认定两部分。第一,组内认定程序中,各教研组根据《"春芽·绿"教师层级认定标准参考》对组内教师进行初定,将教师评定为"新绿教师、盛绿教师、晶绿教师"三层次,由所在教研组统一填表后交至教导处。教师个人需准备与所填写的荣誉、获奖等相对应的证明材料电子稿(同时符合该层级多项条件的,提供其中 1 项证明材料即可),以备核查。第二,公示认定程序中,由学校行政例会讨论,经公示后发文认定"春芽·绿"教师层级,完善"悦教师"团队分层发展培养体系,明确建立"一室、一中心、一站",即新绿教室、盛绿教学研究中心、晶绿工作站,并聘请相关教师为新绿教室一星级组长和二星级组长、盛绿研究中心德育组组长和教学组组长、晶绿工作站站长。

同时,科研作为研修的一个重要组成部分,学校还制定了教师教育科研制度和教育科研管理实施细则,以保障教师科研活动的规范化开展。

二、教师科研能力不断提高,教师研修成果丰富

通过本课题的研究后,老师们的学习意识和能力都得到了很大的提升。老师们研究互联网下的课堂、学生、教材、教法、课型等,随着学校师训课题研究的持续深入推进,老师们通过课题的研究,开始关注"互联网+"下的课堂教学,即由课题研究深入并渗透到日常的课堂教学中。老师们都意识到只有自己不断充电,不断学习才能跟上时代的步伐,只有不断学习才能更新自己的知识库。仅2017学年,学校正在研究的课题就有省级课题2项,市级课题9项,区级课题10项,区教科研考核连年名列前茅,这对于一所小规模的学校来说非常不容易。

表7-6 2017学年课题立项表

立项类别	立项课题名称	负责人	教师层次	立项编号	立项时间
省教师教育	基于"互联网+"的春芽绿校本研修模式构建与实施研究	曹京蓉	晶绿	ZJFGK2016-082	2016年11月
省体艺卫专项	"音乐+":小学音乐课堂学习载体的设计与实践	倪 婷	盛绿	2018STWY009	2018年1月
市教师教育	基于儿童哲学工作坊的教师提问能力提升研究	倪 婷	盛绿	JSJY2018044	2018年6月
市规课题	基于小学生思维整体构建的"探秘博物馆"学习项目的设计与实施	胡旭东	盛绿	18G0306	2018年5月
市教师小课题	第一学段基于绘本的儿童哲学教学的研究	陈 霞	晶绿	18X03018	2018年5月
市级基教课题	"全课程"视角下的低年级数学综合性学习活动设计与实施	杨奇平	晶绿	L2018141	2018年5月
市级重点基教	基于核心素养的小学特色微课程开发与实施研究	曹京蓉	晶绿	L2017044	2017年3月
市级专项	基于悦少年素养的学校微课程开发与研究	曹京蓉	晶绿	17ZK0304	2017年5月

续表

立项类别	立项课题名称	负责人	教师层次	立项编号	立项时间
市教师小课题	"音乐+"：小学音乐课堂学习载体的设计与实践	倪　婷	盛绿	17X03012	2017年5月
市级基教	基于原版视听材料的小学英语网络平台作业实践研究	杨　蔚	晶绿	L2017149	2017年3月
市教师教育	"微频化"分类校本培训模式的实践研究	楼惠英	晶绿	JSJY2017071	2017年6月
区级A类课题	基于小学生思维整体构建的"探秘博物馆"学习项目的设计与实施	胡旭东	盛绿	2017A03005	2017年12月
区级B类课题	微音乐剧：提升小学生音乐艺术实践能力的课堂载体研究	倪　婷	盛绿	2017B03006	2017年12月
区级B类课题	一年级新生适应性活动的设计与实施的研究	许　蕾	盛绿	2017B03031	2017年12月
区级B类课题	"全课程"视角下的低年级数学综合性学习活动设计与实施	杨奇平	晶绿	2017B03007	2017年12月
区级B类课题	小学英语基于项目学习提升综合语言运用能力的实践研究	杨　蔚	晶绿	2017B03032	2017年12月
区级B类课题	小学生游戏式"花跳"的设计与实践研究	周雅君	盛绿	2017B03055	2017年12月
区级重点	基于整合的小学低段"音乐"跨界学习载体的设计与实践	倪　婷	盛绿	16-A-15	2016年12月
区级规划	基于核心素养的小学特色模块课程的开发与实施研究	曹京蓉	晶绿	16-B-34	2016年12月
区级规划	基于原版视听材料的小学英语网络平台作业实践研究	杨　蔚	晶绿	16-B-35	2016年12月
区级规划	基于"品德+"的小学"节日"德育微课程开发实践研究	王　卉	晶绿	16-B-36	2016年12月

三、教师成长路径不断多样,促进新教师的发展

学校尽可能引领每一位教师找到一个适宜自己的突破口,为不同层次、不同个性的教师提供多样化的网络课程选择和发展支撑。这种多样化的学习方式、个性化研修方式,促进了教师潜质的挖掘与发挥,促使教师个性成长。学校逐渐完善教师团队分层发展培养体系,建立了一室、一中心、一站,即新绿教室、盛绿教学研究中心、晶绿工作站,通过"晶绿""盛绿""新绿"三个层次培养教师,让春芽晶绿品牌教师魅力引航;春芽盛绿骨干教师激情扬帆;春芽新绿年轻教师,活力起航。新教师在教师研修活动的带动和引领下,有了更清晰和明确的职业发展规划;为了能够胜任教师研修的要求,新教师们也开始反思提升教学和科研能力需要的努力和已有的基础或优势,在教学、管理和科研等方面都有了更清晰和可行的目标规划。

第八章 "步云师院":南肖埠小学的校本研修

面对义务教育改革,教师专业成长显现出瓶颈,研修方式亟待转型、升级等,南肖埠小学(简称南小)开始构建了一个面向全体教师研修新平台——"步云师院"。它旨在通过构建"多维度"的校本研修平台、开发"混合式"的校本研修内容和践行"交融式"的校本研修机制,推动学校每位教师的专业发展。在具体的校本研修实践探索中,学校构建了集科研学习、课程设计和教学实践为一体的研修内容,满足所有教师的研修需要;开发了模块研修、分社研修和定制研修等多种方式,提供协调、聚类和个性化的教师专业发展途径;构建了学分银行、成长档案和成果评价等综合式教师评价方式,充分考虑教师群体内部的专业发展的差异性和独特性。这一系列研修活动使得学校教师的研修内驱力、科研能力和学校影响力均得到了显著提高。

第一节 "步云师院"校本研修平台构建

一、"步云师院"构建背景

(一) 义务教育改革迎来挑战

当前,义务教育课程改革进入深水区。2017 年 9 月中办国办联合下发《关于深化教育体制机制改革的意见》。随后,江干区结合形势出台了《江干区教育局关于进一步深化义务教育课程改革的指导意见》,指出要加强课程体系建设,改进课程实施策略,优化课程评价方案,落实课程管理制度,提高课程质量,建立"以学生发展为本"的新型教学关系,落实"三全"质量观,努力培养支撑学生终身发展、适应时代要求的关键能力。校本研修新平台的构建需立足深化课程改革的新形势,顺应学校转型发展的新要求,拓宽教育国际化的新视野,构建着眼全校、全区的新格局,提升课程开发与管理的新技能,培育课堂教学转型的新素养,完善"以生为本"教学方式的新常规。

(二) 教师专业成长显现瓶颈

学校现有24个教学班,900多名学生,64名教职工,其中外籍教师1名,省市级优秀教师19人,区县级优秀教师33人,占全体教师的81.25%,教师平均年龄在38岁。随着新教师不断引入,资深的老教师退休,学校教师的平均年龄逐年递减,教师发展出现"青黄不接"的现象。如何促进各个层面的教师的专业发展?这是校本研修的重点,也是难点。综观学校教师的专业发展情况,不同层次的教师均遇到不同程度的瓶颈期。从总体上来,学校教师普遍存在重教学、轻研究,重眼前、轻长远,重实惠、轻价值,重课堂、轻课程等突出问题。另外,有不少教师存在专业发展动力不足,缺乏新改革形式下所需的改革创新、着眼未来、关注终身、聚焦学生核心素养等能力。新时代的教师专业发展,必须深入"诊脉",发现当前教师专业发展的突出问题,必须打破传统的思维定势,积极更新教育教学理念,敢于尝试教师发展的新方式,协同集团、区域、学校发展,顺应学校转型的新要求,努力提升教师在教学、管理和科研等方面的基本素养。

(三) 教师发展方式亟待转型升级

随着基础教育改革的不断推进,教育理念和教学方法的不断更新,崭新的教育改革对教师的能力和素养提出了更高的要求,国家、地方和学校也越来越重视教师专业发展工作。然而,已有的大部分教师培训均以讲座和听课的形式进行,存在形式单一、参与度不高、效率低下等问题,并不能满足每位教师的专业发展需求,也不能兼顾不同层次或种类的教师的成长。为促进学校教师的专业发展,满足更多教师的发展需求,必须改变一讲到底、缺乏互动等传统培训方式,做到有的放矢,量身定制研修方案,为教师成长注入新动力。让教师再次担当"学生"角色,从充满互动、对话、交流与合作的教师研修中汲取营养,从根本上扭转教师的教学理念和教学方法。

二、"步云师院"与教师分类

"步云师院"是一个面向全体教师研修的新平台,遵循教师专业发展历程组建八个分社,为教师专业发展搭建"云梯",帮助其既达到高位、又走向远方。在实施过程中,设置理念更新、课程原创、课堂会诊、思维碰撞、行动研究五个研修模块,以"学—教—研—修"四维融合为工作理念,成就每一位教师,助推每位教师的幸福成长,培养身边的"草根教育家"。"步云师院"的宗旨可概括为:驾驭智能技术,锻造高阶思维,徜徉高尚境界,创享教育幸福。根据对学校教师群体的构成结构的分析,为了使每位教师都能拥有与之教龄、专业能力所匹配的研修方案,步云师院从分类、分龄、分层三方面将教师群体进行分组设社,根据每位教师的成长特点设计研修方案。

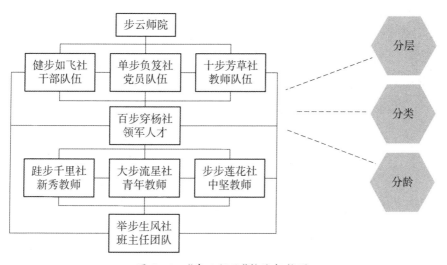

图 8-1 "步云师院"整体架构图

(一) 分类设社

学校根据教师的岗位差异,设置"单步负笈社""健步如飞社""举步生风社"三个分社,每个分社聘任一名社长,负责各分社的运行与管理。

1. "单步负笈社":一位党员一旗帜

"单步负笈"原指背着书籍,徒步外出求学,出自《三国志·魏志·邴原传》,现在一般形容不怕吃苦,勤奋求学。本社主要面向党员教师,以"正步宣讲台"活动为月常规活动(每月 15 日举行),实施党建引领,倡导党员教师发挥先锋模范作用,激励党员教师克服惰怠,用勤勉务实、刻苦钻研、励精图治的作风影响带动全校师生。

2. "健步如飞社"：一位干部一标杆

"健步如飞社"主要面向管理干部教师队伍，包括校级、中层以及后备干部，倡导干在前面、干在实处、干出效率、干出成效，用卓越行动引领带动全体教师快速发展，助推学校驶入转型发展"快车道"。

3. "举步生风社"：一位导师一明灯

"举步生风社"则主要面向班主任和德育导师，主张管理、教学一手抓，结合心理健康教育C证培训和"卓越班主任计划"，让每一位德育导师和班主任成为学生的人生导师，心中的指路明灯。

（二）分龄设社

学校教师群体的教龄结构跨度较大，年龄呈现"两头大，中间小"分布结构。为更好地适应不同教龄（不同经验水平）的教师发展，学校按照教龄差异，分设"跬步千里社""大步流星社""步步莲花社"三社。

1. "跬步千里社"——培养有目标的新秀人才

"跬步千里社"主要适用于教龄5年内新教师的专业发展，其目的在于帮助新教师更快、更好地适应教师职业，提高教育教学能力，增强教书育人的事业心与责任心。对新秀教师的培养，主要依托师徒带教的方式，让新教师跟岗实习，力求实现教师师徒间的教学相长。另外，学校尽可能为新秀教师提供学习、交流、展示的平台。学校不仅为新教师开展"启航训练营"，巩固新教师的教学基本功，使其能够尽早在教学上独当一面；还为其举行教学评比和指导活动，充分发挥年轻教师的灵活性、想象力和创造力。

2. "大步流星社"——培养有态度的卓越人才

"大步流星社"主要面向教龄5年以上，年龄35周岁以下青年教师，其目的在于促进教师专业共同体的建构，培养杰出青年教师。本社实行"一徒多师"制，以提高教师的综合专业素养，主张教学与科研齐头并进，以课题引领教师研修，以团体教学竞赛来增进同伴互助、小组合作、团队备课、团队汇报。社团注重特殊的时间节点，善于营造浓厚人文关怀与阅读、科研氛围，激发青年教师的青春活力，在提升中感受学习的快乐，在学习中感受家一般的温暖。不仅如此，为促进青年教师的"拔高式"成长，培养有态度的卓越教师，本社还聘请"导师团"，为社员传递优秀教育教学经验和技巧，并成立"助手帮"，辅助社内活动有滋有味。

3. "步步莲花社"——培养有追求的中坚人才

"步步莲花社"在于培养有追求的中坚力量,发挥35周岁以上成熟教师的专业辐射作用,其中既包括学科专业能力的发展,也包含班主任管理能力的发展。通过课题引领、专家点拨、异地研学等途径,进一步提高成熟教师的专业水平与思想境界。通过骨干教师展示课、班主任工作微报告,将能量辐射到全校每一位老师。通过全景课堂等现代化教育信息技术在校内的推动与开展,积极关注成熟教师与新教师的师徒结对情况,成熟教师向新教师学习信息技术,新教师向成熟教师学习教学与管理经验,并用微课的方法来记录,形成良好的师生互动氛围。

(三) 分层设社

由于教师间的专业发展水平也存在很大差异,故按照其水平,将教师分为两个层级,设置了"十步芳草社"和"百步穿杨社"两个分社。

1. "十步芳草社":一位教师一优才

"十步芳草社"面向全体教师,旨在培养有志向的优秀教师队伍。除全员培训外,本社将"丝路之夜"团体研修活动作为社团主要活动,每月举行一次,并定期开展百家讲坛、原典研读、科研集训等活动以及时更新教师们的教育教学理念,运用名师课例,发挥名师的辐射作用,力求构建不同类型、不同学科、不同特色的教师专业共同体,把团队里的每位教师都打造成校级及以上各级各类骨干教师。

2. "百步穿杨社":一位骨干一先锋

"百步穿杨社"主要由获评区名师、二层次骨干教师、新锐教师、名班主任的教师组成,旨在培养专业、优秀的学科带头人,领跑全校教师专业成长。学校重点对勤奋、爱学习、潜力大的教师进行一对一指导,助力更多教师成为名师与教学骨干。该社团不仅聘请了省级特级教师为专家,还自发成立"导师团"以对口支援"跬步千里社""大步流星社""步步莲花社"等社团,为教师们提供专业经验和建设性意见。学校也出台了相应的考核与奖励制度,形成教育资源在校内的良性循环,发展每一位教师的专业素养。

表 8-1 各分社培养目标

分社	形式与制度	目标
跬步千里社	跟岗实习	抓实"预备期"培训指导,帮助教师快速入门

续　表

分社	形式与制度	目标
大步流星社	"一徒多师"制、"主题聚焦,一月一研,滚动前进"的模式、聘请专家一对一指导	提高新教师日常教育教学能力及所参与的相关工作管理的管理能力
步步莲花社	组建导师团队,进行青蓝结对	焕发骨干教师活力,带动新教师齐发展
健步如飞社	每月一次管理干部会议,分享交流管理经验	发挥"领头羊"作用,为全体教师树立榜样
单步负笈社	党建引领,每月15日开展"正步宣讲台"活动	让党员教师从身边的榜样身上汲取前行的力量
十步芳草社	每月一次固定社团活动,包括同伴互助、百家讲坛、名师引领、科研集训、原典研读等形式	把团队里的每个人都打造成校级及以上各级各类骨干教师
百步穿杨社	配备省级特级教师等省内外拔尖的专家作为导师,制定奖励考核办法	培养南小高阶教师,促进南小教师加快成长为市级及以上层级的名教师

三、"步云师院"研修目标

面对传统教师培训中存在的参与度低、效率低、针对性低等弊端,学校建立了"步云师院"校本研修平台,以求对教师专业发展、学校发展、区域发展均起到良好的促进作用。为此,学校将"步云师院"的研修目标划分为三个层面:教师层面、学校层面和区域层面。

教师层面:发展教师在教学、管理和科研等方面的专业素养,将被动化、个别化、标准化、单一化、接受型发展转向主动化、团队化、特色化、多元化、学习型发展,提高教师的职业幸福感。

学校层面:构建合理的教师发展体系和教学体系,建设和完善校本研修制度及相关评价、保障制度,打造学校品牌特色,带动学校整体发展。

区域层面:增强学校校本研修平台在区域内的影响力和辐射力,与其他学校合作,促进区域或集团内的教师专业发展。

四、"步云师院"顶层设计

(一) 构建"多维度"校本研修平台

学校从教师的教学力、学习力和学术力三个维度出发建构校本研修平台,以学习力发展为基础,教学力发展为核心,学术力发展为引领,使不同层次或水平的教师发挥所长,努力培养学习型、教学型、学术型教师,打造具有学校特色的教师发展品牌——"步云师院",促进教师更好、更快地成长。"步云师院"遵循教师专业发展规律,为教师专业发展搭建"云梯",帮助其既达到高位又走向远方。通过分层提升的研修平台,成就每一位教师,助推每位教师享受幸福成长。

(二) 开发"混合式"校本研修内容

为了打破校本研修中原有的僵化内容,顺应教育教学实际和教师发展规律,南小研修课程旨在采用理论与实践、形式与内容、集中与分散、线上与线下、接受与发现相结合的深度"混合式"模式,探索"做中学""学中做""教中学""学中教"为主题的新型研修方案,将研修内容设置为理念更新、课程原创、课堂会诊、思维碰撞、行动研究五大环节。这五个环节由浅入深、相辅相成、环环相扣,形成了一个螺旋上升、滚动向前的教师专业发展的路径。

表8-2 五大研修模块内容

研修模块	研修形式	研修内容	特征与作用
理念更新	专家讲座、校外考察、经典研读等	《江干区教育局关于进一步深化义务教育课程改革的指导意见》解读、新课程理念下的课堂教学变革、教师如何开发一门课程、教育国际化背景下的课程思维、国际理解教育课程的开发与实施、开展小课题研究促进教师专业发展、从实践到文本的教师科研操作实务等	确保研修项目有效性的基础和前提
课程原创	导师带徒、榜样示范、小组合作等	各级精品课程评比标准和操作策略、优秀精品课程赏析、课程开发选题讨论与分享、国际理解教育课程开发专题研讨、木艺STEM课程开发专题研讨等	将前期所学理论付诸实践的途径,并为教师在实践中检验和优化知识建构提供了可能

续 表

研修模块	研修形式	研修内容	特征与作用
课堂会诊	专题研修、案例分享、百家讲堂等	学习共同体的构建、学生自主学习有效性探究、名优教师示范课观摩、基于"同课异构"的辩课、如何看待和处理以学为主和以导为方的辩证关系、分学科典型课例鉴赏与评析、一线教师推门课会诊等	综合运用前期理论、实践研修基础上积累的经验投身课堂的深层次研修,要求教师立足课程、深入课堂,通过课堂中教师的教学方式、言行范式、思维模式来检验前期研修的成效,并有效提升研修项目的实用性
思维碰撞	交流分享、教学论坛、分组展示、话题辩论等	课堂教学与课程教学的联系与区别、我眼中的"国际理解教育学科渗透"、课程开发新思维、我的教育智慧分享、"智慧课堂"金点子征集等	重在思辨,运用前期三轮研修所积淀的成果,让教师从被动的接受者变成主动的分享者,激发研修教师智慧的自主生成
行动研究	阶段小结、回顾反思、方法改进、课题立项等	行动研究等课题研究方法操作实务、教学反思交流分享、课题研究阶段性回顾、研究案例撰写等研修实践	将前期四个模块的内容加以串联,进行综合考量和系统思考,并在教师的"学—教—修"与"研"之间搭建一座桥梁,促进教师做一名善思考的研究型教师

(三) 践行"交融式"校本研修机制

践行"学—教—研—修"四维融合的研修工作理念,注重在常态中引领,在常识中研究,在常规中创新,边学边思,边教边研,边干边修。如图 8-2 所示,"学—教—研—修"四种研修理念相辅相成,共同组成了完整的校本研修机制。

图 8-2 "交融式"研修机制

1. 学——以学为先,对接前沿

牢固树立终身学习理念,对接国内外教育教学和课程改革前沿思想、经验与成果,在学习中调适、在学习中修炼、在学习中拓展、在学习中开悟。学校根据工作计划和研究课题选定学习主题,确定相关研读书目,召开读书交流会,交流在主题引领下的读书心得和实践收获,探究新的解决问题策略。教师们通过"晒(展示自己读书所获)—碰(思想的碰撞)—思(自我反思)—建(构建新的学习策略)",实现知行合一。学校不断营造学习氛围、拓宽学习途径,通过集中与分散相结合、外派与请进相结合、自学与导学相结合、线上与线下相结合、技术与艺术相结合、理论与实践相结合的"六结合"策略来丰富学习形式,以提高教师学习成效。同时,学校注重"学为中心"课改时代的职责担当,用教师学习引领学生学习,用自我学习带动他人学习。

2. 教——以教为基,走在前列

课堂教学是教师职业的工作日常,也是教师专业发展的立足之本。校本研修必须以课堂教学为基础,围绕课堂教学展开。教师通过课堂教学,完成与核心素养、课程内容、同伴互助、学生生命深度对话,领悟教育的真谛、教师的使命、教学的原理。学校要求研修学员严于自律、勇于超越、善于争先,将教学质量的提高当作教师研修的最直接目的,以学情全面诊断评价教学理念,注重以学习方式的创新转变教学方式,以学业成果的高低衡量教学成效,用扎扎实实的工作成效赢得学生赞赏、同事认可、家长口碑。学校常态化地实施"协商定课—独立备课—集体观课—分组辩课—研讨改课"流程,循环往复,引导教师在课堂中实践、在课堂中研究、在课堂中淬炼、在课堂中成长。

3. 研——以研为范,砥砺前行

学校实施课题引领下的校本研修,设立创新项目,以课题研究为抓手,促进学导方式、学研方式的持续变革。学校鼓励教师潜心研究学生、潜心教学实践,在日常教学中发现矛盾、聚焦问题、提炼课题,在研究中积淀、在研究中突破、在研究中蝶变、在研究中体悟、在研究中学会研究,在研究中培育宁静平和、理性客观、严谨细致、敏锐善思、务实创新等素养。为破解高负荷、低效益,重灌输、轻研究,强指令、弱唤醒的教育困局,学校在行动研究、专题研学、调查研判等教研方法的基础上,借助资源开发、课程建设、模型建构等方式,生成智慧、启迪他人,营造学生、家长、教师三方相辅相成、同生共长的绿色教育生态。

4. 修——以修为责,携手前瞻

学校鼓励教师将辐射带动青年教师成长、促进同事发展作为自身职责,将同伴共同成长研修模式融入教师的工作日常,努力培育"以使命感驱动的良师益友",使教师在研修中担当、在研修中发现、在研修中超越、在研修中幸福,实现以自身发展带动同伴发展、以自我提升促进整体提升。学校定期举办百家讲堂、创新峰会、成果展览、示范观摩、专题论坛、送教支教、精准指导等活动,通过优秀课例展示、成长历程分享、课题成果汇报、优秀论文汇编、常态课堂会诊、结对追踪帮扶等形式,共享工作室资源,惠及全体教师。同时,学校利用集团办学的力量,辐射兄弟学校,真正发挥传、帮、带作用,焕发魅力、相互成就、实现价值,修炼适应未来世界需求、胜任人工智能时代的卓越"人师"。

第二节 "步云师院"的实践探索

为了让"步云师院"校本研修平台的研修内容、研修方法、研修形式更加精准,惠及学校每一位教师,满足教师的实际发展需要,学校从全局出发,分析了学校教师的基本构成情况。根据教师的教龄、专业水平、岗位需求的不同,学校在"步云师院"内部设置不同类型的分社,并组建学习共同体,为不同类型的教师群体量身定制研修课程。

一、丰富研修内容,构建"一体化"研修机制

(一) 科研训练,促进能力提升

近年来,"培养教育家型教师"成为教师专业发展的重要目标。科研能力是新时代教师必备的教育能力之一,也是提升教师职业幸福感、愉悦感的重要内容。著名教育学家苏霍姆林斯基曾说:"如果你想让教师的劳动能够给教师带来乐趣,使天天上课不至于成为一种单调的义务,那你就应当引导每一位教师走上从事研究这条幸福的道路上来。"科研训练可以使教师熟悉"发现问题——提出问题和假设——解决问题——反思实践"的研究过程,并将研究精神和研究思维应用于自身的教育教学工作,不断在实践、总结、反思中提升自我。教师养成教育研究的习惯,能够根据自身的教学或管理工作,提出疑问并深入探索和研究,从而找出改进方法。热爱教育研究的教师总能在对自身的教育实践的总结和分析中找到研究的乐趣,因此他们拥有较多的成就感与满足感,而较少产生职业倦怠感。

为践行学校"科研振兴"的整体规划,提高教师的教科研能力,学校结合"丝路之夜"等教师研修社团进行包括专家讲座、课例研讨、思想实验、头脑风暴等多种形式的科研训练,鼓励全体教师,尤其是年轻教师,积极主持和参与教育研究项目。同时,学校利用全体教师会议,不定期地进行学校教科研成果的分享和交流,鼓励全校老师积极投身教育科研。此外,在鼓励教师自我学习和自我反思的同

时,学校定期邀请来自省、市、区教科研的专家进行专题讲座,并有针对性地对教师们的科研成果进行一对一的指导,使教师近距离地接触、了解教育研究的基本过程和多样类型,明晰教科研的意义与方法,使教师在科研工作中能够更有方向,提高科研成果质量。

表 8-3　2019 年科研相关校本研修内容

形式	时间	主　题
专家引领	第一讲	"丝路之夜"青年教师课题研讨活动之一
	第二讲	2019 年度省、区级立项课题开题论证会
	第三讲	专家引领　科研振兴——"综合调研周"市规课题指导活动
	第四讲	"科研兴校"夏日三部曲之一——市级基教课题论证会
	第五讲	"科研兴校"夏日三部曲之二——市级立项课题论证会
	第六讲	"科研兴校"夏日三部曲之三——2019 市规课题结题指导会
	第七讲	科研促教,升华教师职业能力
校内导师	第一讲	科研之路,且行且思——科研导师经验分享
	第二讲	"科研振兴行动"再发力,6 个校级课题再打磨
汇报评比	第一讲	在路上,追梦并行——第二节学术节
	第二讲	课题中期汇报　展现小科研风采
	第三讲	研而不教则空,教而不研则浅

图 8-3　专家对青年教师进行课题研究指导

图 8-4　为校内科研导师颁发证书

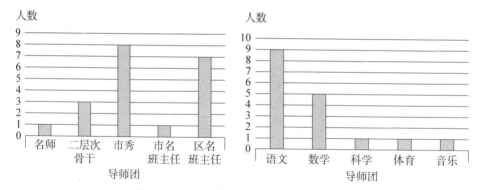

图 8-5 导师团结构图以及学科分布图

表 8-4 校外专家团队

校外专家团			
姓名	所在单位	职称	课程内容
×××	浙江大学教育学院	教授	木艺 STEM 课程开发专题研讨
×××	杭州市基础教育研究室	副主任	基于"同课异构"的辩课
×××	江干区教育发展研究院	原副院长	木艺 STEM 课程开发专题研讨
×××	江干区教育发展研究院	副院长	课程开发新思维
×××	浙江工业大学教育科学技术学院	副院长	智慧教育与 STEM 教育课程研究
×××	华东师范大学基教所	教授	国际理解教育课程开发专题研讨
×××	杭州师范大学外国语学院	副教授	小学教师行动研究方法与案例
×××	江干区教育发展研究院	科研部主任	国际理解教育课程开发专题研讨
×××	江干区教育发展研究院	科研部副主任	源于一线教育教学的课题选题
×××	《教育观察》	杂志社社长	教育教学论文专题指导

(二) 课程设计，发挥个人专长

学校在原有课程架构下，建设"步云师院"课程体系，形成"健步""信步""阔步"拓展型课程群，主要涉及"3I"国际理解课程、JA 拓展课程、研学旅行课程、STEM 课程、儿童哲学课程、科学观察课程和书法课程等拓展课程。其中，"3I"国际理解课程旨在培养学生理解自我、理解他人、理解多元文化的能力，主要依托国际象棋文化建立"丝路春雨"课程，并编写《我与世界》国际理解教育教材。JA 拓展课程旨在培养学生的社会生活能力,主要面向三、四、五、六年级学生开设选修班,课程内容包括《我的城市》《理财小能手》等模块。研学旅行是将研究性学习和旅行体验相结合,学生集体参加的有组织、有计划、有目的的校外参观体验实践活动。学校的研学旅行课程旨在践行"读万卷书,行万里路"的教育理念和人文精神,培养学生的自理能力、创新精神和实践能力,面向全校学生,目前主要以新加坡和斯里兰卡的游学项目为试点。STEM课程旨在培养学生的科学素养、技术素养、工程素养和数学素养,提升学生的动手能力,目前在省规划课题的引领下,主要以"木艺STEM"课程的开发、研究和实践为主,主要面向中段年级。儿童哲学课程旨在提升学生的批判性思维和合作性学习能力,目前主要研制绘本阅读主题序列,在一二年级各班实施"语文+儿童哲学"课程。另外,学校还开发了科学观察课程"丝路星空"和书法课程"点线的世界",不断提高拓展性课程品质,凸出学校办学特色。由于校本课程的开发主体为教师,更准确地说是教师共同体,校本课程不断完善的过程也是教师不断提升业务水平、促进专业成长的过程。

案例1

校精品课程指导活动

袁老师将自己负责的精品课程"点线的世界"向专家教师及与会人员进行了简要汇报。他对课程的开发细节提出了自己的疑问,如拓展类课程与普通的学科课程在教学与评价等方面有什么差异;面对不同年龄阶段的儿童时的课程设置要注意哪些方面;如何处理拓展性课程中的理论学习问题等。随后,朱老师也汇报了自己的精品课题"丝路星空"的具体研究计划和设想。朱老师本身是数学老师,但对天文很有兴趣,所以在学校开设了星空课程。朱老师提到由于天文知识性强,一堂课都在开展活动的可能性太小,课堂时间有所限制。面对困惑,朱老师的想法是做一份活动手册,每堂课提几个问题,让学生讨论并写下他们的回答,教师进行纠正或补充。关于可以开展活动的知识点,设置观测环节让学生观测实践。

听完两位老师的汇报,专家教师分别对两位老师进行了具体详细的点评。针对袁老师的课程,专家教师提出首先要多从学生的视角出发,以学为主,增加学生的活动,减少教师教的活动,在过程中,教师给予指导与点拨。其次,教学重难点罗列需要更加清楚,以及教学评价设置得更加多元化,除自评、互评、师评之外,还可以增设作品展示的评价方式,阶段性展览学生的作品,尝试从基本笔画、复合笔画、综合运用三个模块分别进行评价。另外，将每课的教学总结删除，设置成空白框，让学生自己去总结归纳。随后针对朱老师的课程，专家教师建议将其做成项目研究形式，遇到理论性强的知识，在每一课增加一个前置活动，让学生在课前搜集相关内容，并以小组形式在课堂上汇报；还可以设置一个拓展活动，让学生更多地了解天文学背后的发展变化，与人们的工具、思维之间的关系，探索过程不仅提高学生对知识的统整力，也培养了学生的科学精神。

图8-6 精品课程开发研讨会

图8-7 校本国际理解教育读本

（三）教学实践，促进课堂转型

课堂是教师专业成长的主阵地，教学是教师的基本业务能力。学校探索"E步学堂"新模式，将"让师生获得最适切的生长"课程理念渗透到日常课堂。"E步学堂"是在深化课程改革、推进课堂革命背景下，以中国学生发展核心素养为指引，在以学为中心、以学生为本的立场上形成的新型课堂。"E步学堂"践行"以生为本，以标为纲，以学为主，以导为方"的"四为"理念。教师在教学实践中探索新型的课堂范式，并凭借此探索过程不断提升自身教学水平、提高教学效率。

案例2

E步学堂决赛——"新秀献技"组的课堂展示活动

为进一步加强青年教师队伍建设，提高青年教师的基本教育教学技能，教师发展中心开展了"E步学堂"——"新秀献技"组的课堂展示活动，五位区教坛新秀一一呈现了精心准备的课。

李老师执教的《赵州桥》一课,让304班小朋友当了一回小导游,通过在学文中抓住关键信息,围绕"世界闻名、雄伟、创举"介绍赵州桥。李老师巧用预习单,提高字词教学效率,组织学生同伴合作学习,让学生学习更自主。

邵老师执教的《杨氏之子》是一篇行文简洁、不足百字的古文,情节比较简单,但是故事十分有趣。在教学过程中,邵老师注重文言文学习方法的渗透,让学生能够举一反三。紧接着她抓住"聪惠"一词进行教学,这是本课教学的重点,同时也是难点。最后,邵老师设计了分层作业,让学生用自己的话夸一夸杨氏之子,也可以用文言文,激发学生学习的兴趣。

吴老师执教的是信息技术浙摄版五下第一单元学习演示文稿的拓展课:展示春天里的故事——keynote演示文稿。整堂课力求探索"学为中心"的课堂,以学生为中心,关注到每个孩子,更是关注到不同孩子的层次差异,可以在不同步的学习下自主选择学习内容,达到异步路径、同步成长。

陈老师执教的《给冷水加热》是五年级的科学课,老师通过直接提问"有办法让一杯冷水变成热水吗?"进入主题。然后,陈老师从课堂实际出发,自然引入到将这袋冷水放在热水中加热。整节课中,虽然陈老师没有说很多话,但学生却一直很专注。孩子们的想象力十分丰富,问题回答也十分精彩,时常能令大家眼前一亮。

任老师带领202班孩子们给大家带来一场音乐与舞蹈的盛宴。由于《喜鹊钻篱笆》是一首彝族歌曲,任老师结合彝族的民族节日,营造了火把节的氛围,让孩子们有一种置身节日的喜庆。整堂课在学唱歌曲、学跳舞蹈、边唱跳边做游戏中进行,还使用了全景课堂中的乐器功能,让孩子们练习用鼓来打节奏。孩子们非常喜欢这种体验式的音乐课。

图8-8 学生使用iPad上"全景课堂"

图8-9 评审专家听课、评课

二、更新研修方式,实施需求导向研修机制

(一) 模块制,协调发展

研修模块的设置已经在体系顶层设计中进行了分类与统整,为了使具体的研修内容更加符合教师的需求,学校在确定研修主题前,对全体教师进行了问卷调查,如图 8-10 所示。结合调查结果以及校本研修的整体规划,确定每一学期每个研修模块下的研修内容。

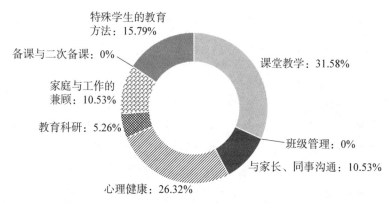

图 8-10 2019 年"大步流星社"教师校本研修需求调查结果

表 8-5 2018 学年校本研修模块设计

模块	研修内容	参加人员	时间	研修形式
理念更新	《江干区教育局关于进一步深化义务教育课程改革的指导意见》解读	区教研院专家+全体教师	2018.09	研讨式讲座
	新课程理念下的课堂教学变革	专家(鲍)+全体教师	2018.10	研讨式讲座
	教师如何开发一门课程	专家(曾)+全体教师	2018.11	研讨式讲座
	JA 课程的理念与思维启示	上海福山外国语学校骨干教师+部分教师	2018.11	异地考察
课程原创	国际理解教育课程开发专题研讨	专家(黄、曾)+全体教师	2018.12 / 2019.01	研讨会
	木艺 STEM 课程开发专题研讨	专家(方、周)+全体教师	每月一次	小组合作交流
	国际象棋课程完善与提升	北京怀北学校课程开发专家+骨干教师	2018.10	异地考察

续表

模块	研修内容	参加人员	时间	研修形式
课堂会诊	"人人一课":晒晒我的"四为"课堂	区学科教研员+全体教师	2018.09-12	分学科组研讨
	如何看待和处理以学为主和以导为方的辩证关系	专家(杨)+全体教师	2019.01	研讨式讲座
	基于"同课异构"的辩课	专家(方)+全体教师	2019.03	辩论会
思维碰撞	我眼中的"国际理解教育学科渗透"	专家(黄)+全体教师	2019.01	百家讲堂
	课程开发新思维	专家(黄)+全体教师	2019.04	百家讲堂
	"智慧课堂"金点子征集	专家(潘)+全体教师	2019.04	案例分享会
行动研究	小学教师行动研究方法与案例	骨干教师(骆)+青年教师	2018.09	案例分享
	源于一线教育教学的课题选题	骨干教师(贾)+青年教师	2018.10	研讨会
	教师教育课题的实践与研究	专家(蒋)+骨干教师	2018.10	专题指导
	中国STEM教育课程研究	专家(胡)+骨干教师	2019.5	专题指导
	教师写作与专业成长	专家(罗)+全体教师	2019.5	研讨式讲座

(二) 分社制,聚类发展

"步云师院"根据教师的类型、层次、教龄的不同,将全校教师分成八个分社:健步如飞社、单步负笈社、十步芳草社、百步穿杨社、跬步千里社、大步流星社、步步莲花社、举步生风社。为促进不同类型的教师专业发展,各分社每个学年都要根据社内教师的需求,开展具有分社特色的教师研修活动或分社间合作研修。其中,涉及教学、科研与学习等多方面内容,包含引领式、反思式、竞赛式、常规式等多种研修类型。每个月月底,学校会邀请区内、校外的专家来进行教学、科研及管理专题研讨,不断提高不同类型的教师专业水平。

表8-6 2019年各分社活动内容

时间	研修主题	参与社团	研修类型	活动内容
2.28	创新能力发展	跬步千里社 大步流星社	引领式研修	分享如何提高一线教师的创新能力

续 表

时间	研修主题	参与社团	研修类型	活动内容
3.14	教育理论提升	跬步千里社 大步流星社	反思式研修	读书交流与分享
3.28	基本功巩固	跬步千里社 大步流星社	竞赛式研修	青年教师基本技能竞赛
4.11	教师教育课题的实践与研究	健步如飞社 跬步千里社 大步流星社 步步莲花社	引领式研修	立项方案困惑指导
4.25	智慧课堂	跬步千里社 大步流星社 步步莲花社	反思式研修	基于日常白板、全景使用，进行学科专题分享，征集"金点子"
5.16	智慧课堂	跬步千里社 大步流星社 步步莲花社	竞赛式研修	活动前分组，磨课，每一学科提供一个优秀片段 活动时，看片段，大家一起评一评
5.30	教育理论提升	跬步千里社 大步流星社	常规式研修	读书分享
6.13	教师发展与领导力	健步如飞社 单步负笈社 百步穿杨社	常规式研修	研讨教师专业发展与学校发展关系，交流发展困惑，寻求解决方案
9.19	科研之路	跬步千里社 大步流星社 步步莲花社	引领式研修	了解教师的教科研生涯如何发展
9.26	论文写作那些事儿	跬步千里社 大步流星社	反思式研修	如何基于课堂的点滴案例，反思整理成论文和课题研究
10.24	班级管理那些事儿	举步生风社	反思式研修	分享班级管理案例，共谋解决办法
11.7	智慧课堂	跬步千里社 大步流星社 步步莲花社	引领式研修	分享、交流如何更加专业地听课和评课，从中更好地反思教学
11.21	基于"E步课堂"研究之全景课堂平台研习	跬步千里社 大步流星社 步步莲花社	引领式研修	如何撰写结题报告，使得成果的呈现更加具有逻辑性和有深度

续 表

时间	研修主题	参与社团	研修类型	活动内容
12.5	基于"E步课堂"研究之全景课堂微格教学研讨展示	跬步千里社 大步流星社 步步莲花社	常规式研修	如何将自己的特长专业,在教学实践中开发成精品课程
12.19	课堂是教师专业成长的主阵地	十步芳草社	常规式研修	回顾自己的成长,彼此激励共进步

案例3

"大步流星社"专题研修方案——四维融合模式下的课程开发与课堂转型

为全力打造一支"乐学习、善教学、会研究、能创新"的卓越教师队伍,展示"步云师院"之"丝路之夜"活动成果和"大步流星社"学员优秀风采,在区教育局、区教育发展研究院指导下,南肖埠小学举行校本研修区域展示活动。

一、活动时间

2019年3月28日13:30—16:30

二、活动地点

A楼二楼阶梯教室

三、参加人员

1. 区教育发展研究院相关专家

2. 全区中小学教导主任、师训员、青年骨干教师代表

3. 行政组、骨干教师、青年教师

四、静态展示

全体"丝路之夜"学员个人风采展

五、动态展示

(一)回眸"丝路之夜"(13:30—13:35)

1. 视频回放"丝路之夜"精彩瞬间

2. 视频展示"大步流星社"学员风采

(二)管窥"健步课程"(13:35—15:05)

1. JA课程教学展示:×小医务室(执教:张老师)

2. 木艺STEM课程教学展示:点亮刨花灯(执教:徐老师)

（三）彰显"大步流星"（15：15—15：30）

1. 线上评课亮点回放
2. 现场评课互动交流

（四）献计"E步课堂"（15：30—16：00）

1. 分组讨论"头脑风暴"
2. 现场展示"团队智慧"

（五）悦纳"八面来风"（16：00—16：30）

1. 与会教师代表评点
2. 与会专家代表引领

图8-11　木艺STEM"点亮刨花灯"小组合作

图8-12　分组讨论"头脑风暴"

（三）私人定制，个性发展

全员研修、模块化研修所面对是不同的教师群体，在研修活动中，教师之间互相学习、彼此分享、共同进步，具有一定的同步性。但除了共性之外，教师之间也存在个体差异性——每位教师都有自身的个性化特点。不同教师间的个体差异也为学校发展的特色化奠定基础，为校本化的教师专业发展创造多种可能。为了尊重和发挥教师的个性化差异，"步云师院"根据教师的学科和兴趣，为其私人定制专属的研修内容，为教师个人发展提供更大的空间，努力挖掘教师的优势和潜力，为其创造有利的、具有差异性的教师专业发展契机。例如，近年来学校选派教师参加历届新样态学校论坛，汲取先进的教育理念，同时作为学校代表向全国新样态学校进行经验分享。2018年至今，学校"步云师院"总共选派教师20余人，参与10多场不同主题、不同形式的教师研讨活动。此外，外出研讨的教师通过向全校教师进行专题报告、撰写研讨感悟等形式共享学习内容，从而促进全体教师的专业发展。

案例 4

步云师院亮相第二届全国新样态学校论坛

2019年10月20日至21日,"第二届全国新样态学校论坛暨盐湖教育创新峰会"在山西运城召开。杭州凯旋教育集团南肖埠小学教导处副主任代表学校在本次"深度课堂的学与教"的分论坛中分享了学校构建"步云师院"教师研修新平台的实施路径——以"步云师院:成就身边的教育家"为题目进行了汇报。中国教育科学院基础教育研究所研究员王博士对本次分论坛的汇报进行了点评。王博士认为,南小的"步云师院"教师研修平台体系进行构建得非常完善。该体系与学校的育人理念一脉相承,又自成体系,非常具有特色和创新。他希望学校在完整的教师研修体系基础上,要进一步思考如何将各分社的构建与实施落到实处。

案例 5

探索木艺世界,传承匠人精神——木艺STEM经验分享

南肖埠小学木艺组组长参加了中国STEM课程(木艺)开发学校协作联盟成员校首次会议。徐老师作为学校代表,进行了题为"走好每一步,让学习像呼吸般自由"的汇报交流。报告内容包括了:"学校文化:走好每一步""项目简介:认准这一步""阶段回眸:迈出第一步""变革学习:留痕上一步""后期展望:想好下一步"五个部分,详细介绍了学校在木艺课程方面所做的研究成果以及后续目标。徐老

图 8-13 步云师院亮相全国新样态学校论坛

图 8-14 南小教师做STEM课程经验分享

师的汇报发言引起了与会人员的肯定与思考。本次会议不仅让学校的木艺STEM课程获得展示机会,更学习了来自不同学校的木艺STEM课程经验,为学校STEM课程提供借鉴和启发。

三、改革评价方式,指引教师发展

(一) 学分银行,弹性式评价

为推动教师树立研究意识,不断更新教学理念,学校将教师科研、教学、学习维度纳入教师评价,从课程开发者、课程管理者、课程实施者等视角出发,分别设定评价标准,依托教师专业成长学分银行,提升教师专业发展的内驱力。学分银行源于西方,是"学分制"的一种方式,最初应用于学生学习,近年来在我国流行,被应用于学生学习以及教师专业发展等方面。它是一种模拟银行运营模式的积分学习方式,使学习者能够自由选择学习内容、学习时间和学习地点的管理模式。学分银行使教师研修机制变得更加灵活,增加了教师专业发展的选择性和灵活性,也在一定程度上提高了教师的研修兴趣和研修效率。学分银行制度不仅是一种灵活的教师研修方式,也是一种弹性评价机制,银行学分直接纳入"步云师院"的评价体系,通过网络实施学分管理,并依据学分情况实现教师专业发展的进阶,使学校的教师专业发展评价体系也更加灵活、科学和完善。

表8-7 学分银行积分表

杭州市XXX小学2019学年第一学期学分银行

学科	2018已立项课题 总占比:47.4%	9月精品课程	9月暑期论文 上交率:89.5% 送评率:41% 75%	9月申报课题 占比:40%	10月三年规划 上交率:100%	10月读后感 上交率:100%	10.28小班化论文	全景作业上交 上交率:59.1%
数				√(负责人)10	√1	√1		√2
数		√:15	√3		√	√		
语			√		√	√		
科	1(成员)		★5	√(负责人)	√	√		√
语			√		√	√		
语			★	√(负责人)	√	√	√	√
音	1(负责人)				√	√		√
语	1(负责人)		★		√	√		√
数			★	√(负责人)	√	√	√	√

(二) 成长档案,过程式评价

步云师院为每位教师建立了个人成长档案,里面包含每位教师的三年成长规划表、自我评价表、阶段反思表等内容,记录教师专业发展的全过程。其中,成长规划表利用教师个体 SWOT 分析(Strengths、Weaknesses、Opportunities、Threats),让教师对自己进行定位,明确自己的优势、劣势、机会和威胁。成长档案十分重视发展教师的自我评价和反思能力,将各项发展指标(教堂教学、德育领域、管理岗位、教育科研、综合技能、学历进修、职称荣誉)与教师的个人成长目标相结合,引导教师养成撰写成长日志的习惯。成长档案一改传统的结果式评价模式,为评价体系提供了更多过程性评价证据,清晰地记录着教师的成长过程和阶段变化,使教师对自己的发展需求与研修行动有了更加清晰的认识,对自己的个人成长规划有了更加明确和具体的目标。

表 8-8　教师对自身情况进行 SWOT 分析

内外环境分析	
S 个人优势: 　　从事小学语文教育工作六年,完整地带完一届学生,积累了一定的经验。平时勤于学习,善于思考,在实践中探求、感悟。具有强烈的事业心和责任心,甘当人梯,对教育事业挚爱,无怨无悔,善于用良好的师德去影响教育学生。工作第二年开始兼任行政工作,第三年开始到办公室做助理,在兼任行政工作的同时,积极参加教育科研活动,并取得了一定的成绩。	W 个人不足: 　　在教科研方面缺乏深入研究的能力。在课堂教学方面,虽然掌握了一些先进的课改理念、方法,但却不能做到每节课都游刃有余、得心应手。
O 外部挑战: 在教科研方面缺乏深入研究的能力。	T 外部机遇: 分管教科研工作虽然有挑战,但自己也在一步步摸索。

表 8-9　教师专业发展三年规划表的三年达成指标项目

达成指标	2019 学年	2020 学年	2021 学年
课堂教学	在区里有高质量的公开课	能评上二层次骨干教师	杭州市教坛新秀
管理岗位	办公室	办公室	办公室
教育科研	一篇区级论文	一项区级课题成果	一篇市级论文
职称荣誉	/	争取杭州市教坛新秀和杭州市优秀教师	为高级教师而奋斗

(三) 成果奖励，激励式评价

为了激发教师专业发展的内驱力，推动教师自觉研修、主动研修，学校实施激励式评价模式，即学校每学年会拿出一定比例的经费用于奖励教师成果。学校大力支持教师们参加教学比赛、将教学经验转化为论文或著作，学校特别成立教师专业发展考核小组，对不同类型的教师成果进行总结，汇总成教育科研成果赋分标准，使教师成果转化为学分，列入教师年度考核，并给予教师一定奖励。考核成果也将成为教师聘用、聘任、晋级、评优、奖励的重要依据。

表8-10 各级各类科研成果赋分标准

分值	获奖案例	获奖论文		课题立项	获奖科研成果	发表论文、著作
		年会、学会论文	教学专题论文			
32					国家一等奖	
28				部级重点课题	省一等奖 国家二等奖	学术著作
24			省一等奖	部级规划课题 省级重点课题	市一等奖 省二等奖 国家三等奖	中文核心期刊（国家级）
20			省二等奖 市一等奖	省级规划课题 市级重点课题	区一等奖 市二等奖 省三等奖	中文核心期刊（省级）
16		省一等奖	省三等奖 市二等奖 区一等奖	市级规划课题	区二等奖 市三等奖	中文核心期刊（市级）
14		省二等奖 市一等奖	市三等奖 区二等奖 集团一等奖		区三等奖	
12	省一等奖	省三等奖 市二等奖 区一等奖	区三等奖 集团二等奖	区级重点课题 区A类课题结题		非中文核心期刊（国家级）
10	省二等奖 市一等奖	市三等奖 区二等奖 集团一等奖	集团三等奖	区规划课题 区B类课题结题		非中文核心期刊（省级）
8	省三等奖 市二等奖 区一等奖	区三等奖 集团二等奖				非中文核心期刊（市级） 内部刊物（省级）

续 表

分值	获奖案例	获奖论文 年会、学会论文	教学专题论文	课题立项	获奖科研成果	发表论文、著作
6	市三等奖 区二等奖 集团一等奖	集团三等奖				内部刊物(市级)
4	区三等奖 集团二等奖					内部刊物(区级)
2	集团三等奖					

第三节 "步云师院"的实践成效与反思

一、教师专业发展的内驱力明显增强

随着"步云师院"的研修体系在实践中的落实,学校逐渐形成了"学—教—研—修"的教师专业发展模式。教师研修内容变得合理化、科学化,教学、科研与研修之间的关系变得更加密切。"步云师院"的研修实践一改教师在传统的教师培训活动中的懈怠局面,充分调动起教师研修的积极性。教师从被动学习逐渐转为主动探究,教师专业发展的内驱力得到不断增强。

2019年,学校借区综合调研的契机,对全体教师进行了校本研修满意度的问卷调查。从教师们对"步云师院"研修体系的整体评价来看,满意及非常满意的比例达到92.36%。由此可见,"步云师院"校本研修能满足学校教师专业发展的基本需要,是适合学校教师的、具有学校特色的教师专业发展体系。但"步云师院"的诸多细节尚未完善,很多板块浮于理论而未落入实践,不少教师也提出了自身的意见和建议,需要学校进行进一步的实践探索。

为了更加深入地了解学校教师的成长情况和发展意见,探寻"步云师院"校本研修体系的未来发展路向,学校还对教师研修动机、教师研修需求、教师研修形式等方面进行问卷调查。下面以学校教室参加校本研修的动机为例,图8-16清晰地展现了调查情况:硕士学历的教师的研修动机主要为晋升专业职务或职称需要

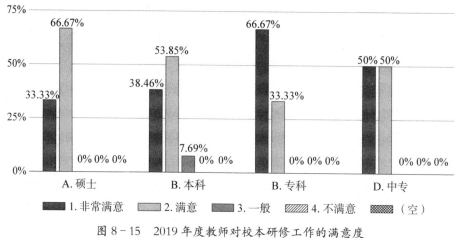

图 8-15　2019 年度教师对校本研修工作的满意度

(66.67％)、提升自身素质或提高教学业务能力(33.33％);本科学历的教师研修动机主要为提升自身素质或提高教学业务能力(38.46％)、教育改革发展所需(23.08％)、晋升专业职务或职称需要(15.38％)、听从上级主管安排和学科领导安排(15.38％)、获得继续教育学分(7.69％);大专和中专的教师研修动机则主要集中在教育改革发展所需(大专 66.67％、中专 50.00％)、提升自身素质或提高教学业务能力(大专 33.33％、中专 50.00％)两方面。从教师参加研修的最大动机调查结果来看,教师对待专业发展的态度已经发生极大转变,教师成长的内驱力有明显的增强,但教师之间仍然存在较大差异,仍然有部分教师存在着对校本研修的偏见,学校的教师专业发展具有很大的进步空间。

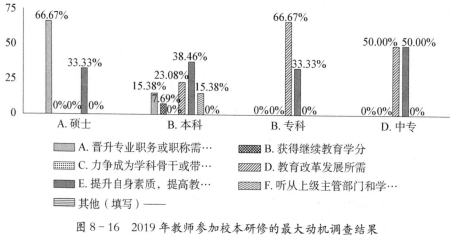

图 8-16　2019 年教师参加校本研修的最大动机调查结果

二、青年教师的业务水平显著提高

自"步云师院"成立以来,学校通过专题研讨、专家指导、课例研究、师徒带教、学术节、案例分享等活动形式来提高教师教学、科研、学习的业务水平,促进教师的专业化发展。调查显示,教师已经深刻认识到教师专业发展的重要性,尤其是教学、科研、学习一体化的重要性。在问卷调查中,有85%以上的教师认识到科研对于教育事业、教师发展的重要意义,有87%以上的教师认为学习(研修)是教师业务水平的重要组成部分。

经过"步云师院"的研修实践,全体教师的业务水平有了明显提高,尤其是青年教师的各项成果突出。南小教学的教师结构偏年轻化,35周岁以下青年教师占全体教师的82.9%,这为校本研修实践提供了生机与活力。在校本研修实践中,青年教师往往表现出高涨的学习热情,积极参与"步云师院"中的各项活动,喜欢挑战和尝试不同的业务领域,业务水平进步飞快。在"步云师院"研修体系引领下,2019年学校共有区级及以上公开课60多节,11位老师在省际挂职帮扶中执教公开课,有多位老师参加语文、数学、英语、道德与法治等学科课堂评比,并取得好成绩。各级各类杂志中发表文章10篇,省、市、区论文评比中获奖共21篇,"步云师院"成立(2018年)之后共有12项省、市、区级立项课题,每一项课题都有青年教师的身影。其中,青年教师作为负责人的课题有6项。

三、学校影响力逐年攀升

在"步云师院"校本研修实践过程中,有来自中国教科院、华东师范大学、浙江大学的相关教育学者为其把脉,"步云师院"研修体系不断完善。"步云师院"校本研修平台的经验成果多次在教育论坛中公开亮相,南小还与省级帮扶学校、集团内部学校进行校本研修经验交流,共促教师专业发展。2019年度,南小在区师训、教科研的单项考评中均获得优秀,在区级综合考评中获得优秀,学校新增综合荣誉近20项。2018年底,学校被评为江干区第5所省"千校结好"特色学校;2019年,学校被确定为"杭州市国际化示范校"。

钟启泉教授曾说:"教育改革的核心在于课程改革,课程改革的核心在于课堂改革,课堂改革的核心在于教师的专业发展。"校本研修无疑是促进教师专业成长的重要路径。在"步云师院"的整体构建和实践中,教师们的专业素养与职业幸福感大幅提升,创新活力竞相迸发,共同建设和完善校本研修新范式,从而推动学校的课堂转型和学生学习方式的转变,让学生能够信步童年,阔步未来。"步云师院"研修体系是南肖埠小学在校本研修方面的实践尝试和经验总结,为全国各地的中小学提供了教师专业发展的校本化之路的借鉴意义和参考价值。但是,本校的校本研修仍然处于摸索阶段,不论是理论,还是实践,都具有一定的局限性,研修内容的精准性有待提高,研修方式需要进一步优化,研修平台的评价标准也需进一步完善和整合,这也将成为南小校本研修实践的后续努力方向。

结　语　走向专业自主的校本研修

从培训到研修的表达变化并不是文字游戏,而是对校本研修的核心精神的强调和确认。学校是教师开展教育教学活动和进行专业成长的主要场所,校本研修最终指向教师、学生和学校的共同成长。校本研修作为一种立足于学校特色的教师专业发展的促进方式,确实为教师队伍的创新性发展打下了坚实的质量基底。然而,在开发各自学校的研修模式时,不少学校过于求新、求异,提出一些空洞、似是而非的概念引领校本研修,从而造成许多校本研修工作浮于表面,难以深入实际,对教育教学现场起不到真实、有效的作用。教师专业发展并不是要教师掌握"十八般武艺",而是使教师群体形成一种"专业自主"。专业自主是教师专业发展的根本方向,也是校本研修的至善追求。专业自主,如字面之意,即教师能够认同、接受所从事的教育专业活动,并能积极主动地、创造性地参与和开展教育活动。专业自主类似于有学者提出的"自我更新"取向的教师专业发展模式,即"教师具有较强的自我专业发展意识和动力,自觉承担专业发展的主要责任,激励自我更新",从而自觉、主动、创造地参与学习活动,获得自身的自由、全面发展[①]。当然,专业自主并不是纯粹归属于教师个体的发展方向,也是教师群体的研修方向,更是教师专业发展工作的未来方向。教师专业自主是一个职业概念或群体概念,指教师群体自觉、主动地将专业发展融入职业生涯,甚至全人生过程,将教师专业发展与教学、科研、学习相结合,在教育现场中自主学习、自主实践、自主反思、自主批判、自主更新,并把教育当作一种事业追求。

专业自主是立足教师专业发展的长期计划,它是一个渐进性过程,也是教育现场的校本研修应当秉持的方向。从根本上来看,教师专业自觉属于生存论的范畴,追求专业自觉意味着教师专业发展从认识论到生存论的本质转变。生存论下的教师专业自主是将教师作为鲜活的生命主体,将教师的职业发展与认识自己相结合,将教师的专业发展置于不断更新的生存智慧之中。它强调"主体性的彰显,

---

① 叶澜,白益民,等.教师角色与教师发展新探[M].北京:教育科学出版社,2001:267.

生活场域的整全,意味着教师作为自身发展主体从'离场'到'在场'的回归,意味着教师获得了发展的主动性、原动力和生命力"[1]。传统的教师专业发展是认识论取向的。"专业化"通常被窄化为理论知识、教学能力或管理技巧等工具性内容,以及"满堂灌输式"的集中化培训路径。教师被迫从教育现场抽离,被动地接受着各式各样的培训,教师的主体性也逐渐隐匿。总体来看,在经历大量的弥补式、强化式培训后,大部分教师快速具备了专业发展的认知基础,但也深刻地感受到培训内容对自身造成的不适应性、不情愿性和不舒适性。毋庸置疑,这种现状表明教师专业发展的生存论转向的可能性和必要性。技术化、效率化的教师专业发展模式俨然不能适应新时代的教育改革,也不能满足教师的主体性需求,教师专业发展走向生存论的专业自主是众望所归。教师校本研修作为教育现场机制的实施路径,要坚持专业自主的终极目标,并为之努力。

---

[1] 周贵礼. 从认识论到生存论:教师发展的新取向[J]. 全球教育展望,2011,40(4):55—60.